"十三五"普通高等教育本科部委级规划教材

U0734338

服装国际贸易概论

INTRODUCTION TO INTERNATIONAL APPAREL TRADE（3rd EDITION）

（第3版）

陈学军　李雅晶 ｜ 编著

中国纺织出版社有限公司

国家一级出版社
全国百佳图书出版单位

内 容 提 要

本书系统介绍了服装国际贸易的相关理论和操作实务，突出了服装国际贸易的政策性和各主要服装贸易国的不同特点。全书共八章，包括了国际贸易概述、国际贸易基本理论、国际贸易政策与措施、主要服装贸易国及地区的概况及政策、服装贸易合同、国际贸易单证、国际货物运输与保险、国际贸易贷款的收付。全书虽没有将国际贸易理论等知识层层展开、至全至细地进行讲解，但却相对全面地展示了服装国际贸易所运行的各个步骤，并清晰明确地向读者介绍了进行服装国际贸易所必须掌握的相关知识。

本书不仅适合于服装和外贸等相关专业师生的教学之用，也适合服装企业人员、外贸从业人员等学习参考。

图书在版编目（CIP）数据

服装国际贸易概论/陈学军，李雅晶编著 . -- 3 版 .
-- 北京：中国纺织出版社有限公司，2019.10
"十三五"普通高等教育本科部委级规划教材
ISBN 978 - 7 - 5180 - 6435 - 9

Ⅰ . ①服… Ⅱ . ①陈… ②李… Ⅲ . ①服装—国际贸易—概论—高等学校—教材 Ⅳ . ①F746.83

中国版本图书馆 CIP 数据核字（2019）第 153577 号

策划编辑：李春奕　　责任编辑：谢婉津　　责任校对：高　涵
责任设计：何　建　　责任印制：王艳丽

中国纺织出版社有限公司出版发行
地址：北京市朝阳区百子湾东里 A407 号楼　邮政编码：100124
销售电话：010—67004422　传真：010—87155801
http://www.c-textilep.com
E-mail：faxing@c-textilep.com
中国纺织出版社天猫旗舰店
官方微博 http://weibo.com/2119887771
北京玺诚印务有限公司印刷　各地新华书店经销
2002 年 8 月第 1 版　　2010 年 5 月第 2 版
2019 年 10 月第 3 版第 1 次印刷
开本：787×1092　1/16　印张：10.25
字数：228 千字　定价：39.80 元（附数字资源）

目录

第一章　国际贸易概述

国际贸易（International Trade）是指不同的国家（地区）之间的商品交换活动，也称为世界贸易（World Trade）。广义上的国际贸易，既包括货物贸易，又包括技术贸易以及服务贸易。

从一个国家或地区的角度来看，该国（地区）与世界上其他国家或地区之间所进行的商品交换活动就称为对外贸易（Foreign Trade）。对于一些海岛或临海国家，如英国、日本等，其对外贸易需要跨海进行，故常常把对外贸易称为海外贸易（Overseas Trade）。

在奴隶社会和封建社会，自然经济占统治地位，生产力水平较低，交通工具落后，商品交换存在很大的局限性。当时的国际贸易仅局限于一些邻近的国家，其规模也十分有限。直到18世纪后期，随着第一次工业革命的爆发，机器的普遍使用和社会化大生产的形成，一方面，直接引起发达资本主义国家国内生产对原料需求的增加；另一方面，其国内市场已无法容纳过多的商品。同时，伴随着交通运输工具的发展，使其向外输出商品和向内输入原料的条件日益成熟。在其低价的机器产品的竞争下，摧毁了国外市场的手工业产品，并迫使这些国家（地区）变成了它的原料供应地和产品销售地。从此，资本主义的国际贸易体系基本形成了。

第一次世界大战打断了各国间特别是欧洲国家与海外国家间的经济贸易联系，使欧洲在国际贸易中的比重下降，而美国贸易的比重却有了较大的增长。亚洲、非洲和拉丁美洲的经济不发达国家在国际贸易中的比重亦有所上升。但在这一时期，欧洲国家仍然处于国际贸易的控制地位，因为战争期间的经济危机和超保护主义政策措施在限制欧洲各国间贸易的同时，鼓励和扩大了欧洲对其他国家的贸易。两次世界大战期间，国际贸易商品结构的特点表现为初级产品和制成品在世界贸易中分别所占的比重保持稳定，但它们的内部结构却发生了重大变化。在1913～1937年的初级产品贸易中，食品和农业原料所占的比重都下降了，而燃料和其他矿产品所占的比重均有增加。制成品贸易结构的突出变化是重工业品贸易所占比重显著增加和纺织品贸易比重下降。金属和化学品的国际贸易比重也有所增加，但其他轻工产品贸易比重则下降了。制成品贸易日益从消费品贸易转向资本货物贸易，半制成品贸易也稍有增加。

第二次世界大战后，世界经济又一次发生了巨大变化，国际贸易再次出现了飞速增长，其速度和规模都远远超过了19世纪第二次工业革命以后的贸易增长。从1950年到2000年的50年中，全世界的商品出口总值增长了将近100倍。扣除通货膨胀因素，实际商品出口值也增长了15倍多。而且，世界贸易实际价值的年平均增长速度达到6%左右，超过了同期世界实际GDP增长的年均3.8%的速度。这意味着国际贸易在各国的GDP中的比重在不断上升，国际贸易在现代经济中的地位越来越重要。

第二次世界大战后，国际贸易领域出现了两个不同于以前的特征：服务贸易的快速发展和电子商务的广泛应用。"二战"后，伴随着第三次科学技术革命的产生，各国——尤其是发达国家产业结构不断优化，第三产业急剧发展，加上资本国际化和国际分工的扩大和深化，国际服务贸易得到迅速发展。发达国家服务业占其国内生产总值比重达 2/3，其中美国已达 3/4，发展中国家服务业所占比重也达 1/2。随着服务业的发展，其专业化程度日益提高，经济规模不断扩大，从而效率不断提高，为国际服务贸易打下了坚实的基础。

随着科学技术的不断进步和跨国公司的迅速发展，国际贸易的观念与结构发生了极大的变化。当今世界的国际贸易，已经不再是传统商品的进口与出口，而是涵盖了商品、劳务、技术、资金、知识与人才等多个方面的内容。国际贸易的总量、规模、结构、形式也将会进一步发生改变。

我国的国际贸易史可称是源远流长，早在一千多年以前的西汉，我国就有了从古都西安到波斯、阿富汗、土耳其等国的陆路通商要道"丝绸之路"。当时，中国商人主要是以丝绸、茶叶和瓷器等换取宝石和香料等。我国的海上贸易始于明朝，郑和七次下西洋，曾至红海口和非洲进行贸易。这些都是我国贸易史上的闪光篇章。可是，由于中国封建社会生产关系的稳定性和历代王朝重农抑商的经济政策，中国的对外贸易始终没有发展起来。从古代的丝绸之路到鸦片战争这一漫长的历史时期中，中国的对外贸易一直处于停滞、徘徊的状态。新中国成立后受西方国家对中国的长期封锁和贸易禁运影响，以及在后来的"闭关自守"思想的影响下，我国的对外贸易一直未能正常发展。直到 1978 年改革开放以后，我国的对外贸易才开始进入一个迅速发展的阶段。我国的外贸进出口总额在 1950 年仅为 11 亿美元，在 1978 年为 200 亿美元，在 1988 年突破 1 千亿美元，2004 年突破 1 万亿美元，2007 年突破 2 万亿美元，2017 年突破 4 万亿美元。

为更好地了解我国对外贸易的现状，下面以 2017 年为例，根据海关总署提供的数据，结合国际经济形势的变化进行解读。其中的一些术语将在下两节的课程中进行详细说明。

>>> 阅读材料

2017 年，我国货物贸易进出口总值 27.79 万亿元人民币，比 2016 年增长 14.2%，扭转了此前连续两年下降的局面。其中，出口 15.33 万亿元，增长 10.8%；进口 12.46 万亿元，增长 18.7%；贸易顺差 2.87 万亿元，收窄 14.2%。

具体情况有以下几个方面：

进出口值逐季提升，同比增速趋缓。2017 年，我国进出口值逐季提升，分别为 6.17 万亿元、6.91 万亿元、7.17 万亿元和 7.54 万亿元，分别增长 21.3%、17.2%、11.9% 和 8.6%。

一般贸易进出口较快增长，比重上升。2017 年，我国一般贸易进出口 15.66 万亿元，增长 16.8%，占我国进出口总值的 56.4%，比 2016 年提升 1.3 个百分点，贸易方式结构有所优化。

对前三大贸易伙伴进出口同步增长，与部分"一带一路"沿线国家进出口增势较好。2017 年，我国对欧盟、美国和东盟进出口分别增长 15.5%、15.2% 和 16.6%，三者合计占我国进出口总值的 41.8%。同期，我国对俄罗斯、波兰和哈萨克斯坦进出口分别增长

23.9%、23.4%和40.7%，均高于总体增幅。2017年，中国与澳大利亚自贸协定红利持续释放，中澳双边贸易快速增长，我国对澳大利亚进出口总值9234.1亿元人民币，同比增长29.1%，高于当年我国进出口增速14.9个百分点，其中，出口2805.6亿元，增长13.9%；进口6428.5亿元，增长37.2%。贸易逆差3622.9亿元，扩大63%。中国作为澳大利亚的第一大出口市场，占澳大利亚出口的三成以上。

民营企业进出口增长，比重提升。2017年，我国民营企业进出口10.7万亿元，增长15.3%，占我国进出口总值的38.5%，比2016年提升0.4个百分点。其中，出口7.13万亿元，增长12.3%，占出口总值的46.5%，继续保持出口份额居首的地位，比重提升0.6个百分点；进口3.57万亿元，增长22%。

中西部和东北三省进出口增速高于全国整体。2017年，西部12省市外贸增速为23.4%，超过全国增速9.2个百分点；中部6省市外贸增速为18.4%，超过全国增速4.2个百分点；东北三省外贸增速为15.6%，超过全国增速1.4个百分点；东部10省市外贸增速为13%。区域发展协调性增强。

总的来看，2017年，我国外贸回稳，向好的基础不断巩固，发展潜力正逐步得到释放。在全球经济持续温和复苏，我国经济稳中向好的大背景下，2017年我国外贸总体形势较好，但国际经济贸易领域仍然存在一些不确定、不稳定因素，外贸高质量发展面临一些挑战。2018年，海关将全面贯彻党的十九大精神，认真落实中央经济工作会议部署，以习近平新时代中国特色社会主义思想为指导，坚持稳中求进工作总基调，坚持新发展理念，紧扣我国社会主要矛盾变化，按照高质量发展的要求，扎实推进海关各项改革落地生根，全力促进外贸稳增长，更好地服务国家经济社会发展大局。

第一节　国际贸易的基本概念

国际贸易涉及的概念很多，在本书后面的内容中会有进一步的说明，下面先介绍的是一些最基本的概念。

一、出口和进口（Export & Import）

出口贸易（Export Trade）是指将本国生产加工的商品运往其他国家市场销售，又称为输出贸易。进口贸易（Import Trade）是指将外国的商品输入本国市场进行销售，又称为输入贸易，出口贸易和进口贸易是对外贸易的两个组成部分，各国在编制对外贸易统计时，对出口和进口仍只统计有形商品，而列入出口和进口范围的货物，只包括因外销和外购而运出和运入国境的货物。免费赠送的货样是不列入出口值和进口值的。

在进行出口和进口统计分析时要注意国境和关境的区别：

国境是一个国家的管辖范围。关境是一个国家所设立海关的管辖范围。这两者范围的大小并不总是一样。当一国设立保税区、自由贸易区时，国境要比关境大。当几个国家组成关税同盟时，国境就比关境小。由于国境和关境的这种差异，各国在统计时也存在差异。

例如日本、英国、加拿大、澳大利亚、东欧国家等，在划分进出口时，以国境为标准。而有许多国家划分进出口则以关境为标准，如德国、意大利、瑞士等，当外国商品进入国境后，暂时存放在保税仓库，还没有进入关境，一律不列为进口。

为了区别这种统计标准的差异，就产生了另外一对统计指标：总贸易额和专门贸易额。以国境为标准的出口称为总出口（General Export），以国境为标准的进口称为总进口（General Import）。一定时期内的总出口值与总进口值之和是这段时期该国对外贸易的总贸易额。以关境为标准的出口称为专门出口（Special Export），以关境为标准的进口称为专门进口（Special Import）。一定时期内的专门出口值与专门进口值之和是这段时期该国的专门贸易额。联合国公布的对外贸易额，一般要注明是总贸易还是专门贸易。

二、总贸易体系与专门贸易体系（General Trade System & Special Trade System）

总贸易体系是指以一国的国境作为统计界限，即以货物通过国境作为统计进出口的标准，不问其结关或完税与否。所有进入国境的货物一律计入进口；所有离开国境的货物一律计入出口。我国采用的是总贸易体系。

专门贸易体系是指以关境作为统计界限，即以货物通过海关结关作为统计进出口的标准。进入海关保税仓库或自由区的货物，并未结关和完税，不作进口计算；当货物从保税仓库提出向海关结关进入本国时，才记录为进口；反之亦然。

总贸易体系和专门贸易体系说明的是不同的问题。前者说明一国在国际货物流通中所处的地位和所起的作用；后者说明一国作为生产者和消费者在国际货物贸易中具有的意义。

三、净出口和净进口（Net Export & Net Import）

一国（地区）在对外贸易中，由于该国对于某种商品的生产和需求不一致可能导致该商品既有出口又有进口。在同类商品上，如果这种商品在一定时期内（如一年）的出口量大于进口量，其差额称为这一时期内该商品的净出口；反之，称为净进口。净出口和净进口的状况反映了一国某种商品的生产能力和消费水平，及其在贸易中的地位。

四、贸易额与贸易量（Value of Trade & Quantity of Trade）

贸易额又称为贸易值，是以货币表示的贸易数值。贸易额或贸易值是为了衡量贸易规模的大小，方便进行国际间的比较，分为一国（地区）的对外贸易额和国际贸易额。

对外贸易额（Value of Foreign Trade）是指一个国家（地区）在一定时期内（如一年）的进出口贸易额的总和，是衡量一国（地区）对外贸易规模和状况的重要指标。目前，有的国家用本币表示，有的用外币表示，中国的对外贸易额多用美元表示。在计算时，出口额要以 FOB 价格计算，进口额要以 CIF 价格计算。

国际贸易额（Value of International Trade）是计算和统计世界各国（地区）对外贸易总额的指标，即按同一种货币单位换算后，把各国和地区的出口额相加得出的数字。由于美元是国际贸易中使用最广泛的货币，所以国际贸易额一般用美元计算。

用国际贸易额来反映一国对外贸易的规模和水平，既简洁明了，又便于国际比较，因而它最为通用。可是，如果有关货币的价值发生变动，这个指标就可能会有虚假的反映。因此，为了避免价格变动因素，真实地反映贸易变动的规模，需要另外的统计指标，即贸易量。贸易量又可分为对外贸易量（Quantity of Foreign Trade）和国际贸易量（Quantity of International Trade）。

对外贸易量是指一国一定时间内进出口量的总和，其计算公式为：

$$对外贸易量 = 对外贸易额/进出口价格指数$$

国际贸易量是指一定时期内，世界各国和地区出口贸易量的总和，其计算公式是：

$$国际贸易量 = 国际贸易额/出口价格指数$$

在计算国际贸易相对增长时，需要计算国际贸易量。联合国及欧美等发达国家都用计算国际贸易量的办法来计算对外贸易变动的情况。对于某种具体商品而言，国际贸易量也可以直接用该商品的计量单位来统计。

五、贸易差额（Balance of Trade）

一国（地区）在一定时期（如一年）内的进口额和出口额的差额，称为贸易差额。当出口额大于进口额就称为贸易出超（Trade Surplus），或贸易顺差（Favorable Balance of Trade），也叫"贸易盈余"。当进口额大于出口额就称为贸易入超（Trade Deficit），或贸易逆差（Unfavorable Balance of Trade），也叫"贸易赤字"。如果出口额等于进口额，称为贸易平衡（Equilibrium）。

国家（地区）的对外贸易差额（Balance of Foreign Trade）是以货币金额表示的这个国家（地区）在一定时期内进出口贸易的差额，它是该国（地区）在一定时期内向境外出口的商品总额与该国（地区）在同一时期内从境外进口的商品总额相比较的差额。目前，有的国家用本币表示，有的用外国货币表示，中国的对外贸易总额是用美元表示的。在计算时，出口额要以 FOB 价格计算，进口额价格则要以 CIF 计算。

对外贸易差额是衡量一国（地区）对外贸易状况的重要指标。如果一个国家出现了大量的贸易顺差，国内积累了大量外汇，有可能使本币升值。本币升值会使进口商品显得便宜了，本国居民出国旅游、出国接受教育等的费用能够降低，但也会使本国出口产品的国际竞争力下降。贸易长期顺差不一定是好事。要长期赚取贸易顺差就必须把国内大量的商品和劳务让外国人享受和使用，手中只留有充当国际清偿手段的外汇，这样一来本国自己可用的经济资源反而相对减少，从而实际上降低了广大国民的经济福利。同时，长期顺差往往易于引发同他国的经济摩擦，给本国今后的外贸发展增加了障碍和困难。贸易逆差会减少本国的外汇储备，减弱抵御经济风险的能力，尤其是当一国出现长期的严重贸易逆差，又无力弥补时，就会出现国际收支危机，进而可能演变为金融危机。但是贸易逆差也会使本国货币贬值，相应降低了出口产品的成本，增强了出口产品的国际竞争力，从而使逆差状况改善。所以短期的逆差也并非绝对是坏事，贸易逆差若是发生于为加速经济发展而适度举借外债，引进先进技术及生产资料，也不是坏事。况且逆差也是减少长期顺差的手段。因此，从长期趋势来看，一国的进出口贸易应保持基本平衡。

六、复出口和复进口（Re-export & Re-import）

如果输入本国的商品未经过加工制造又输出，叫作复出口。世界各国对"未经加工制造"这一点认识是共同的，但对进口商品是否进入国内市场有不同的看法。因此，复出口有两种情况：一是指外国商品进口以后，未经加工制造，且未进入国内市场又出口称复出口。如欧洲大陆、拉美等国家。二是外国商品进口以后，只要未经过加工制造又出口就称为复出口，与是否进入市场无关。如英国、美国等国家。是否复出口，关键是看是否未经加工制造。因此，对于从国外进口的商品经加工，或原料经加工成另一种商品而后出口，各国都不列入复出口。在我国对外贸易中，由国外提供的原料、零件加工装配成成品后再出口，习惯称为加工复出口。在国际贸易中，复出口往往和转口贸易有关。

如果本国商品输往国外，未经加工又输入国内，叫作复进口。引起复进口多属偶然因素，如退货。

七、国际贸易商品结构（International Trade by Commodity）

国际贸易商品结构指各种类别的商品在国际贸易额中所占的比重，通常用它们在世界出口总额或进口总额中的比重表示。研究国际贸易商品结构，一般是看初级产品和制成品两大类分别占国际贸易额的比重。第二次世界大战以后的总的趋势是，随着科学技术的发展，制成品在国际贸易中的比重不断上升，初级产品的比重不断下降。

对外贸易商品结构（Foreign Trade by Commodity）指一个国家一定时期内各种类别的进出口商品占整个进出口贸易额中的份额。一个国家的对外贸易商品结构主要是由该国的经济发展水平、产业结构状况、自然资源状况和贸易政策决定。研究对外贸易商品结构可以通过对外贸易产品结构的横向比较，即在不同的国家（地区）之间进行比较，大致判断一个国家（地区）的经济发展水平；通过纵向比较，即比较一个国家（地区）在一段时间内对外贸易结构的变化趋势，可以判断这个国家的外贸和经济发展水平，从而得到所需要的政策结论。不断提高外贸商品结构中工业制成品的比重，是一国增强国际竞争力的重要方面。一国出口制成品所占的比重越大，反映它的生产力水平越高，从而它在国际分工的优势地位越明显。同时，一国出口商品构成还应力求多元化。出口商品的种类越是多样化，越从多方面适应国际市场的广泛需求，就越能抵御国际市场大起大落的猛烈冲击，从而在国际贸易中取得相对有利地位。

八、贸易地理方向

地理方向一般从对外贸易和国际贸易两个方面来统计。

对外贸易地理方向（Geographical Orientation of Foreign Trade）也称对外贸易地区分布（Foreign Trade by Regions），是指一定时期内，世界上一些国家（地区）或各个国家（地区）经济集团的商品在某个国家对外贸易中所占的比重，一般以这些国家（地区）在该国进出口贸易总额中所占的比重来表示。通俗地讲，即该国的出口商品流向和进口商品来自哪些国家或地区。该指标反映了一国同世界各国或各地区的经济贸易联系程度。从国际贸易方面来看，地理方向是指世界贸易额的国别分布或洲别分布情况，反映了各国或各洲在国际贸易中的地位。

国际贸易地理方向（Geographical Orientation of International Trade）也称国际贸易地区分布（International Trade by Regions），是指一定时期内，世界各洲、各国（地区）或各个国

家经济集团的对外商品贸易在整个国际贸易中所占的比重。观察和研究各个时期国际贸易地理方向的走向，有助于我们正确判断市场行情的变化趋势、加深对世界各国间经济和贸易关系的认识理解。数据标明，发达国家在国际贸易方面占据统治地位，而且这种地位还在加强。

九、对外贸易依存度（Ratio of Dependence on Foreign Trade）

对外贸易依存度又叫对外贸易系数，是衡量一国（地区）国民经济对进出口贸易依存度的指标。具体是指一国（地区）在一定时期内进出口贸易总额与该国同时期国内生产总值（GDP）的比值，即一国对外贸易总额在该国 GDP 中所占的比重。进口贸易额与 GDP 的比值叫进口依存度，出口贸易额与 GDP 的比值叫出口依存度。

外贸依存度表明一国的经济对外贸的依赖程度，也可表明一国经济国际化的程度。

对外贸易依存度受各国经济发展水平、对外贸易政策和国内市场大小等因素的影响。一般来讲，大国的出口依存度比较小，小国的依存度比较大，一些转口贸易的港口国家（地区）依存度都超过了 100%，相对其他世界大国来讲，中国的对外贸易依存度是较高的，所以中国的对外贸易发展情况对国民经济的发展起着重要作用。

十、贸易条件（Terms of Trade）

贸易条件是指出口产品价格与进口产品价格的比率，通常用出口商品价格指数与进口商品价格指数的对比值来表示。即出口一单位商品可以换回多少单位的外国商品，换回的外国商品越多，称为贸易条件好转；换回的外国商品越少，称为贸易条件恶化。在以货币为媒介、以价格表示交换价值的条件下，贸易条件一般为一定时期内出口商品价格与进口商品价格之间的比率。所以贸易条件又叫"进出口交换比价"，或简称"交换比价"。这里涉及的是所有进出口商品的价格，而一个国家的进出口商品种类又很多，因此通常用一国在一定时期（如一年）里的出口商品价格指数同进口商品价格指数对比进行计算。其具体公式是：

贸易条件指数（TOT）＝（出口价格指数/进口价格指数）×100

若 TOT 大于 100，表示贸易条件好转；TOT 小于 100，表示贸易条件恶化；TOT 等于100，则表示贸易条件不变。

例如某商品以基准年的进出口价格指数均为 100，现在出口价格上涨 5%，进口价格下降 2%。这样，该年出口价格指数为 105，进口价格指数为 98，那么贸易条件指数就是107.14（105/98×100）。可见贸易条件改善了 7.14%。必须注意的是，贸易条件的改善或恶化只是就进出口时期与基期相比较而言的，因而完全是相对的概念。若贸易条件恶化，政府应积极采取措施，调整进出口商品结构，以改变对外贸易的不利状况。但是，孤立地考察贸易条件并不能很好地计量福利或贸易利益变动。比如，在出口价格下降而进口价格相对不变的情况下，只有当生产出口商品的劳动生产率在没有一定程度提高的情况下，才能判断出贸易对本国福利的不利影响。

第二节 国际贸易的分类

国际贸易由于范围广泛，性质复杂，可以从不同角度进行分类，下面是一些常见的贸易分类。

一、有形贸易和无形贸易

从交换的标的物的形态上考虑，可以分为有形贸易和无形贸易。

有形贸易（Visible Trade）是指实物商品的交换活动。从贸易发展史看，贸易产生之初是物物交换，主要是一些农副产品和畜产品。当货币产生之后，在很长一段时间贸易的标的物仍主要是这些产品，如钢铁、机器、汽车等。由此可见，具有物质自然属性的商品是贸易传统交换的主要对象。这些商品往往叫作传统商品。因此，有形贸易亦称之为传统商品贸易。由于有形贸易的商品种类众多，为了便于统计、管理和比较分析，联合国秘书处于 1950 年公布了《国际贸易标准分类》（Standard International Trade Classification，SITC），并分别在 1960 年、1975 年、1985 年进行了三次修订。目前，把有形贸易商品共分成十大类（Section）、67 章（Division）、261 组（Group）、1033 分组（Sub-group）和 3118 个项目（Item）。如表 1 − 1 所示。

表 1 − 1 《国际贸易标准分类》十大类商品

大类编号	类　别
0	食品及主要供食用的活动物
1	饮料及烟类
2	燃料以外的非食用粗原料
3	矿物燃料、润滑油及有关原料
4	动植物油及油脂
5	未列名的化学品及有关产品
6	主要按原料分类的制成品
7	机械及运输设备
8	杂项制品
9	没有分类的其他商品

在进行国际贸易统计和分析时，一般把上述 0 ~ 4 类商品称为初级产品，把 5 ~ 8 类商品称为工业制成品。

无形贸易（Invisible Trade）是指不具有物质形态的商品进出口而发生的收入与支出，如运输、保险、金融、旅游、法律服务、技术咨询等。无形贸易可以分为服务贸易和技术贸易。

服务贸易（Trade in Services）是指提供活劳动（非物化劳动）以满足服务接受者的需

要并获取报酬的活动。技术贸易（International Technology Trade）是指技术供应方通过签订技术合同或协议，将技术有偿转让给技术接受方使用。

有形贸易的金额会显示在一国的海关统计上；无形贸易不经过海关办理手续，其金额不反映在海关统计上，但显示在一国国际收支表上。无形贸易在国际贸易活动中已占据越来越重要的地位。近年来，服务贸易的增长速度明显快于有形贸易的增长速度，且继续保持着十分强劲的势头。特别是《服务贸易总协定》的通过，把服务贸易纳入国际贸易的规范轨道，逐步实现自由化。这将促使各国进一步大力发展服务贸易。

二、出口贸易、进口贸易和过境贸易

依照商品的移动方向，可以分为出口贸易、进口贸易和过境贸易。

出口贸易（Export Trade）是指将本国生产或加工的商品销售到国外市场的商业活动，也称为输出贸易。

进口贸易（Import Trade）是指将外国生产或加工的商品因内销而购入国内市场的商业活动，也称为输入贸易。

过境贸易（Transit Trade）是指甲国经过乙国国境向任何第三国或地区运销商品，对乙国来说，这种贸易活动就是过境贸易。乙国对商品没有所有权，并不参与商品的买卖。过境贸易可分为直接和间接两种。直接过境贸易是外国商品纯系转运性质经过本国，并不存放在本国海关仓库，在海关监督下，从一个港口通过国内航线装运到另一个港口再输出国外；或在同一港口内从这艘船装到另一艘船；或在同一车站从这列火车转装到另一列火车后离开国境。间接过境贸易是外国商品运到国境后，先存放在海关保税仓库，后未经加工改制，又从海关保税仓库提出，再运出国境。根据专门贸易体系，这种商品移动作为过境贸易处理，不计入对外贸易额内。

三、直接贸易、间接贸易和转口贸易

按交易对象，根据是否有第三者参与，可以分为直接贸易、间接贸易和转口贸易。

直接贸易（Direct Trade）是指商品生产国和商品消费国之间直接进行商品买卖的贸易行为。

间接贸易（Indirect Trade）是指商品生产国和商品消费国之间，通过第三国进行商品买卖的贸易行为。

在间接贸易中，第三国的贸易行为称为转口贸易（Entrecote Trade）。

转口贸易与过境贸易不同之处在于第三国是否参与商品的买卖，参与了商品的买卖即为转口贸易。即商品的生产国和消费国之间，经由第三国贸易商分别签订进口合同和出口合同所进行的贸易。转口贸易的发生，主要是有些国家（地区）由于地理的、历史的、政治的或经济的因素，其所处的位置适合于作为货物的销售中心。这些国家（地区）输入大量货物，除了部分供本国或本地区消费外，又再出口到邻近国家和地区。如新加坡、香港、伦敦、鹿特丹等，都是国际著名的中转地，拥有数量很大的转口贸易。它们通过转口贸易除了可以得到可观的转口利润和仓储、运输、装卸、税收等收入外，同时也推动了当地金融、交通、电信等行业的发展。但由于纺织品在许多国家的贸易中属于敏感商品，往往受到原产地、配额等贸易保护措施限制，所以在进行转口贸易时要十分慎重，要避免出现非法转口的现象。

四、协定贸易（Agreement Trade）

协定贸易是根据缔约国之间签订的贸易协定进行的对外贸易活动，可分为双边贸易协定和多边贸易协定，政府间的贸易协定及民间团体签署的贸易协定。贸易协定是两个国家（地区）或几个国家（地区）间为了建立、巩固和发展经济贸易关系而签订的一种书面协议。在两个国家间签订的，称为双边贸易协定；在两个以上国家间签订的，称为多边贸易协定。在国际贸易中，通常以双边贸易协定为多。贸易协定所包括的内容繁简不同，一般包括贸易额、货单、作价原则、支付和清算办法、关税优惠、关税减让和协定有效期等；有的还包括对进出口商品的转口、商品检验、仲裁和设立商务机构等有关规定。没有签订通商航海条约的国家间，在订立贸易协定时，还常常把最惠国待遇条款订入有关贸易协定中。

在20世纪30年代世界经济危机期间，协定贸易曾被资本主义国家用为扩大贸易的一种手段。第二次世界大战后，随着世界政治、经济情况的变化，已成为国际贸易中一种特定的贸易方式，为许多国家所广泛采用。

协定贸易有由缔约国政府保证实现的，如中国对俄罗斯、东欧等国的协定贸易；也有对货单和贸易额的协定贸易，缔约国政府并不具有多大拘束力的，如中国对西方一些国家的协定贸易。后者除少数货物由缔约国政府保证供应并经由国营公司联系成交外，大多数货物的交易是根据贸易协定的规定和精神，由各有关进出口公司分别自行洽商成交，政府并不保证实现。有关贸易货款及其从属费用的支付，有的在缔约国国家银行或其他指定银行相互开设清算账户，采取记账结算的方式；也有的是用现汇支付，或者部分记账、部分现汇支付的双边贸易（Bilateral Trade），例如在《中美贸易条约》下开展的中美贸易就是一种双边贸易。

多边贸易（Multilateral Trade）又称为多角贸易，例如，世界贸易组织中的国家所开展的贸易就属于多边贸易。

五、自由结汇贸易和易货贸易

按照清偿和结算工具的性质，国际贸易又分为自由结汇贸易和易货贸易。

自由结汇贸易（Trade by Free Settlement）指以自由兑换货币作为清偿、结算工具的贸易方式，又称为现汇贸易。在国际贸易中，普遍接受的、可作为支付工具的货币主要有：美元、英镑、马克、法郎、日元等。1999年3月1日欧元启用后，到2016年，欧元已经逐步取代英镑、马克和法郎等成为重要国际支付工具之一。

易货贸易（Barter Trade）指以货物经过计价作为清偿工具的贸易方式，在换货的基础上，把等值的出口货物和进口货物直接结合起来。这种贸易方式是根据两国政府间签定的易货协定、民间贸易团体达成的交货协议以及进出口商间的交货合同所进行的贸易。通常发生在缺乏硬通货的发展中国家之间。

在国际贸易中，使用较多的是通过对开信用证的方式进行易货，即由交易双方先订易货合同，规定各自的出口商品均按约定价格以信用证方式付款。先开立的信用证以收到、认可对方开出的等值或基等值的信用证为生效条件。另外，国家间签订的换货清算协定实际上也是扩大了的易贷方式。易货贸易可以分为直接易货和综合易货。直接易货就是指以货换货，往往要求进口和出口同时成交，一笔交易一般只签订一个包括双方交付相互抵偿货物的合同，而且不涉及第三方。综合易货多用于两国之间根据记账或支付（清算）协定而进行的交易。由两国政府根据签订的支付协定，在双方银行互设账户，双方政府各自提出在一定时期（通常为一年）提供给对方的商品种类、进出口金额基本相等，经双方协商同意后签订易货协定书，然后根据协定书的有关规定，由各自的对外贸易专业公司签订具体的进出口合同，分别交货。商品出口后，由双方银行凭装运单证进行结汇并在对方国家在本行开立的账户进行记账，然后由银行按约定的期限结算。

第三节　国际贸易的特点

贸易是商品和劳务交换活动的总称，无论是国内贸易，还是国际贸易，都是商品和劳务的交换，均属于流通领域。其经营目的也同样是为了增加经济效益和获得利润，两者存在紧密联系。但国际贸易属跨国家、跨地区性质的交易，它虽然是国内贸易的延伸，却具有许多不同于国内贸易的特点，主要表现在下列几个方面。

一、国际贸易的基本特点

1. 国际贸易的困难多

国际贸易的困难主要体现在以下五个方面：第一，由于对外贸易各国执行不同的对外贸易政策，国家与国家之间存在着关税和非关税壁垒及限制移民的法令，各国之间生产要素的流动受到国界的限制，使贸易的进行增加了困难；第二，由于对外贸易各国在语言、法律和风俗习惯上的不同，使国际贸易的交易难度加大；第三，由于在国际贸易中对国外市场和贸易对手的资信情况不易调查，使得对国外市场的情报收集和进入国外市场较为困难；第四，国际贸易中所遵循的一些国际贸易惯例并不是国际条约，具有一定的任意性和不稳定性，使得交易的达成产生一定的困难；第五，国际贸易线长、面广，中间环节多，涉及的经营管理机构也多，除了经营进出口业务的单位以外，还会涉及海关、检验检疫、仲裁等管理机构，还有银行、保险、国际运输等参与企业。有时还会涉及一些国际性的贸易组织，如 WTO（世界贸易组织）、IMF（国际货币基金会）、IBRD（世界银行）等。因此与各方的顺利沟通也显得有不小的难度。

2. 国际贸易的复杂程度高

国际贸易的复杂也主要体现在五个方面：第一，各国的货币和度量衡标准复杂；第二，各国的贸易法规和商业习惯复杂；第三，国际贸易的支付方法复杂；第四，国际贸易的运输和保险情况复杂；第五，国际贸易的方式复杂。

3. 国际贸易的风险大

在国际贸易中的首要风险是政策风险，国际贸易受贸易政策的影响较大，一旦一些国家的对外贸易政策或国内政局发生重大变化，都会使与之有关的国际贸易产生巨大的风险。第二是外汇风险，在国际贸易中，由于是采用某一种货币单位进行交易的，如果在签订合同后，该种货币贬值则会造成买方的重大风险。第三是信用风险，在国际贸易中合同的履行往往需要经过相当长的一段时间，在此期间，贸易一方的财务和经营情况可能发生了较大的改变而未能履约，使另一方造成经济损失。第四是商业风险，国际贸易中进口商可能以各种理由拒绝收货，这对出口商来说就是商业风险。第五是运输风险，国际贸易中货物的运输距离遥远，其运输风险也随之增多。第六是价格风险，在国际市场中，由于价格的变化多端使其价格风险更大。上述这些风险虽然有的可以通过保险公司、期货交易的方法进行转移或分担，但有的风险还是必须由买方或卖方承担的。

4. 国际贸易线长、面广、环节多

在国际贸易中，交易双方相距遥远，在开展交易过程中，涉及许多中间环节，除了双方当事人外，还设计各种中间商、代理商以及为国际贸易服务的商检、仓储、运输、保险、金融、车站、港口、海关等部门，若一个部门、一个环节出现问题，都会影响整笔交易的正常进行。

从以上几个方面不难看出，国际贸易情况更为复杂，难度更大，加之国际市场广阔，竞争激烈，从业机构和人员情况复杂，故易产生争议和欺诈活动，频繁发生纠纷，稍有不慎，即可能蒙受严重的经济损失。这就要求国际贸易从业者不仅需要掌握国际贸易的基本原理、基础知识和技能方法外，还应该具备开拓创新、洞察市场、驾驭市场和解决实际问题、随机应变的能力。

二、世界服装贸易的特点

纺织工业往往是一国优先发展的一项基础工业，它不仅解决人们的衣着问题，而且还为各国提供了大量的就业机会。纺织品服装贸易作为推动纺织工业发展的重要力量，在一国的国际贸易中占有相当重要的地位。在过去的 30 年，纺织工业与电子工业是世界两个最具活力的产业。许多国家试图通过配额和关税保护其国内纺织产业，但全球纺织品服装贸易速度依然发展很快。

纵观世界纺织工业的发展，可以分为四个发展阶段：

第一阶段是从 18 世纪末到第二次世界大战前夕。随着第一次工业革命的爆发，英国开始以机器大生产取代传统的纺织手工业。随后，其纺纱和织造工艺开始传到欧洲和美洲，最后传遍世界各国。在这一阶段，纺织工业的发展缓慢，主要以加工天然纤维为主。这时，纺织工业的竞争在于如何更好的应用各种天然纤维，同时在纺织工艺上也产生了毛纺和棉纺两大分支。

第二阶段是从 20 世纪 30 年代中期到 60 年代。自美国发明了第一种合成纤维（锦纶）以后，合成纤维迅速发展。形成了以七大纶（涤纶、锦纶、腈纶、丙纶、维纶、氯纶、氨纶）为主的合成纤维体系。纺织工业的生产除天然纤维外，开始了合成纤维及混纺织物的生产。这时，纺织工业的竞争在于天然纤维和合成纤维的竞争。

第三阶段是从 20 世纪 60 年代开始至 90 年代。纺织工业作为一种劳动密集型的产业，随着全球产业结构的调整，纺织工业的重心由发达国家转移到了发展中国家。这是由于随着科学技术的进步，纺织产品的竞争已不再是数量的多少，而是产品的质量、品种的变化

和成本的高低。各国的纺织企业不得不化大力气更新设备、改进技术，以提高劳动生产率和应变能力，并通过在劳动力便宜的发展中国家设厂，以降低成本。这时，纺织工业竞争的关键就在于质量和成本。

第四阶段是从 20 世纪 90 年代开始至今。人们开始需要更舒适的纺织纤维制作服装，企业需要更加高效、环保的生产方式。这就对新一代的纺织纤维及新的生产工艺产生了新的需求。目前发达国家在纺织技术研究方面主要着力于三方面：一是新材料的研究开发及应用；二是利用新技术对旧材料实现再开发（新功能）、再应用（新用途）；三是通过新构思再造旧材料的新价值。这时，纺织工业竞争的关键就在于技术创新的竞争。

>>> 阅读材料

纺织品市场新技术产品层出不穷，据报道，美国纤维巨商杜邦公司的科学家已开发出一种以玉米为原料生产服装的新型工艺。其新开发的生物技术工艺可以取代以往使用的石化技术工艺，利用玉米生产服装原料 Sorona 聚合物，这种聚合物手感更柔软，可进行多种染色，耐洗性强，还可防紫外线照射。美国联合信号公司使用自产的超高强力聚乙烯纤维织入锦纶中，生产出具有卓越抗撕裂和耐磨性能的纺织品。据介绍，联合信号公司研制的抗撕裂纺织品中的聚乙烯纤维的强力比锦纶高 7 倍，能有效防止任何穿刺及撕裂口的延伸扩展。这种抗撕裂纺织品具有优异的抗撕裂作用，靴鞋、滑雪服及运动装备制造业对这种纺织品产生极大兴趣。世界各地对超高强力聚乙烯纤维的需求日益增加。美国 Nhega 公司开发的高速电子提花转换系统，已被美国大型制衣企业 LizClaiborne 整合至全球生产网络。该公司称，其开发的高级人工智能计算机视觉技术 NScan，可以用一台自动化扫描系统，在 20 分钟内电子转换整片成衣提花图案，比数字化平台的提花转换速度快 5 倍。另外，该公司还表示，该系统运行精确，几乎不会出现图案变形的问题。同时，该技术还可以同所有主要的 CAD/CAM 技术（包括 Gerber、Lectra、Optitex 和 Polygon 等）相兼容。美国商务部指定美国应用 DNA 科学公司所出售的 DNA 鉴定技术，作为美国海关及纺织业者对付伪劣产品的工具。美国应用 DNA 科技公司所销售的 DNA 鉴定技术，先从纺织厂取得纤维的基因密码，然后将其放入可与纺织品相溶的液体当中。在整体供应链的任何一环只要手持扫描器，便可判读出合法产地及制造厂商。美国麻省理工学院创建了一所军事纳米技术研究所，用于研究纳米工艺的防护品。美国陆军希望两三年内，用更好的防护服装备部队。由于采用了纳米技术，防护服能防御生物武器，经过特别处理的纤维，不但能透气又能阻止毒素进入服装。现在已制成一种纳米中空纤维，其内充有铁磁流体，磁化时就变硬。此外，研究人员正在研制贮存能量的织物，并正在检测贮存能量的人造材料。北卡罗莱纳州立大学纺织研究单位率先从事开发以个人安全为目的的防御性功能成衣，研究重点是如何将电子装置仪器加入成衣纤维。该电子装置可显示穿戴者的正确位置，并能侦测出人体暴露在某种特定生化药剂中身体变化的情形。

美国在碳纤维、芳纶等高性能纤维及其复合材料，生物基纤维材料，非织造布等产业用纺织品领域的优势明显，他们特别重视信息技术和管理信息系统。2016 年 4 月，白宫成立了第八个 NNMI（国家制造创新网络计划）项目：革命性纤维与纺织品创新制造中心，旨在 NNMI 项目框架指导下，展开将传统纺织品升级为全新的集成化和网络化的新一代纺织品。美国先进功能织物联盟 AFFOA（Advanced Functional Fabrics of America）成为中标单位，由麻省理工学院牵头，与美国国防部合作，有 52 家公司及非营利组织，32 所大学，5 个州及地方政府部门，28 个州代表参与其运营，其中有杜邦、康宁、英特尔等大公司和康奈尔等一流大学。纺织品显然具有深刻的军方色彩，以及深厚的材料、电子、互联网背景。

德国纺织工业是工业 4.0 助推传统产业升级的典范，其当前三大目标为：提高资源利用率，推行循环经济；打造以客户为中心的柔性价值链，强调数字化制造过程、大规模定制、新的商业模式等；研发未来的新型纺织纤维材料，强化德国纺织纤维材料的优势地位。德国纺织产业技术创新体系很完备，与纺织相关的大学和研究机构有 10 多个，研发人员超过 2000 人。高校和研究机构致力于跨学科、跨专业的前瞻性研究以及新领域的开辟，如"蓝天"（基础）研究；以政府资助项目为主。以"四大学会"——亥姆霍兹联合会（HGF）、马克斯·普朗克学会（MPG）、弗朗霍夫应用研究促进协会（FhG）、莱布尼茨科学联合会（WGL）为代表的国家级研究机构有相关的分领域研究所，其研究重点是纤维新材料。三家全球著名的专业纺织科研机构——海恩斯坦研究院、邓肯多夫国家纺织纤维研究院、图林根纺织塑料研究院（TITK），专注于前瞻性应用研究，与企业合作密切，具备产业化能力。

日本的高技术纤维和高端纺织服装技术的领先优势明显，其高性能纤维现有的水平几乎为世界第一，拥有碳纤维、对位芳纶和超高分子量聚乙烯三大高性能纤维研发和生产核心技术；还有聚芳酯、PBO、超高强维尼纶等重要品种的研发技术，其装备制造、信息和自动化技术也为纺织产业提供了强大的支撑。日本大企业是产业技术供给和产业化的主体，例如东丽、帝人等大企业在新合纤领域基本拥有除装备外的从纤维到纺织品较完整的技术创新链。东丽公司拥有从碳纤维到复合材料制品的生产和研发。企业设立有不同性质的研发中心和研究所，如东丽、帝人等企业在海外还设立有研究所，从事应用基础研究。日本的大学会为企业专门提供技术服务，并联合进行项目研发、技术咨询服务。

世界纺织品服装贸易的发展与世界纺织工业的发展是密不可分的。根据其不同发展阶段呈现出以下特点。

1. 世界服装贸易稳定增长

20 世纪 70 年代到 80 年代伴随着发达国家的经济的高速增长以及纺织品产业结构的调整，世界纺织品服装贸易空前高涨。但随着 20 世纪 80 年代后期，新兴产业的逐渐兴起，整个纺织品服装贸易在整个世界贸易中的地位出现相对下降趋势，但仍保持绝对增长的势头。而近三十年来，世界纺织品贸易出口额平均年增长率超过 10%，略高于世界商品总贸易额年平均增长率。其中世界服装贸易的发展速度大大超过其他纺织品贸易的发展。

2. 世界服装贸易的地区结构发生改变

在 20 世纪 60 年代以前，世界服装贸易主要集中在西欧和北美洲之间。从 1970 年开始，西欧各国和美国就开始变为服装的净进口国，同时，亚洲和其他地区的发展中国家的服装出口比例愈来愈大。世界纺织工业生产和出口贸易的重心逐渐转移至亚洲国家。1997 年的亚洲金融危机给亚洲纺织品服装产业带来严重的影响和打击，加上贸易保护和区域经济一体化的政策影响，世界服装原有的输出、输入国家和地区结构，又逐步由亚洲诸国一统天下演变到亚洲、东欧、中南美洲三足鼎立的新格局。

3. 世界服装采购的供应链明显缩短

在传统的情况下，纺织供应链是从制造商到分销商，再到批发商，最后到零售商。而目前的趋势表明，有组织的零售业将变得越来越流行，零售商将直接向制造商采购，取消了中间商。电子商务的应用也出现在供应链的各个阶段。这将大大增加灵活性和快速反应能力，缩短了整个供应链。

4. 出口服装的面料与结构不断变化

在 20 世纪 60 年代以前，服装的面料多以棉布为主。随着化纤工业的发展，化纤面料的品种越来越多。异型纤维、超细纤维、保健纤维的使用，使服装面料的结构更具多元化。消费者对服装面料的质量要求越来越高，更加强调服装的舒适和健康方面的问题，此外，还需要功能性面料制造的服装，如防止皮肤过敏的纺织品，具备抗菌、抗微生物功能的织物、免熨烫服装、在寒冷季节保温的服装等。这正成为未来纺织技术的主要发展方向。

5. 新的贸易保护措施不断出现

进入 1990 年以后，各国除了采用传统的关税和配额手段来限制纺织品的进口以外，开始越来越多的使用技术壁垒、绿色壁垒、反倾销、贸易条款等新的贸易保护手段。尤其是在 2005 年全面取消配额限制以后，新的贸易保护形式不断出现。如欧盟于 2003 年 5 月推出，并于 2007 年 6 月 1 日起正式颁布实施的 REACH 制度（《化学品注册、评估、许可和限制制度》Concerning the Registration, Evaluation, Authorization and Restriction of Chemicals 的简称），这一制度一方面有利于环境保护，但另一方面也会出现借此进行贸易保护的行为。因此，生态友好纺织品和环保服装将成为贸易新亮点。表 1-2 为我国商检机构对于进出口纺织品、服装执行的安全、卫生、环保及防止欺诈项目和技术标准的要求。

表 1-2 我国商检机构对于进出口纺织品、服装执行的安全、
卫生、环保及防止欺诈项目和技术标准要求

检测项目	输入国家或地区	输入国家或地区法规要求	合格判定值（允差）
纤维成分标签（纤维定性、定量分析）	美国	1.《纺织品成分标签法》15U.S.C.§70 2.《羊毛产品标签法》15U.S.C.§68 3.《纺织品标签法规》16 CFR part 303 4.《羊毛产品标签法规》16 CFR part 300	纺织制品：3%（仅有一种纤维时，不能用3%） 羊毛制品：3%
	欧盟	欧盟指令：96/74/EC	3%
	日本	《家用产品质量标签法》Law 104 号法令	
	澳大利亚	《商务（贸易解释）法案》Act 1905 商务（进口）条例（纤维成分标签）	5%
	加拿大	《纺织品标签法规》	5%（只有一种纤维或纺织品由两种或两种以上的商业羽绒混合制成时，不允许有允差）

检测项目	输入国家或地区	输入国家或地区法规要求	合格判定值（允差）
纤维成分标签（纤维定性、定量分析）	中国	FZ/T 01053	羊绒混纺产品（控制羊绒含量的负偏差）羊绒含量超过15%允许负偏差：精梳3%，粗梳4%。羊绒含量不超过15%的允许负偏差为2% 羊毛混纺产品控制羊毛负偏差：精梳3%，粗梳4% 麻混纺产品控制麻纤维的负偏差为4% 棉与化学纤维的混纺产品（不包括针织产品），控制棉纤维的正负偏差为1.5%；针织混纺产品控制棉纤维的负偏差为3%；棉与化纤的交织产品，控制棉纤维的负偏差为5% 丝混纺产品控制蚕丝含量的负偏差为5% 不同化学纤维的混纺和交织产品，控制性能较好的纤维的负偏差5%
甲醛	日本	1.《日用品有害物质法规》Law112号法令 2. 日本厚生省34号令（1974）《关于日用品中有害物质含量法规的实施规则》	婴幼儿<20mg/kg 和皮肤接触的<75mg/kg 非直接接触皮肤<300mg/kg
	中国	GB 18401	
	法国	官方公报97/0141/F规定	36个月以下的婴幼儿<20mg/kg 和皮肤接触的<200mg/kg 非直接接触皮肤<400mg/kg
	芬兰	《纺织品中甲醛限量法令》（210/1998）	24个月以下的婴幼儿<30mg/kg
	挪威	《环境部有关纺织品中化学物质的法规》	和皮肤接触的<100mg/kg 非直接接触皮肤<300mg/kg
	德国	《日用消费品法》附录9	与人体直接接触或游离甲醛含量>150mg/kg的纺织品，应采用德语和英语标识：含甲醛，为避免刺激皮肤请洗涤后使用

续表

检测项目	输入国家或地区	输入国家或地区法规要求	合格判定值（允差）
甲醛	奥地利	BGBL Nr. 194/1990	≥150mg/kg 必须标明
	荷兰	《纺织品甲醛法规》	禁止甲醛含量 > 120mg/kg 的商品进口，并未完全禁止使用甲醛，但必须按照洗涤指示经过洗涤后使用；甲醛含量 < 120mg/kg 的产品或其包装上必须标示"需于使用前洗涤"
禁用偶氮染料	欧盟	欧盟指令：2002/61/EC	禁止
	中国	GB 18401	
含氯苯酚	欧盟	欧盟指令：1999/51/EC	5mg/kg
重金属镍	欧盟	欧盟指令：94/27/EC	$<0.5\mu g/cm^2/week$
燃烧性能	美国	《易燃织物法》 1. 服用织物法规 CFR Part 1610、 2. 儿童睡衣易燃性法规 CFR Part 1615、CFR Part 1616	
	加拿大	《易燃危险产品法令》； 《易燃危险产品（儿童睡衣）条例》	
色牢度	中国	GB 18401	耐唾液、耐干摩擦色牢度 A 类≥4 级，B/C 类≥3 级；耐水、耐汗渍色牢度 A 类≥3 ~ 4 级，B/C 类≥3 级；洗涤褪色型产品不考核
pH 值	中国	GB 18401	A/B 类 4.0 ~ 7.5 C 类 4.0 ~ 9.0 后续加工过程中需湿处理的可放宽至 4.0 ~ 10.5

注 上述要求应根据目标国家和地区标准和试验项目的变化及时进行更新。

第四节 国际贸易的方式

贸易方式，是指国际间进行货物买卖所采取的交易方法。国际贸易的每种贸易方式均反映了其特有的销售渠道、货款支付或抵偿方式、成交方式和买卖双方的权利与义务，以及双方之间的业务关系问题。随着国际贸易的发展，贸易方式也日趋多样化，除逐笔销售外，还有经销、代理、寄售、招标、拍卖、对销贸易、加工贸易和商品期货交易等。

一、经销、代理与寄售

1. 经销

经销（Distribution）是指进口商（经销商）与国外出口商（供货商）根据签订的协议，承担其在规定的地区和期限内销售指定商品的一种做法。按照经销商权限的不同，经销方式分为两种：一种是独家经销（Sole Distribution），也称为包销（Exclusive Sales），它是指经销商在协议规定的期限和地域内，对指定的商品享有独家专营权；另一种则是一般经销，也称为定销，即经销商不享有独家专营权，出口商可在同一时间、同一地区内，委派几家进口商来经销同一商品。

经销业务中双方当事人之间，即出口商和经销商之间是一种买卖关系。双方通过订立经销协议确定对等的权利和义务。在这种关系下，出口商按照协议规定向经销商供应指定商品，经销商自己买进商品，自行销售，自负盈亏，承担货价涨落及库存积压的风险。

经销协议一般包括：商品范围、区域、数量和金额、作价方法、经销期限和终止、经销商的其他义务，如广告宣传、市场调研和维护供货人权益等。此外，还规定不可抗力及仲裁等交易条件。经销协议也有定销和包销两种，视情况而定。由于一般经销商不享有专营权，出口商可根据市场需要选择、调整经销商。所以出口商都比较乐意采用这种方式，也常用作选择包销商的一种过渡手段。

2. 代理

代理（Agency）是指代理人（Agent）按照委托人（Principal）的授权（Authorization）代委托人同第三者订立合同或作其他法律行为。由此而产生的权利与义务直接对委托人发生效力。代理人与委托人之间的关系属于委托买卖关系。代理人在代理业务中，只是代表委托人行为，如招揽客户、招揽订单、代表委托人签订买卖合同、处理委托人的货物、收受货款等，代理人赚取佣金，不负盈亏责任。他本身并不作为合同的一方参与交易。

代理的种类根据权限的大小可以分为：

总代理（General Agent）：委托人在指定地区的全权代表，他有权代表委托人从事一般商务活动和某些非商务性的事务。

独家代理（Exclusive Agent or Sole Agent）：指在指定区域和期限内单独代表委托人行为，从事代理协议中规定的有关业务的代理人。委托人在该地区内不得再委托其他代理人。

一般代理，也称为佣金代理（Commission Agent）：不享有独家地理专营权的代理，因此，在同一地区和期限内委托人可同时委派几个代理人代表委托人行为。

3. 寄售

寄售（Consignment）是一种委托代售的贸易方式，是一种有别于代理销售的贸易方式。它是指货主作为寄售人（Consignor）将准备销售的货物运往国外寄售地，委托当地代销人（Consignee）按照寄售协议代为销售后，再由代销人向货主结算货款。寄售方式与正常的卖断方式比较，它具有下列几个特点：①寄售人先将货物运至目的地市场（寄售地），然后经代销人在寄售地向当地买主销售。因此，它是典型的凭实物进行买卖的现货交易。②寄售人与代销人之间是委托代售关系，而非买卖关系。代销人只根据寄售人的指示处置货物。货物的所有权在寄售地出售之前仍属寄售人。③寄售货物在售出之前，包括运输途中和到达寄售地后的一切费用和风险，均由寄售人承担。

在寄售业务中的代销人属于行纪人，他也是一个赚取佣金的受托人，其权利义务与代理人相近，但又有区别。最主要的区别是代理人在从事授权范围内的事务时，可以用委托人的名义，也可以用自己的名义，但代销人只能用自己的名义处理寄售合同中规定的事务，而且受托人同第三方从事的法律行为不能直接对委托人发生效力。所以寄售既不同于包销，又与一般代理业务有区别。

二、招标与投标

招标与投标简称招投标，是一种传统的贸易方式。一些政府机构、市政部门和公用事业单位经常用投标方式采购物资、设备、勘探开发资源或承包工程项目，有些国家也用招标方式进口大宗商品。

招标（Invitation to Tender）是指招标人（买方）在某个时间、地点发出招标公告或招标单，提出准备买进商品的品种、数量和有关买卖条件，邀请投标人（卖方）在规定的时间、地点按照一定的程序进行投标的行为。

投标（Submission of Tender）是指投标人（卖方）应招标人（买方）的邀请，根据招标公告或招标单的规定条件，在规定的时间内向招标人递盘，争取中标的行为。可以说招标、投标是一种竞卖方式，是一种贸易方式的两个方面。

招投标的一般做法包括四个步骤：招标、投标、开标评标和签约。

国际上采用的招标方式归纳起来有：

竞争性招标（International Competitive Bidding，ICB）：指招标人邀请几个乃至几十个国内外企业参加竞标，从中选择最优投标人的方式。

谈判招标（Negotiated Bidding）：又称为议标，是由招标人直接同卖方谈判，确定标价，达成交易。

两段招标（Two – stage Bidding）：又称两步招标，适宜采购复杂的货物，因事先不能准备完整的技术规格而采用的招标方式。第一步，邀请投标人提出不含报价的技术投标；第二步，邀请投标人提出价格投标。

三、拍卖

拍卖（Auction）是由专营拍卖行接受货主的委托，在一定的时间和场所，按照一定的章程和规则，以公开叫价的方法竞购，最后拍卖人把货物给出价最高的买主的一种现货交易方式。通过拍卖进行交易的商品多是些品质难以标准化，或是难以久存，或是习惯上采用拍卖方式出售的商品。如茶叶、烟叶、兔毛、皮毛、木材等。某些商品，如水貂皮、澳洲羊毛，大部分的交易是通过国际拍卖方式进行的。拍卖一般是由从事拍卖业务的专门组织机构，在一定的拍卖中心市场、一定的时间内按照当地特有法律和规章程序进行的。拍卖程序不同于一般的出口交易，其交易过程大致要经过准备、看货、出价成交和付款交货四个阶段。

拍卖的出价方法有以下三种。

增价拍卖：也称英式拍卖，为淘汰式拍卖。拍卖时，由拍卖人（Auctioneer）提出一批货物，宣布预订的最低价格，然后由竞买者（Bidder）相继叫价，竞相加价，直到没人再出更高的价格时，则拍卖人用击槌动作表示竞买结束，将这批货物卖给最后出价最高的人。

减价拍卖：又称为荷兰式拍卖。这种方法先由拍卖人喊出最高价格，然后逐渐减低叫价，直到有某一竞买者认为已经低到可以接受的价格，表示买进为止。这种减价拍卖成交迅速，经常用于拍卖鲜活商品。

密封递价拍卖（Sealed Bids/ Closed Bids）：又称招标式拍卖。采用这种方法时，先由拍卖人公布每批商品的具体情况和拍卖条件等，然后由各竞买者在规定的时间内将自己的出价密封递交拍卖人，以供拍卖人进行审查比较，决定将该货物卖给哪一位竞买者。这种方法不是公开竞买，拍卖人有时要考虑价格以外的其他因素。一些国家的政府或海关在处理库存或罚没物资时往往采用这种方式。

四、对销贸易

对销贸易（Counter Trade），又称返销贸易、抵偿贸易、对等贸易、互抵贸易或反向贸易，也有人把它笼统地称作"易货"。它是指在互惠的基础上，交易双方互为进口人或出口人，把进口和出口有机结合起来，双方都以自己的出口来全部抵偿或部分抵偿从对方的进口。这种贸易方式的特点有：进口与出口直接挂钩、贸易双方有进有出、贸易品种相当、对等交换、进出口平衡、不使用外汇进行结算。在第二次世界大战结束以后，因为战后贸易保护主义的盛行，某些国家国际收支恶化，进口苦于无外汇，出口又少有渠道，所以对销贸易在全世界被广泛采用并得到迅速发展。对销贸易通过以进带出的做法，来弥补贸易逆差和克服外汇不足的困难。

在我国外贸实务中使用较多的主要有易货贸易、补偿贸易、互购贸易和回购贸易。

1. 易货贸易

易货贸易（Barter Trade）是一种非常古老的贸易方式，在目前的国际贸易中，有狭义易货和广义易货两种方式。狭义易货要求双方交换的货物价值相等，交货时间相同，双方无须动用货币支付，因此常在临近国家的边境贸易中出现。广义易货比狭义易货灵活，它既可以用某一种出口货物交换另一种进口货物，货款逐步平衡，也可以双方签订易货协议或总合同，规定在一定时间内，用几种出口货物交换进口货物，货款分别结算，最终平衡，即采用记账结汇和双边结算的方式进行。

2. 补偿贸易

补偿贸易（Compensation Trade）是指一方在信贷的基础上，从国外另一方买进机器、设备、技术、原材料或劳务，约定在一定期限内，用其生产的产品、其他商品或劳务，分期清偿贷款的一种贸易方式。其主要特点是：贸易与信贷结合、贸易与生产相联系、贸易双方是买卖关系。设备的进口方不仅承担支付的义务，而且承担付息的责任，对设备拥有完全的所有权和使用权。补偿贸易购入的是机器设备，出口的是产品，可以说是一种进出口相结合的特殊的信贷交易，具有明显的利用外资的作用。它对设备进口方，可少动用外汇或不动用外汇来进口所需设备和较先进的技术，既有利于缓和对外支付手段不足的矛盾，又可提高本国的生产能力，扩大出口，增收外汇；同时也给产品的出口建立了长期的比较稳定的销售渠道和市场。对设备供应方而言，可突破进口方支付能力不足的障碍，扩大产品销售市场；获得比较固定的产品供应来源。故补偿贸易多用于外汇支付能力困难的国家与发达国家之间，而且较多地出现在生产原材料的部门，或产品为对方所需要，或产品有出口前途的产业部门。

3. 互购贸易

互购贸易（Counter Purchase），又称为互惠贸易（Reciprocal Trade）和平行贸易（Parallel Trade），是指出口的一方向进口的一方购买相当于对方出口货值一定比例的产品。即双方签订两份既独立又有联系的合同：一份是约定先进口方用现汇购买对方的货物；另一份则由先出口方承诺在一定期限内购买对方的货物。互购贸易与补偿贸易的差别是互购贸易的两笔交易都用现汇，一般是通过即期信用证或即期付款交单，有时也可采用远期信用证付款。

4. 回购贸易

回购贸易（Buy – back Trade）是指出口一方同意从进口一方买回由其出口的机器设备所生产制造的产品。它与互购贸易的主要区别是，若由设备进口方利用对方提供的设备和技术制造的产品，包括直接产品或有关产品（Resultant or Related product），偿付进口设备的货款，称为返销或回购（Buy – back）。若不是用直接产品，而是用双方商定的其他产品或劳务来偿付，称为互购。一般情况下回购贸易比互购贸易花费的时间要长。

五、一般贸易和加工贸易

一般贸易（Regular Trade）是指单边输入关境或单边输出关境的进出口贸易方式，其交易的货物是企业单边售定的正常贸易的进出口货物。一般贸易进出口货物是海关监管货物的一种。《海关法》规定，货物或运输工具进出境时，其收发货人或其代理人必须向进出境口岸海关请求申报，交验规定的证件和单据，接受海关人员对其所报货物和运输工具的查验，依法缴纳海关关税和其他由海关代征的税款，然后才能由海关批准货物和运输工具的放行。一般贸易货物在进口时可以按一般进出口监管制度办理海关手续，这时它就是一般进出口货物；也可以享受特定减免税优惠，按照特定减免税监管制度办理海关手续，这时它就是特定减免税货物；也可以经海关批准保税，按照保税监管制度办理海关手续，这时它就是保税货物。

加工贸易（Processing Trade）是普遍采用的一种贸易方式，尤其是在一些劳动力资源比较丰富的国家。加工贸易是指一国的企业利用自己的设备和生产能力，对国外的原辅材料、零部件、元器件、包装物料等进行加工、制造或装配，然后将产品销往国外的贸易方式。它是以加工为特征、以商品为载体的劳务出口。一般分为来料加工贸易和进料加工两种。

来料加工贸易是指进口料件由外商免费提供，本国经营企业不需要付汇进口，按照境外企业的要求进行加工或者装配，只收取加工费，制作为成品后再销往境外企业。

进料加工贸易是指由本国经营企业付汇从国外进口原料，制成品由经营企业外销出口的贸易活动。

进料加工与来料加工的区别在于进料加工经营企业是付汇购买进口料件，来料加工则是由外商免费提供进口料件，不占用我方外汇；进料加工经营企业拥有料件和产品的所有权，自定生产、自定销售、自负盈亏、自担风险，而来料加工经营企业不拥有料件和产品的所有权，只收取加工费，不参与利润分配，不承担经济风险。

六、现货交易与期货交易

利用商品交易所进行商品买卖，是国际贸易的重要形式之一。商品交易所（Commodity Exchange）是指在一定时间和地点，按一定规章买卖指定商品的一种有组织的特殊市场。自 13 世纪英国皇家交易所诞生以来，交易所已有 700 多年的历史。商品交易所主要有两种交易方式，即现货交易和期货交易。

现货交易（Spot Transaction）是在交易达成后立即进行实际商品的交割。在商品交易所进行的交易中，现货交易的比例很小，一般交易所只是对这种交易提供场所、合同格式、解决纠纷等的服务。

期货交易（Futures Transaction），又称期货合同交易，是在达成交易后不立即进行商品交割，而在某一未来时间交货的交易形式。根据期货交易者的目的，有两种不同性质的种类：一种是利用期货合同作为赌博的筹码，买进卖出，从价格涨落的差额中追逐利润的纯投机活动；一种是真正从事实物交易的人做套期保值。前一种在商业习惯上称为"买空卖空"，它是投机者根据自己对市场前景的判断而进行的赌博性投机活动。所谓"买空"，又称"多头"，是指投机者估计价格要涨时买进期货；一旦期货涨价，再卖出期货，从中赚取差价。所谓"卖空"，又称"空头"，是指投机者估计价格要跌时卖出期货；一旦期货跌价，再买进期货，从中赚取差价。

第二章　国际贸易基本理论

国际贸易理论是随国际贸易一同产生和发展起来的，在不同的历史时期，这些理论都从某一个方面对国际贸易产生发展的原因进行了论述。因此，这些国际贸易理论在一定程度上都具有一定的局限性。但国际贸易理论的研究对各国发展对外贸易还是具有一定的实践价值和现实意义的。

第一节　古典国际贸易理论

一、重商主义与重农学派

重商主义是资产阶级最初的经济学说。重商主义者从商业资本的运动出发，认为货币是财富的唯一形式，一切经济活动的目的都是为了获取金钱。认为除了开采金银矿藏以外，只有通过对外贸易才能增加国内的财富。而国内贸易虽有益处，但不能增加国内的货币量。他们认为国家为了致富和防止贫困，必须发展对外贸易，主张国家必须积极干预经济生活，以保证货币尽量多地流入国内而少流出国外。早期重商主义是直接利用国家立法和行政措施来保证对每个国家和每笔交易都实现顺差，绝对禁止金银外流。晚期重商主义则并不单纯地直接依赖立法和行政手段来取得和保存货币，更多地要求通过国家干涉来促进本国的生产和出口，允许对个别国家有贸易逆差，只要有利于实现国家总的贸易顺差。因此当时的英国，对进口货物几乎全部征收关税。重商主义加速了资本的原始积累，促进了资本主义生产方式的建立，在一定的历史时期起了进步的作用。但它对社会经济现象的探索只限于流通领域，而未深入到生产领域，没有认识到劳动才是真正创造财富的源泉，这是其根本性的错误。另外，重商主义把国际贸易看作一种零和游戏、把货币与真实财富等同起来也都是错误的观点。

17 世纪下半叶，在法国出现了反重商主义，主张经济自由和重视农业的思想，形成了重农学派，其创始人是魁奈（F. Quesnay）。重农学派的核心思想是主张自由经济，包括自由贸易，他们认为"自然秩序"（包括自由贸易）是保证市场均衡和物价稳定的重要机制。重农主义者的局限性在于既把人类社会客观规律看做永恒的规律，又把一个特定历史阶段的社会规律看成支配着一切社会形式的抽象规律。

二、绝对优势理论

这一理论的主要代表是 18 世纪的英国古典经济学家亚当·斯密（Adam Smith，1723 ~ 1790 年）。他用一国中不同的职业分工和交换来解释国际贸易，认为国际贸易的产生就像裁缝不会做靴子，鞋匠不会缝衣服，而都用自己的产品去交换自己不擅长生产的东西一样。

一个国家之所以要进口别国的产品，是因为该国的生产技术处于劣势，自己生产成本太高，不如购买别国的产品来得便宜。而一国之所以能向别国出口产品，是因为该国在这一产品的生产技术上具有绝对优势。他反对重商主义的观点，主张用市场价格机制这只"看不见的手"自行调节经济活动。强调在绝对成本优势存在的情况下，进行专业化生产，提高生产率，增加产品数量。每个国家都应该根据各自的优势条件，生产其成本最低、绝对有利的商品。并积极主张实行专业化分工，进行自由贸易。

根据"绝对优势"理论，各国由于存在生产技术上的差别，以及由此造成的劳动生产率和生产成本的绝对差别（这是国际贸易和国际分工的基础），各国应该集中力量生产并出口其具有"绝对优势"的产品，而进口其不具有"绝对优势"的产品，其结果比自己生产所有产品更有利。

"绝对优势"理论揭示了国际分工和专业化生产能使资源得到更有效地利用，从而提高劳动生产率的规律，也首次论证了贸易双方都能从国际分工与国际贸易中获利的思想，开创了对国际贸易的经济分析。但"绝对优势"理论也存在明显的局限性。在现实社会中，一些发达国家可能在某种产品上具有"绝对优势"，而一些落后国家可能不具有任何生产技术上的优势。如何解释这种绝对先进国家和绝对落后国家之间的贸易就成为了问题。

三、比较优势理论

以英国经济学家大卫·李嘉图（David Ricardo，1772~1823年）创立的"比较优势"理论极大地发展了亚当·斯密的经济思想，为资产阶级古典学派的国际贸易理论奠定了基础，并发展成为资产阶级占统治地位的国际贸易理论。该理论认为，国际贸易的基础并不限于各国生产技术上的绝对差别，只要各国之间存在有生产技术上的相对差别，就会出现生产成本和产品价格的相对差别，从而产生各国在不同产品上的比较优势，使国际贸易成为可能。

如果一个国家某种产品的相对劳动生产率高于另一国家，则该国在这一产品上具有比较优势。一国之所以能够出口获利，只需要该产品具有比较优势而不一定要具有绝对优势。一个落后国家可能在所有产品上都不具有绝对优势，但只要有某些产品具有比较优势，就可以参与国际贸易。在资本与劳动力在国际间不能自由移动的前提下，按"比较优势"原则进行国际分工，可使各国资源、劳动力配置合理，增加生产总额。

"比较优势"理论对国际贸易的最大贡献在于首次为自由贸易提供了有力证据，并从劳动生产率差异的角度成功地解释了国际贸易发生的原因，故"比较优势"理论比"绝对优势"理论更具有普遍的意义。但比较优势贸易理论本身也存在着一些不足。主要是李嘉图虽然解释了劳动生产率的差异引起国际贸易的产生，但没有解释造成各国劳动生产率差异的根本原因。而且在现实中，各国也并非依靠比较优势原则进行生产和贸易，而是进行完全的专业化分工生产。

第二节　近代国际贸易理论

一、资源配置理论

20 世纪初，瑞典经济学家赫克歇尔和俄林进一步从生产要素比例的差别来阐述国际贸易的基础。他们认为生产商品需要不同的生产要素，不仅仅只是需要劳动力，而且资本、土地以及其他生产要素也都在生产中起到重要作用，并影响到劳动生产率和生产成本，不同的商品生产需要不同的生产要素配置。有些产品的生产技术性较高，需要大量的机器设备和资本投入，这种产品可以称为资本密集型产品。有些产品的生产则主要依靠手工操作，需要大量的劳动力，这种产品称为劳动密集型产品。而各国的生产要素的储备比例是不同的，有的国家资本相对雄厚，有的国家劳动力相对充足。因此，产品生产的相对成本不仅要由技术差别决定，也要依靠生产要素比例和稀缺程度的不同来决定。

一般来说，劳动力相对充足的国家其劳动力的价格会较低，生产劳动密集型的产品的成本会相对低一些。而在资本相对充足的国家其资本的价格会较低，生产资本密集型的产品的成本会相对低一些。因此，根据"资源配置"理论，各国应该集中生产并出口那些能够充分利用本国充裕要素的产品，以换取那些要使用稀缺要素的产品。国际贸易的基础是生产资源配置或要素储备比例上的差别。故人们将该理论称为要素禀赋理论或要素比例理论。

但"资源配置"理论将各个国家之间在生产要素自然禀赋方面的相对差异作为理论研究的出发点。从这个意义上说，此理论可以被看作是国际贸易理论发展历史中的一座里程碑。

二、规模经济理论

从 20 世纪 60 年代以来，国际贸易中出现了一些新的倾向：发达国家之间的贸易成为国际贸易的主要部分，同类产品之间的贸易量大增。这种倾向对"资源配置"理论提出了挑战。因为，发达国家之间的资源比例是相似的，都属于资本相对充裕的国家，而同类产品的生产技术更具有相似的要素密集性。国际贸易为什么会在相似的要素密集型产品和相似的要素充裕国家之间进行呢？当代经济学家默瑞·坎姆（Murray C. Kemp）和保罗·克鲁格曼（Paul P. Krugman）以"规模经济"理论进行了说明。

根据"规模经济"理论，企业生产随着产量的增加可以分为"规模报酬递增""规模报酬不变"和"规模报酬递减"三个阶段。"规模经济"理论打破了传统贸易理论对产品规模报酬不变的假定，而是认为在社会化大生产中，许多产品的生产具有规模报酬递增的特点。在一定的经济条件（垄断竞争）下，企业的长期成本随产量的增加而下降，而市场的需求量随产品价格的下降而增加。企业参与国际贸易，会使市场需求增加，而产量的增加反会使企业产品的平均成本下降，从而增加产品在国际和国内市场上的竞争力。

由于工业产品的多样性，任何一个国家都不可能生产所有的工业产品。而通过国际分工，使各自的生产规模扩大、成本降低，国内资源得以更有效的利用。但具体哪一国集中生产哪一种产品，是没有固定的模式的，既可以由竞争产生，也可以是协议分工。可见，发达国家之间工业产品"双向贸易"的基础是规模经济。

三、产品周期理论

以上的贸易理论，都从不同的角度阐述了国际贸易产生的原因，但它们都只是从静态的角度来分析的。而从国际贸易发展的历程上，我们会发现有许多产品是先由一些发达国家生产和出口的，其他国家则需要进口。过了一段时间后，原来进口的国家开始生产并出口这些产品，而最初的发达国家反而需要进口。以国际纺织品贸易的发展情况为例，纺织品是最早欧美发达国家的主要输出产品。20世纪初，洋布的进入挤垮了中国的土布，但现在我国的纺织品充满了欧美市场，而欧美国家则成了纺织品的纯进口国。目前一些国家汽车贸易的基本状况也是一样。

产品周期理论是美国哈佛大学教授雷蒙德·弗农（Ramand Vernon）1966年在其《产品周期中的国际投资与国际贸易》一文中首次提出的。他认为：产品和人的生命一样，要经历形成、成长、成熟、衰退四个周期，而这个周期在不同技术水平的国家里，发生的时间和过程是不一样的，其间存在一个较大的差距和时差，正是这一时差，表现为不同国家在技术上的差距，它反映出了同一产品在不同国家市场上的竞争地位的差异，从而决定了国际贸易和国际投资的变化，为了便于区分，费农把这些国家依次分成创新国（一般为最发达国家）、一般发达国家、发展中国家。费农还把产品生命周期分为三个阶段，即新产品阶段，成熟产品阶段和标准化产品阶段。费农认为，在新产品阶段，创新国利用其拥有的垄断技术优势开发新产品，由于产品尚未完全成型，技术上未加以完善，加之竞争者少，市场竞争不激烈，替代产品少，产品附加值高，因此国内市场就能满足其获取高额利润的要求，产品极少出口到其他国家，绝大部分产品都在国内销售。而在成熟产品阶段，由于创新国技术垄断和市场寡占地位的打破，竞争者增加，市场竞争激烈，替代产品增多，产品的附加值不断走低，企业越来越重视产品成本，较低的成本开始处于越来越有利的地位，且创新国和一般发达国家市场开始出现饱和，为降低成本，提高经济效益，抑制国内外竞争者，企业纷纷到发展中国家投资建厂，逐步放弃国内生产。在标准化产品阶段，产品的生产技术、生产规模及产品本身已经完全成熟，这时对生产者技能的要求不高，原来新产品企业的垄断技术优势已经消失，成本、价格因素已经成为决定性的因素，这时，发展中国家已经具备明显的成本因素优势，创新国和一般发达国家为进一步降低生产成本，开始大量地在发展中国家投资建厂，再将产品远销至别国和第三国市场。

产品周期理论是作为国际贸易理论分支之一的直接投资理论而存在的，它反映了国际企业从最发达国家到一般发达国家，再到发展中国家的直接投资过程。

四、贸易保护主义理论

前面提到的几种贸易理论讲到的都是国际贸易给参与贸易国所带来的好处。以下的贸易保护理论则是从另外一个角度阐述了进行贸易保护的原因。

汉密尔顿（Hamilton）的保护关税论。美国贸易保护政策的先驱是美国独立后的第一任财政部长亚历山大·汉密尔顿，他在其向国会递交的报告中，强调要用关税保护政策保护本国幼稚产业的发展。他认为，美国新的工业在早期发展的效率不高，不能和经验丰富的外国厂商进行竞争，因此需要用关税壁垒进行保护，直到效率提高到可以与免税的国外同类商品进行竞争时方可撤销关税壁垒。为此，美国对进口工业品和一些奢侈品征收高关税以保护国内工业和增加财政收入。可见，汉密尔顿关税保护的目的在于排除外部竞争的不利影响，在国内创造一个有利于工业发展的良好环境。

在英国的机器大工业迅速发展的时候，德国却刚进入起步阶段。德国贸易保护的代表人物 F. 李斯特站在当时德国工业资产阶级的立场上，反对亚当·斯密等人的自由贸易理论。他认为发展一国的生产力比通过比较优势获得贸易利益更为重要。一国应对其幼稚工业进行保护，保护的主要手段是通过禁止输入与征收高关税。他同时认为关税并不一定是最重要的和唯一的手段，保护的目的在于提高其生产力，而不是阻碍生产力的发展。一国应该根据经济发展的不同历史阶段确定自己的对外贸易政策，而不应固定不变。这种"幼稚产业保护论"也为很多自由贸易论者所接受，并成为很多发展中国家寻求贸易保护的理论武器。

凯恩斯的保护论分为就业理论和对外贸易乘数理论两个部分。他认为，贸易顺差会导致国外投资增加，国内货币供给增加，利率下降，这样又会刺激投资，从而增加就业，促进经济繁荣，而逆差则相反。同时，一国的出口和国内投资一样，有增加国民收入的作用，且国民收入的增加量将会成倍于出口的增加量。相反，进口和储蓄一样，会使国民收入减少，且国民收入的减少量将会成倍于进口的增加量。即会产生乘数效应。所以，凯恩斯主张通过政府干预，追求贸易顺差，以求增加国内就业和国民收入。

第三节 当代国际贸易新理论

20 世纪 60 年代以来，国际贸易出现了一些新的变化，如不完全市场竞争越来越突出，产业内贸易份额越来越大，新兴工业国家贸易迅速增长，贸易环境、贸易因素及贸易关系越来越复杂多变等，所有这些，都使传统国际贸易理论的基础发生了巨大改变，导致了其对现实经济解释的乏力。针对传统国际贸易理论的不足，新贸易理论应运而生。

一、产业内贸易理论

美国经济学家格鲁贝尔（H. G. Grubel）等人在研究共同市场成员国之间贸易量的增长时，发现发达国家之间的贸易并不是按"资源配置"理论进行的，即工业制成品和初级产品之间的贸易，而是产业内同类产品的相互交换。1975 年格鲁贝尔和劳埃德（Lloyd）合著了一本《产业内贸易》（*Intra - Industry Trade Theory*），系统地论述了这一理论，提出了产业内贸易的增长特点和原因。

格鲁贝尔认为，在当代国际贸易的产品结构上，主要有产业间贸易和产业内贸易两大类。产业间贸易是指一国进口和出口要素密集度不同的产品。该贸易模式反映出比较优势。而产业内贸易是指一国进口和出口要素密集度相同的产品，即一个国家既出口同时又进口同种产品以及同一产品的中间产品的贸易现象。该贸易模式不反映比较优势。

出现同质产品贸易的主要原因包括：运输成本和地理位置的原因；政府干预（如倾销、出口退税、进口优惠政策）造成的价格扭曲原因；产品生产和使用的季节性原因；统计上的原因（如转口贸易的统计）。

产业内贸易理论从供给和需求两个方面分析了造成了产业内贸易现象出现的原因。在供给方面，由于参与国际贸易的厂商通常是处在垄断竞争而非完全竞争的条件下，因此，产生了同类产品的差异化；在需求方面，消费者的偏好具有多样性，而且各国之间的消费需求常常存在着互相重叠的现象。

产业内贸易理论虽然以发达国家的贸易为研究对象，但对已经实现工业化的发展中国家提升国际贸易竞争力具有深刻的启发作用。一方面，发展中国家要在国际贸易中提高地位，仅仅依靠资源丰富，甚至资本和技术是远远不够的，必须从规模经济入手提高国际贸易竞争力；另一方面，对于发展规模效益显著的幼稚产业，政府在产业政策、贸易政策等方面加强干预是十分必要的。

二、国家竞争优势理论

20世纪90年代，美国哈佛大学商学院教授迈克尔·波特（Micharl Porter）在其《国家竞争优势》一书中指出：一个国家的竞争优势就是企业与行业的竞争优势，一国兴衰的根本原因在于它能否在国际市场中取得竞争优势，而竞争优势形成的关键在于能否使主导产业具有优势，产业的竞争优势又源于企业是否具有创新机制。

波特的竞争优势理论是微观企业竞争优势、中观产业竞争优势和宏观国家竞争优势的有机体，它具有广泛的兼容性。它既探讨了要素、技术及其他因素对国际贸易的影响，整合了价格因素与非价格因素对竞争优势的决定，又反映了竞争优势与国际贸易的动态变化。为了对国家竞争优势提供一个比较完整的解释，波特提出了一个"国家竞争优势四基本因素、两辅助因素模型"，四个基本决定因素分别是：生产要素，需求状况，相关产业和支持性产业，企业的战略、结构和竞争对手。两个辅助因素是：机遇和政府。这些因素的每一个因素都可单独发生作用，但又同时对其他因素产生影响。各个因素结合成一个有机体系，共同作用决定国家的竞争优势。四种基本因素是国家竞争优势的决定因素，它们的情况如何直接导致国家竞争地位的变化。两种辅助因素也对国家的竞争优势产生影响。

波特认为，一国经济地位上升的过程就是其竞争优势加强的过程。国家竞争优势的发展可分为四个阶段：第一阶段是要素推动阶段，第二阶段是投资推动阶段，第三阶段是创新推进阶段，第四阶段是财富推动阶段。他通过德国、美国、意大利和日本等国经济发展状况从实证角度对其理论予以说明。波特认为，日本经济在20世纪70年代和80年代正处于创新阶段，经济发展后劲较强；而美国经济20世纪80年代则处于财富推动的阶段，当时美国许多工业正在衰退，竞争处于垄断状况，经济缺乏推动力。

波特的"国家竞争优势论"弥补了其他国际贸易理论的不足，突破了就单项因素或其简单组合为出发点来展开理论分析的不足。波特认为，一国在生产要素方面的比较优势有利于它建立国际竞争优势，而一国国际竞争优势的建立才能获得持久的比较利益。这种国际竞争优势才应该是国际贸易理论的核心。并指出在要素基础上形成的竞争优势是动态变化的，要素上的劣势也能够产生国家竞争优势，要素创造比要素禀赋对于一国的竞争优势来说重要得多。该理论强调国内因素对于竞争优势的重要性，并在此基础上强调国家在决定国际竞争力方面的重要作用。而波特非常肯定地认为，国内因素与竞争优势之间存在因果关系。国内需求的增长、国内需求的结构、相关与支持性产业的发展情况和国内竞争强度等都对一国竞争优势有着决定性影响。国内因素对于竞争优势的作用往往是国外的同类因素取代不了的。波特强调加强国家的竞争优势扶持和培育，这对于发展中国家竞争优势的发展无疑具有积极的指导意义。

三、战略性贸易理论

20 世纪 80 年代以来，一些西方经济学家在规模经济和不完全竞争的基础上提出了一种新的战略性贸易理论，引起了理论界和发达国家政府的高度重视。所谓战略性贸易理论是指在不完全竞争和规模经济条件下，一国政府运用政策干预手段，把国外垄断企业的一部分垄断利润转移给本国企业或消费者的贸易政策理论。通常情况下，政府可以利用关税、配额等进口保护政策和生产补贴、出口补贴或研究开发补贴等鼓励出口政策，扶持本国战略性工业的成长，增强其在国际市场上的竞争能力，从而谋取规模经济之类的额外收益，并借机掠夺他人市场份额和工业利润。

战略性贸易理论的创始者是加拿大英属哥伦比亚大学的教授布朗德（James Brander）和斯潘塞（Ball Spencer）。他们认为，传统的自由贸易理论是建立在规模收益不变和完全竞争的理想假设上的，但现实生活中，不完全竞争和规模经济是普遍存在的现象。在这种情况下，市场本身的运行处于一种"次优"的状态，这种状态不能保证潜在的收益一定能够实现，适当的政府干预则有可能改进市场运行的结果。

他们认为，政府可以运用贸易政策对这些产业进行扶植，扩大本国企业的生产规模，使本国企业在国际贸易中处于优势地位。如进口国政府可以通过征收关税的办法，将外国厂商从本国消费者身上赚取的超额垄断利润转移到国内；政府还可以通过提供补贴等手段，影响本国厂商及其外国竞争对手的决策行为，帮助本国厂商在国际竞争中获胜。

战略性贸易理论广泛借鉴和运用了产业组织理论与博弈论的分析方法和研究成果，是国际贸易理论研究方法上的突破。但该理论未就政府的贸易干预和补贴给出任何通用的解决方法；同时该理论的实现依赖于一系列严格、苛刻的限制条件，一旦这些条件得不到满足，战略性贸易理论就难以取得理想的效果。战略性理论背弃传统的自由贸易，采取进攻性的保护措施，劫掠他人的市场份额和经济利益，容易成为贸易保护主义者加以曲解和滥用的借口，恶化全球贸易环境。因此，许多经济学家都指出，必须正确把握战略性贸易理论，不可片面夸大或曲解其功效。

第三章 国际贸易政策与措施

对外贸易政策是各国在一定时期内对进出口贸易进行管理的原则、方针和措施手段的总称。国际贸易政策是世界各国或地区在对外贸易中所制定和实施的各项管理措施的总称，是各国对外贸易政策的综合反映。各国会根据自己的贸易政策制定相关的贸易措施。

第一节 国际贸易政策概述

对外贸易是一国国民经济的重要组成部分，对外贸易政策作为经济政策的一个重要组成部分，需由一国的经济总政策决定，并与国家的其他经济政策密切配合，才能使对外贸易充分发挥促进国民经济发展的作用。例如，对外贸易政策与产业调整政策、外汇管理政策、外资与先进技术引进政策等，应相互协调，才能使对外贸易活动与国民经济活动相适应。由于对外贸易政策都是各国国内经济政策的延伸，目的都是为了保持本国国民经济持续、稳定、协调发展，提高本国经济发展水平和人民的物质福利水平。因此，对外贸易政策与国内经济政策有不可分割的内在联系。但另一方面，对外贸易是国家之间的经济交往活动，涉及整个国家的政治主权和经济利益。因此，对外贸易政策与国内经济政策又有较大的区别。

一国的对外贸易政策往往包括经济性和政治性的双重目标，对外贸易政策的制定既有自主性又有互利性，有时还存在一定的对抗性。由于一国的对外贸易政策是根据国内经济状况和国际经济贸易形势制定的。在不同的国家、不同的历史时期、不同的国际经济贸易形势下，所采取的对外贸易政策也就会有所不同。如对外贸易政策分为自由贸易政策和保护贸易政策两种基本形式。纵观各国经济发展的不同时期所采取的对外贸易政策，以及在世界经济不同的发展阶段所盛行的对外贸易政策，都表现为保护贸易政策与自由贸易政策的相互转换、更替、并存，从而不断扩充各自内涵的过程。

一、自由贸易政策

自由贸易政策是指国家取消对进出口贸易的各种限制和障碍，取消对本国商品和服务的进出口商提供各种特权和优待，使商品和服务能够自由进出口，在世界市场上实行自由竞争。

自由贸易政策以古典政治经济学家亚当·斯密和大卫·李嘉图创立的自由贸易理论体系为依据。

在自由贸易政策下，可以促进国际分工，实现比较利益，从而提高效率、增加所有国家实际国民产品数量，提高整个世界的物质生活水平；可以使厂商享受更多的规模经济利益，有效降低成本、增加企业利润；可以使劳动及资本的流动更为便利，减少投资风险、提高对外国投资者的吸引力；可以增加外来的竞争，减少国内大厂商对市场的垄断，促进生产效率的提高；可以使资源配置更为合理。

二、保护贸易政策

保护贸易政策是指国家广泛采取各种限制进口和鼓励出口的措施，以达到保护国内产业、刺激国内产业发展的目的。

保护贸易政策的理论依据是以李斯特的"保护幼稚工业理论"和凯恩斯的"保护就业理论"为代表的贸易保护理论。

在保护贸易政策下，有利于保护本国生产力的发展，有利于实现国内充分就业，从而促进国内经济的发展。但贸易保护对象的选择问题、国家之间贸易保护政策的连锁反应问题都是难以解决的。当前保护贸易政策的特点是：被保护的商品不断增加；限制进口措施的重点从关税转向非关税；贸易保护的重心从限制进口转向鼓励出口；贸易保护日益制度化、法制化。

三、管理贸易政策

所谓管理贸易，是指以协调国家经济利益为中心，以政府干预贸易环境为主导，以磋商谈判为轴心，对本国进出口贸易和全球贸易关系进行全面干预、协调和管理的一种贸易制度。管理贸易介于自由贸易与保护贸易之间，属于有组织的自由贸易。管理贸易不同于自由贸易是因为它在一定程度上限制了自由竞争，国家之间的贸易活动夹杂了许多人为干预因素；管理贸易也不同于保护贸易，主要在于保护贸易只关心本国的经济利益，而管理贸易则是在寻求整体利益平衡的前提下，在兼顾贸易伙伴经济利益的同时，追求本国利益的最大化。

管理贸易政策产生的原因在于世界各国经济的相互依赖性越来越强，发达国家竞争优势发展的不平衡以及地区经济贸易集团的发展和跨国公司迅速发展的要求。同时世界环保意识的加强也要求对贸易进行协调管理。管理贸易是博弈理论中的"正和博弈"在国际贸易中的运用，在正和博弈的情况下，通过双方的妥协合作，放弃最优选择而选择了次优，其实这种选择就是现实中能获得的最优选择。

管理贸易实现的机制和途径主要包括：通过国际会议对贸易进行意向性的管理；地区贸易集团通过条约、协定和建立超国家机构对地区贸易进行管理；通过多边政府协定和组织对参加方的贸易关系进行管理；通过具体的商品协定和生产国组织对具体商品的产、销、价格进行管理；通过标准化对国际贸易、商品规格、质量进行管理；通过双边政府贸易协定或协议协调和管理双边贸易关系；各国政府加强对贸易活动的宏观干预等。

总之，国际贸易政策演变的趋势是纯粹的自由竞争让位于有组织的自由竞争或不完全的自由竞争；自由贸易政策与保护贸易政策让位于管理贸易政策；贸易政策的制定过程越来越多地考虑到国家之间经济利益的连带性和包容性；国家经济实力成为参与国际竞争、参与国际贸易利益分配的主要筹码。

第二节　国际贸易措施

一国根据自己的贸易政策，会制定相关的贸易措施。这些贸易措施主要有如下几种。

一、关税措施

关税（Custom Duties，Tariff）是进出口商品经过一国关境时，由一国海关根据本国制订的关税法、关税税则和有关规章，对进、出口商所征收的一种税收。

1. 关税的分类

（1）根据征收的目的不同分类：

①财政关税（Revenue Tariff）。财政关税又称收入关税，是指以增加国家的财政收入为主要目的而征收的关税。

②保护关税（Protective Tariff）。保护关税是指一国以保护本国工业和农业为目的而征收的关税。

（2）根据征收的对象或商品流向分类：

①进口关税（Import Tariff）。进口关税是进口国家的海关在外国商品进入时，根据海关税则对本国进口商所征收的正常关税。其中最惠国关税是用于与该国签订有最惠国待遇条款的贸易协定的国家或地区所进口的商品；普通关税是用于与该国没有签订这种贸易协定的国家或地区所进口的商品。进口附加税是一国海关除对进口商品征收正常的进口关税外，有时还额外加征某种关税，如反倾销税、反补贴税。

②出口关税（Export Tariff）。出口关税是一国海关对本国输出境外的商品征收的关税。

③过境关税（Transit Tariff）。过境关税是一国对于通过其关境的外国货物所征收的关税。

（3）根据征收方法分类：

①从价税。从价税是指以贸易产品的价值额为标准，按其价值的百分比来征收的关税。

②从量税。从量税是海关以进出口商品的重量、数量、容量、体积、长度、面积等计量单位为标准计征的关税。

③混合税。混合税又称复合税。它是对同一进出口商品同时征收从价税和从量税，并以其中一种税为主的征税方法。

④选择税。选择税是对于一种进口商品同时订有从价税和从量税两种税率，但征税时选择其税额较高的一种征收。有时为了鼓励某种商品进口，也有选择其中税额较低者征收的。

2. 关税的经济效应

征收关税会使得进口商品价格上涨，从而导致国内同种商品生产的扩大，利润的增加，就业机会的增多；关税的征收使国内消费者不得不承受比自由贸易条件下高得多的价格，从而减少国内消费，消费者受损失，同时由于价格提高而生产者利润增加，国家财政收入增加；关税的征收导致的进口量的减少，等于国内生产增加造成的进口量的减少和消费降低造成的进口量减少之和；关税征收可以带来政府财政收入的增加；征收关税可以使进口减少，从而造成对外支付的减少，国际收支得到改善。

一个非常小的国家征收关税时，不会影响国际市场的价格，也就是说小国的贸易条件不变，但关税使进口商品价格上涨，该国的贸易量减少，因此，小国征收关税只会使该国的福利水平下降。一个大国征收关税会减少贸易量，但会改善该国的贸易条件。贸易量的减少对这个国家来说会减少国民福利，但贸易条件的改善则会增加该国的福利，因此，该国福利实际上是增加还是减少，要依上述两种情况对净福利的影响而定。大国可以通过以最适当关税率征收关税，使贸易条件改善带来的利益超过贸易量减少所造成的福利损失，并使该国所获得的净利益达到最大化。而小国的最适当关税率为零。

3. 关税的有效保护

如果把进口关税的征收对象分为将来可作为国内制成品生产的投入要素的中间产品或原料和制成品本身两类，则按照关税税则对进口的制成品征收的从价税称为名义关税率。名义关税率只考虑关税对工业制成品价格的影响，而没有考虑对中间产品的影响，因此，不足以代表对本国该产业的实际保护。而有效保护率是一国征收进口关税后的价值增加额与征收进口关税前的价值增加额之差对征收进口关税前国内生产价值增加额本身之比。有效保护率考察的是关税对被保护产业生产过程净增值的影响。有效保护率反映关税对本国产业的实际保护程度。

瀑布式关税结构是指关税税率从初级产品、半制成品到成品，随加工程度的提高而不断提高，亦称为关税升级或阶梯关税结构。发达国家的瀑布式关税结构不利于发达国家出口产品结构升级。美国、欧盟和日本成功地实施了瀑布式关税结构保护模式，它们对原料和中间产品的进口税率与其制成品的进口税率相比较低，对有关的加工制造业最终产品的有效保护率则越高，这样，对该制成品的关税有效保护率就会大于该国税则中所列该制成品的名义保护率。

发展中国家制定关税政策时，应注意关税结构与进口替代战略实施的两难选择。关税减让谈判，重要的是有效保护率，而不是名义关税率。

二、非关税措施

所谓非关税壁垒（Non-Tariff Barriers）是指国际贸易中，除关税以外的一切限制外国商品进口的各种措施。直接非关税壁垒是指通过对本国产品和进口商品的差别待遇，直接限制进口，以保护本国产业。间接非关税壁垒是对进口商品制订严厉的条例，间接地限制商品进口。这类措施包括进口押金制、海关估价制、苛刻的技术标准、卫生安全检查和包装标签规定等。非关税壁垒具有灵活性和针对性，隐蔽性和歧视性的特点，从而比关税壁垒更能达到限制商品进口的目的。

主要的非关税壁垒有以下几种。

1. 进口配额

进口配额（Import Quota）又称进口限制，是指一国政府在一定时期（如一季度、半年或一年）以内，对于某些商品的进口数量或金额加以直接的限制。

进口配额可以分为绝对配额和关税配额。绝对配额是在一定时期内，对某些商品的进口数量或金额规定一个最高数，达到这个数额后，便不准进口。关税配额是对商品的绝对数量不加以限制，而对在一定时期内，在规定配额以内的进口商品，给予低税、减税或免税待遇；对超过配额的进口商品则征收较高的关税，获征收附加税或罚款。

2. 自动出口配额

自动出口配额（Voluntary Export Quotas）又称自动出口限制（Voluntary Export Restrain），是指出口国家或地区在进口国的要求或压力下，"自动"规定某一时期内（一般为三年），某些商品对该国的出口限制，在限定的配额内自行控制出口，超过配额即禁止出口。

自动出口配额有协定和非协定两种。协定的自动出口配额是进出口双方通过谈判签订"自限协定"（Voluntary Restraint Agreement，VRA）或"有秩序销售协定"（Orderly Marketing Agreement）。在协定中规定有效期内某些商品的出口配额，出口国应据此配额实行出口许可证制或出口配额签证制（Export Visa）自行限制这些商品的出口。进口国则根据海关统计进行检查。非协定的自动出口配额是由于出口国迫于来自进口国方面的压力，自行单方面规定配额，限制商品出口。

3. 进口许可证

进口许可证（Import Licence）是指进口商在进口商品前，要向国家主管部门提出申请，经审查批准发给进口许可证后，才可以进口；没有许可证，一律不准进口。

进口许可证可分为有定额的进口许可证和无定额的进口许可证。有定额的进口许可证，即国家有关部门预先规定有关商品的进口配额，然后在配额的限度内，根据进口商的申请，对于每一笔进口货物发给进口商一定数量或金额的进口许可证。无定额的进口许可证，即国家有关部门不预先公布进口配额，即进口许可证与进口配额没有关系，有关部门只在个别考虑的基础上颁发有关商品的进口许可证。

进口许可证还可以分为公开一般许可证（Open General License）和特种进口许可证（Specific License）。公开一般许可证又称公开进口许可证或一般许可证和自动进口许可证。它是对进口国别或地区没有限制，凡列明属于公开一般许可证的商品，进口商只要填写公开一般许可证后，即可获准进口。特种进口许可证又称非自动进口许可证，即进口商必须向政府有关当局提出申请，经政府有关当局逐笔审查批准后才能进口。这种进口许可证，多数都指定进口国别或地区。

4. 歧视性的政府采购

歧视性的政府采购（Discriminatory Government Procurement Policy）是指国家制定法令，规定政府机构在采购时要优先购买本国产品的做法。

依据对外贸易乘数定理，歧视性政府采购有利于保护本国市场，刺激国内的需求，从而带动本国经济的增长，但代价是资源的浪费。

5. 海关程序

海关程序（Customs Procedures）是指进口货物通过海关的程序，一般包括申报、征税、检验及放行四个环节。进口的货物在进入关境前，依照各国海关法的规定要按一定的程序办理结关、商品分类、海关估价、征缴关税等手续，一国政府往往利用这一过程贯彻其贸易保护措施，其主要手段有：

海关估价（Customs Valuation），指海关通过专断方式提高对进口货值的估价，增加进口货的关税负担，或采用各种不合理或差别待遇的评价方法，以达到阻碍商品进口的目的。估价的不稳定比关税本身有更大的限制作用。

商品归类，进出口的税额取决于进出口商品的价格大小与税率高低。在海关税率已定的情况下，税额大小除了取决于海关估价外，还取决于征税产品的归类。海关将进口商品归在哪一类税号下征收关税，具有一定的灵活性。进口商品的具体税号必须在海关现场决定，在税率上一般就高不就低。这就增加了进口商品的税收负担和不确定性。

对申报表格和单证的要求，比如要求进口商出示商业发票、原产地证书、货运提单、保险单、进出口许可证或托运人报关清单等，缺少任何一种单证或者任何一种单证不规范都会使进口货物不能顺利通过。

6. 外汇管制

外汇管制（Foreign Exchange Control）是一国政府通过法令对国际结算和外汇买卖实行限制来平衡国际收支和维持本国货币汇价的一种制度。

外汇管制的主要目标是维持本国国际收支的平衡，保持汇率的有序，维持金融的稳定，促进本国的竞争能力和经济的发展。但严格的外汇管制，会使一国货币实际上丧失了可兑换性，不利于多边贸易；外汇管制对建立正常的国际货币关系是非常不利的；外汇管制也容易引起外汇走私与黑市买卖以及不法的套汇行为，使外汇市场陷于混乱状态。

7. 技术性贸易壁垒

技术性贸易壁垒（Technical Barriers to Trade，TBT）是指一国政府以维护生产、消费安全及人民健康为理由，制定一些复杂苛刻的技术标准（Technical Standard）、卫生检疫规定（Health and Sanitary Regulation）以及商品包装和标签规定（Packaging and Labelling Regulation），这些规定十分复杂，而且经常变化，往往使外国产品难以适应。技术壁垒已成为发达国家重要的间接非关税壁垒手段，并成为发展中国家产品进入发达国家市场的最大障碍。

8. 环境贸易壁垒

环境贸易壁垒（Environmental Trade Barriers）又称绿色壁垒（Green Barriers，GBs），是指以保护生态环境、自然资源、保护人类和动植物生命健康安全为理由构筑的壁垒，通过制定苛刻的环境保护标准，直接或间接采取的限制甚至禁止贸易的措施。随着技术性贸易壁垒的不断发展，环境贸易壁垒已经成为技术性贸易壁垒的重要组成部分。

20世纪90年代以来，工业经济与生态环境相协调的可持续发展模式正式成为国际社会、各国政府以及环境保护界共同关注的迫切问题。面对环境问题的日益严重，各国已深刻认识到维护生态平衡、保护环境的重要性，并通过签署国际环境公约、世贸组织协议中的环境条款、国际环境管理体系系列标准（ISO 14000）、绿色标志、进口国国内环境与贸易法规和进口国环境与技术标准等环境保护措施来保护环境。环境贸易壁垒是近年来发达国家的一种贸易保护主义的新措施。具有名义上的合理性，形式上的合法性，保护内涵的广泛性和保护形式的隐蔽性的特点。

三、鼓励出口措施

1. 出口信贷

出口信贷（Export Credit）是一个国家的银行为了鼓励商品出口，加强商品的竞争能力，对本国出口厂商、外国进口厂商或其进口银行提供的贷款。它是一国的出口厂商利用本国银行的贷款扩大商品出口，特别是金额较大、限期较长（如成套设备、船舶等）出口的一种手段。

出口信贷根据贷款对象的不同可以分为卖方信贷和买方信贷。卖方信贷（Supplier's Credit）是出口方银行向出口厂商（即卖方）提供的贷款。这种贷款合同由出口厂商与银行签订，通常用于成套设备、船舶等的出口。买方信贷（Buyer's Credit）是出口方银行直接向进口厂商（即买方）或进口方银行提供的贷款，其附带条件就是贷款必须用于购买债权国的商品，以此来促进商品的出口。因而，这种贷款也称为约束性贷款（Tied Loan）。

2. 出口信贷国家担保制

出口信贷国家担保制（Export Credit Guarantee System）就是国家为了扩大出口，对于本国出口厂商或商业银行向外国进口厂商或银行提供的贷款，由国家设立的专门机构出面担保，当外国债务人拒绝付款时，这个国家机构即按照承保的数额给予补偿。

出口信用保险（Export Credit Insurance）是各国政府为提高本国产品的国际竞争力，推动本国的出口贸易，保障出口商的收汇安全和银行的信贷安全，促进经济发展，以国家财政为后盾，为企业在出口贸易、对外投资和对外工程承包等经济活动中提供风险保障的一项政策性支持措施，属于非营利性的保险业务，是政府对市场经济的一种间接调控手段和补充。是世界贸易组织（WTO）补贴和反补贴协议原则上允许的支持出口的政策手段。目前，全球贸易额的12%～15%是在出口信用保险的支持下实现的，有的国家的出口信用保险机构提供的各种出口信用保险保额甚至超过其本国当年出口总额的三分之一。它是通过国家设立的出口信用保险机构（官方出口信用保险机构，ECA）承保企业的收汇风险、补偿企业的收汇损失，可以保障企业经营的稳定性，使企业可以运用更加灵活的贸易手段参与国际竞争，不断开拓新客户、占领新市场。

3. 出口补贴

出口补贴（Export Subsides）又称出口津贴，是国家政府为了降低出口商品的价格，加强其在国外市场上的竞争能力，在出口某种商品时给予出口厂商的现金补贴或财政上的优惠待遇。

出口补贴有直接补贴和间接补贴两种形式。直接补贴（Direct Subsidies）是出口某种商品时，政府直接付给出口厂商的现金补贴。间接补贴（Indirect Subsidies）是政府对某些出口商品给予财政上的优惠，如退还或减免出口商品所缴纳的国内税、暂时免税进口；退还进口税；免征出口税等，一些国家还对出口商品实行延期付税、减低运费、提供低息贷款和复汇率等，以鼓励商品的出口。

出口补贴可以使进口国的消费者在同样的价格下能消费更多的商品，消费者受益。但出口补贴使进口国同类商品的市场受到冲击，因而进口国往往会以征收反补贴税（Counter - vailling Duty）作为报复。所谓反补贴税又称抵消税或补偿税。它是对于直接或间接地接受过任何奖金或补贴的外国商品进口所征收的一种进口附加税。反补贴税应该是抵消性的，不是惩罚性的。但目前反补贴税已经被一些国家滥用为一种非关税壁垒的手段。

四、倾销与反倾销措施

倾销（Dumping）是一种价格歧视行为，它是垄断组织在控制国内市场的条件下，指以明显低于公平价格，甚至低于商品生产成本的价格，在国外市场大量抛售商品，以打击竞争对手，占领或巩固国外市场。

1. 倾销的种类

偶然或临时性倾销（Sporadic Dumping），即在销售季节终了时，若厂商发现国内有过多存货，而国外需求弹性又较大时，就暂时以比较低的价格出售商品。

间歇性倾销（Intermittent Dumping），即倾销是随时降低货价，但又随时恢复到一般价格，其目的在于：第一，想在国外市场取得立足点，一旦夺得了国外市场，即迅速提高商品的售价，以挽回倾销时的减价损失。这种倾销又被成为掠夺性倾销（Predatory Dumping）。第二，报复国外竞争厂商，以阻止对方倾销。这种倾销又被称为防卫性倾销（Defensive Dumping）。第三，进一步提高市场占有率或将新产品打入市场。

长期性倾销（Long-period Dumping）又称持续性倾销（Continious Dumping）或国际价格歧视，是国内垄断者为总利润达到最大化，在国内市场以较高的价格销售商品，而在国际市场以较低的价格销售商品。

2. 倾销对各国经济的影响

（1）对进口国经济的影响。倾销行为虽然会使消费者能买到更便宜的商品，但会对进口国生产同类和相似产品的厂商造成损害。进口国厂商往往会要求政府对出口国厂商征收反倾销税。

（2）对出口国经济的影响。倾销行为会使没有垄断优势的国内厂商会丧失海外市场；倾销零部件使进口国获利，使出口国在制成品上失去一部分市场；倾销使国内消费者不得不承受高于国际市场的价格；一旦进口国提起反倾销调查，则可能会使出口国出口这类商品受阻，甚至被逐出市场。

（3）对第三国经济的影响。第三国同类或相似产品会由于出口国的倾销成功而在进口国失去一部分市场，甚至不得不退出市场。第三国同样有权提起对出口国的反倾销调查。

3. 反倾销措施

世贸组织的《反倾销协议》规定，成员国要实施反倾销措施必须遵守三个条件：第一，确定存在倾销的事实；第二，确定对国内产业造成了实质损害或实质损害的威胁，或对建立国内相关产业造成实质阻碍；第三，确定倾销和损害之间存在因果关系。

按照倾销的定义，若产品的出口价格低于正常价格，就会被认为存在倾销。出口价格低于正常价格的差额被称为倾销幅度。所以，确定倾销必须经过三个步骤：确定出口价格，确定正常价格，对出口价格和正常价格进行比较。正常价格通常是指在一般贸易条件下出口国国内同类产品的可比销售价格。如该产品的国内价格受到控制，往往以第三国同类产品出口价格来确认正常价格。

倾销行为的受害国在开始反倾销调查前没有与当事成员进行磋商的义务；在审查倾销对国内产业的影响时，需要确定倾销幅度并考虑倾销幅度的大小。世贸组织规定，倾销幅度不超过进口价格 2%，倾销产品进口量占同类产品进口比例不超过 3% 是可以忽略不计的倾销幅度的最低限额。反倾销的最终补救措施是对倾销产品征收反倾销税。征收反倾销税的数额可以等于倾销幅度，也可以低于倾销幅度。尽管反倾销调查并未结束，但在已经初步裁定存在倾销及其造成的损害，并防止倾销在调查过程中继续造成损害，各当事方已经得到充分的提供情况和发表意见的机会的前提下，受害成员可以采取临时措施。另外一种补救措施是价格承诺。若出口商自愿作出了令人满意的承诺，修改价格或停止以倾销价格出口，则调查程序可能被暂停或终止，有关部门不采取临时措施或征收反倾销税。

成员国政府应该在接到国内受倾销产品损害的企业或产业的申请后，展开反倾销调查。各当事方必须得到关于启动调查的通知。它们包括出口商所在成员政府、出口商或国外生产商、被调查产品的进口商、行业协会、进口国同类产品的生产商及其行业协会等。若没有充分证据表明存在倾销及其损害，或者倾销幅度或倾销进口数量低于最低限额，则应终止调查。

在世贸组织框架下，只有政府（而不是贸易商和产业界）才能采取反倾销措施。因此，一国的贸易商或产业界必须通过政府来启动反倾销程序。若出口产品受到调查的成员不满展开调查的成员所采取的行动，它可以将问题提交世贸组织争端解决机构解决。在这种情况下，出口商必须通过本国政府采取这样的行动。因此，反倾销措施作为目前发达国家实施贸易保护主义的一个重要手段，而中国已成为被反倾销最多的国家，必须采取相应的措施。这些对策包括：通过加快市场经济体制改革，大力宣传中国是市场经济的国家，从而改变替代国的地位；改变商品结构，生产具有自主知识产权的商品；整顿外贸秩序，避免竞相杀价；通过 WTO 争端解决机制争取公平待遇；增加预警机制，发挥行业作用，企业积极应诉等。

五、国际贸易中的其他措施

1. 价格限制措施

所谓价格限制，是政府通过稳定价格来支持生产者或稳定市场的一种手段。为了保证生产者的收入或稳定市场，政府设立一个不由市场供求变动决定的"支持价格"或"限制价格"。支持价格是政府为了扶植某一行业而规定的该产品的最低价格，比如政府为了扶植农业，而实行农产品支持价格。支持价格往往通过政府收购或财政补贴来实现。限制价格是指政府为了防止物价上涨而规定的某种商品的最高价格。限制价格也称冻结物价，比如政府为了防止物价上涨，实行粮食的限制价格。限制价格可能会导致排队抢购、黑市交易等现象的发生。

价格限制本身并不是一种直接贸易政策，但如果政府将其用于出口行业或进口竞争行业，就起到了贸易保护的作用。当然，支持价格是保护生产者而不是保护消费者。政府会通过减少国内市场产品供给的手段提高消费者价格，将实行价格支持的一部分代价转嫁到消费者身上。限制价格则是保护消费者的措施。

2. 汇率措施

汇率措施是指通过降低本国货币对外国货币的汇价，使本币贬值，达到提高出口商品竞争力和扩大出口的目的。汇率措施要取得成功的必须具备条件是：本国货币贬值的程度大于国内物价上涨的幅度；其他国家不同时实行同等程度的货币贬值和采取其他报复性措施。

汇率措施的实质是降低出口商品的外汇标价以换取出口数量的增加，从而达到增加外汇收入的目的。因此，汇率措施实际上使同等数量出口商品所能换回的进口商品的数量减少，贸易条件趋于恶化。也就是说，汇率措施可以推动商品出口数量大量增加，并不等于出口额必然增加，它有可能引起国内经济的混乱，出现得不偿失的结果。

3. 出口限制措施

出口限制的目的有经济的，也有政治的。从经济方面来说，许多国家对本国比较稀缺而又比较重要的商品常常会实行出口限制以保证国内的需要。例如，不少发展中国家对其粮食或其他农产品出口都实行限制政策。一些缺乏资源的发达国家（如日本等）对其原材料的出口也加以限制。很多国家对其重要的文物、艺术品、黄金等都限制出口。限制出口的另外一种经济原因是控制、稳定国际市场价格，如石油输出国组织（OPEC）为了保证国际油价不下跌，往往限制石油的生产和出口。也有不少国家（主要是发展中国家）为了增加政府收入而对其大宗出口的商品征收出口税，从而在客观上限制了商品的出口。

从政治上来说，向"敌对"国家或"不友好"国家的出口往往受到政府的限制，被限制的商品一般包括武器、军事设备、先进技术、重要战略物资等。当实行贸易制裁时，被限制出口的商品种类会更多。

出口限制的手段包括直接的数量管制和间接的税率调节，通过发放出口许可证来控制出口商品的品种和数量，也可以通过征收出口关税或对出口工业企业的生产增加税收来减少出口。无论使用什么政策，限制出口虽然可能使消费者和政府受益，但会给生产者带来损失。对整个社会经济利益的影响则取决于出口国在世界市场上的地位。如果出口国是出口小国，世界市场不会因此受到大的影响，但如果出口国是主要出口大国，出口减少会造成国际市场该商品价格的上涨，出口大国的贸易条件会因此得到改善而获得额外利益，整个社会的经济利益有可能增加。

4. 进口鼓励措施

对于某些商品，政府有时也采取鼓励进口的政策，鼓励进口的主要目的是支持国内消费者。对一些国内缺乏，进口价格偏高，但又关系国计民生的商品，如粮食、原材料等，政府有时会鼓励进口。鼓励进口有时也是为了保护国内稀缺资源，尤其是那些具有战略意义而不能再生的资源，在能进口的时候就尽量使用别国的。美国对其石油的进口政策就是一例。

鼓励进口政策包括进口补贴和消费补贴。进口补贴会影响国内市场价格，从而减少国内同类产品的生产，消费补贴只通过支持消费来扩大进口，对本国生产价格和生产量没有影响。中国政府过去经常在国际市场购买粮食、砂糖等，再转而在国内以低于国际市场价格出售给消费者，实际上是进口补贴。进口补贴对国内生产、消费和社会经济利益的影响与进口税收正好相反。

5. 贸易制裁措施

贸易制裁用来作为对别国的政治或经济政策进行报复的手段。最典型的做法是通过进出口抵制和商品禁运等实行贸易制裁。

贸易制裁的目标是通过削减进出口造成被制裁国经济上的损失，从而迫使其作出某种改变。在贸易制裁中直接涉及的国家有"制裁国"（发起、参加制裁的国家）和"被制裁国"。在多数情况下，由于各国政治经济的具体情况，并不是所有的国家都参与贸易制裁，因此，还有一些"非制裁国"仍与"被制裁国"发生贸易往来。另外，制裁可能是全面的，即禁止所有商品的进出口，也可能是局部的，只限于某些商品；制裁可能只是在出口或只是在进口方面，也可能是既禁止出口又禁止进口。如果是禁止向被制裁国出口商品，称之为"出口禁运"；如果是禁止进口被制裁国商品，则可称为"进口抵制"。如果不去考察被制裁国是否会因此而作出让步和改变，其实无论哪种制裁方式，制裁和被制裁双方都会受到伤害，唯有不参与制裁者从中渔利，可得到好处。而对制裁双方损失的大小取决于贸易供给或需求的弹性，弹性越低、对国际贸易的依赖越高，就越容易受到伤害。

6. 贸易集团化措施

各国除了单独实行其贸易政策以外，还经常在某一区域或某一集团中实行共同的贸易政策，建立起共同的贸易壁垒，组成排他性的贸易集团。这些集团在商品贸易方面的共同特点是实行歧视性的贸易政策。从纯粹商品贸易的角度讲，这种贸易集团的形式主要包括自由贸易区和关税同盟。

所谓自由贸易区，是指一定区域内的贸易自由，在自由贸易区内的各成员国通过协商签订协议，取消相互之间的贸易壁垒，各成员国制造的商品可以在区内自由流通，相互间没有什么关税、限额等保护措施。各成员国对区外国家仍然维持贸易壁垒，但保护政策不求一致，由成员国自订。由于各国对外贸易政策不一致，自由贸易区内各成员国之间的海关也不能撤消，否则区外国家的商品有可能通过贸易壁垒低的成员国流向贸易壁垒高的国家，从而使贸易壁垒高的国家的政策失效。这类自由贸易区包括 1960 年成立的欧洲自由贸易区（欧洲共同体的初级形式），1966 年成立的拉丁美洲自由贸易协会，1992 年建立的北美自由贸易区（NAFTA）等。

关税同盟则比自由贸易区更进一步。在关税同盟内，各成员国不仅取消相互间的贸易障碍，还取消了对外贸易政策的差别，建立起对非同盟国家的共同的关税壁垒。由于各成员国对外贸易政策的一致，各成员国之间的海关也就没有必要了。关税同盟的例子包括欧洲共同体。虽然 1992 年底开始实行一体化的欧洲已远远超过一般的贸易集团，但其贸易政策仍然是对内自由对外壁垒，因此，从对贸易的影响来说，与关税同盟相似。

无论是自由贸易区还是关税同盟，贸易集团在某种程度上消除了一些贸易壁垒，在一定的范围内趋向较自由的贸易。在有效利用资源，提高整个社会的经济利益方面有促进作用，但贸易集团的排他性使得集团外国家受到贸易歧视，又在某种程度上阻碍了全球的自由贸易。

7. 促进外贸发展的经济特区措施

经济特区（Economic Zone）是指一个国家或地区在其国境或管辖范围之内、关境之外划出一定区域，实施特殊的经济政策，改善基础设施和环境，吸引外国企业从事贸易与出口加工等活动的区域。各国或地区设置的经济特区各种各样，除了最早起源的自由港（Free Port）和自由贸易区（Free Trade Zone），常见的还有保税区、出口加工区、自由边境区、过境区等。

保税区（Bonded Area），又称为保税仓库区（Bonded Warehouse）。是一些没有设立自由港和自由贸易区的国家所实行的制度。它是指由海关设置的或经过海关批准设置的特定地区和仓库。在保税区内，外国商品享有与自由港或自由贸易区相同的免税优惠，还包括自由储存、改装、分类、混合、加工和制造等。

出口加工区（Export Processing Zone）。是指一个国家或地区在其交通条件便利的地方如港口、机场等地划出一定范围，创造良好的基础设施和优惠政策，鼓励外国企业在区内投资，生产以出口为主的制成品加工区域。出口加工区是从自由贸易区中分化出来的，主要目的是吸引外资，引进先进技术、设备和管理，扩大工业品出口，增加外汇收入，促进外向型经济发展。

自由边境区（Free Perimeter）。是指一国或地区为了发展边境落后地区经济所设立的经济特区，在此区域，国家采取类似自由贸易区或出口加工区的优惠政策，吸引国内外厂商投资，发展本地区的经济。与其他经济特区有所不同的是，在自由边境区生产加工的商品主要供区内使用。设置自由边境区有一定的期限，当该区域经济发展到一定程度时，优惠待遇会逐渐取消，直到废除。这种特区仅在拉丁美洲少数国家设置。

过境区（Transit Zone），又称为中转贸易区。指一些沿海国家为方便内陆邻国的进出口货运，开辟某些海港、河港或国境城市作为过境货物的自由中转区。在该区域内，对过境货物简化海关手续，免征或只征收少额过境费，准许这些货物在区内短期储存、重新包装，但不得加工制造。

第三节　纺织品服装的贸易政策

纺织品服装的贸易政策在经济不景气时期以配额为基础的保护贸易政策为主流，而在经济繁荣时期以市场为基础的自由贸易政策为主流，二者相容并存与斗争。经济实力较强的发达资本主义国家在世界纺织品贸易中有较强贸易政策控制权，主要进出口国的政治意愿在纺织品的国际贸易政策中起决定性作用（主要进口国包括欧美等发达国家，而主要出口国包括中国、印度等发展中国家）。同时，这也体现了不同利益集团的较量。纺织品国际贸易政策从保护贸易向自由贸易方向的发展中，保护性的纺织品贸易政策在时间上占主导地位。保护性是贯穿纺织品国际贸易政策历史发展的"中心线"。即使历史上自由化占主导的时期仍有贸易保护，纺织品服装贸易政策的保护性没有因贸易政策的国际协调而改变。

一、纺织品服装贸易政策的发展阶段

1. 棉纺织品协议阶段（1961～1973 年）

纺织服装行业是投资少、起步易、周期短、见效快的产业，对经济基础落后的国家和地区较易介入。第二次世界大战后，许多发展中国家大力发展纺织品和服装业，而大部分由服装行业起家打下经济基础的发达国家的纺织服装业则退居二线，或转移到落后国家，或向品牌化、高档化发展，大众成衣消费以进口为主。日本重新恢复了在国际纺织品贸易中的地位，成为最大的棉纺织品出口国，一些发展中国家的纺织品贸易也迅速增长，但在那个年代服装贸易额还较小。许多发展中国家受益于原料市场的开放、相对较低的生产成本、低廉的工资，纺织品服装贸易开始迅速向发达国家市场出口，廉价的棉纺织产品在发达国家的进口急速增长，这对于发达国家的投资和就业造成了负面影响，发达国家大量的生产力出现闲置，引发了当时严重的社会问题。为了减少产业界的困难，一些发达国家与棉纺织品出口国进行了双边谈判，并就棉纺织品"自动出口限制"达成了政府间的协议，成为初期纺织品贸易制度的雏形。

20 世纪 60 年代以后，化学纤维，尤其是再生纤维大量应用于纺织品服装产品，并纷纷投入国际市场进入发达国家，对进口国的国内行业造成冲击。为保护本国同行利益，关税及贸易总协定（GATT）在少数发达国家的控制下，1961 年 7 月由英、美、法、意、日、联邦德国等 16 个国家和地区签订了为期一年的有史以来第一个多边棉纺织品贸易国际性协议——《国际棉纺织品贸易短期安排》，又称《短期纤维协议》。其目的是限制二十种左右的棉纺织品进口，即进口增长必须以进口国的生产者不受到所谓的损害为前提，以免进口国产生市场混乱。1962 年达成的《国际棉纺织品贸易长期安排》，又称《长期纤维协议》，期限 5 年，并进行了两次延长。

2. 多种纤维协议阶段（1974～1994 年）

发达国家认为长期安排下实施数量限制不能达到限制进口的目的，而发展中国家则抗议发达国家对化纤纺织品及服装进口实施单方面限制性数量控制，矛盾最终由关税贸易总协定委员会各缔约国提出的解决多种纤维产品贸易问题的一揽子计划来解决，并在 1974 年 1 月签订了"国际纺织品贸易安排"——《多种纤维协议》（*Multi - fibre Arrangement*，简称 *MFA*）。

《多种纤维协议》的基本目的是：扩大纺织品贸易，减少对贸易的障碍；有条不紊地发展纺织品贸易，避免进出口国受到破坏性影响；促进发展中国家经济和社会发展，保障他们的纺织品出口收入显著增长，并为他们在世界纺织品贸易中取得更大的市场份额提供机会。《多种纤维协议》一再被延长，原本临时性的协定变成了实际上长期性的协定，且 *MFA* 服装配额限制不断被加严，受限国家及地区和受限产品不断被扩大，限制措施日益严格，发达国家捞取了很大的经济利益，但对发展中国家至关重要的纺织品贸易自由化方面始终进展缓慢。《多种纤维协议》历经六次延期，实施了长达 21 年，直至乌拉圭谈判达成协议才结束。

《多种纤维协议》造成的积极影响主要表现为：造成全球纺织品服装生产的转移，主要是生产向非设限国家转移；促进了发达国家的投资，使纺织工业成为发达国家制造业中资本集约化较高的领域；发展中国家受到数量限制以后，为了获得最大的经济利益，大力提高纺织品服装产品的质量，促进产品质量的提高；在纺织品服装领域提供了一个透明度和可预见的国际贸易环境。

3. 纺织品与服装协议阶段（1995～2004年）

1986年开始的乌拉圭回合将纺织品服装贸易纳入到贸易谈判之内。经过七年多的艰苦和复杂的谈判，《纺织品与服装协议》（*Agreement on Textiles and Clothing*，简称*ATC*）终于成为乌拉圭回合取得的重大成果之一。《纺织品与服装协议》于1995年1月1日正式生效。

根据*ATC*规定，设定十年过渡期，分四个阶段分别由一体化比例和追加增长率，不断提高纺织品和服装出口增长率，并逐步取消其数量限制。第一阶段是在1995年1月1日，设限国要求将*ATC*协议附件中不少于16%的产品取消数量限制（在金额中相当于1990年进口额的16%）。第二阶段，也就是从1998年1月1日起不少于17%的产品取消限制。第三阶段，到2002年1月1日，不少于18%的产品实现自由贸易。第四阶段，到2005年1月1日，所有的产品都自动地取消任何限制，实现自由贸易，*ATC*协议也自行中止。协议实行双轨制，在逐步将纺织品服装纳入世界贸易组织的同时，不断提高受限产品配额自由化水平。

《纺织品与服装协议》从根本上改变了管辖纺织品服装贸易达数十年之久的贸易体系，以市场为基础的自由贸易将取代以配额为基础的管理贸易。

4. 后配额时期阶段（2005年至今）

随着配额的全面取消，主要纺织品进口国会以新的贸易措施来限制进口。如在2005年全球性配额取消不久，欧美就先后与中国签订了《中欧关于中国部分输欧纺织品备忘录》和《中美关于纺织品和服装贸易的谅解备忘录》以控制来自中国纺织品服装的进口。今后还可能出现此类新的贸易措施。

"绿色壁垒"将成为影响纺织品出口的最大障碍，这类措施以"保护生态和人类健康"的本意是好的，但它往往会成为某些国家（特别是发达国家）制定保护贸易政策的依据。同时，反倾销、特别保障措施、技术标准和社会责任条款等也将成为制约纺织品出口的主要贸易保护手段。美国主要用原产地规则或歧视性服装贸易政策等，欧盟主要采用技术指标限制，同时推行环保标准，如生态标准、废物管理与利用规则等。欧美等发达国家不断充实服装的健康、安全和环保的规定，要求越来越高，涉及范围越来越广。如欧盟于2007年6月1日起正式颁布实施的化学品监管体系——REACH制度。REACH制度是欧盟规章《化学品注册、评估、许可和限制制度》（*Concerning the Registration，Evaluation，Authorization and Restriction of Chemicals*）的简称，欧盟这个政策规定，欧盟内部的许多产品需要进行注册、评估和检测，相关产品（包括玩具、服装、纺织品等）要求提供必要的检测证明，相关用户必须对其产品的安全性承担责任，主管机关应有权要求相关用户进行附加试验。如此一来，出口欧盟的化工及其纺织业、服装业、印染业和玩具等行业都将受到影响。REACH制度的实施，一方面有利于环境保护水平和成效的提高，另一方面也对有关产业形成一定的影响。不仅将增加服装产品出口的检测费用，增加出口国企业的出口支出，降低了其产品在欧盟市场的价格竞争优势，而且，一旦出口产品检测不符合欧盟标准，也将很难进入欧盟市场。

区域性的自由贸易协定，会弱化其他非成员国家纺织品服装出口的竞争优势。如目前美国所缔结的与纺织品贸易有关的区域贸易安排包括：《北美自由贸易协定》（NAFTA）、《非洲成长与机会法案》（AGO）、《加勒比海地区贸易伙伴法案》（CBTPA）、《安第斯关税优惠和根除毒品法》（ATPDEA）等。除了优惠区域贸易安排外，美国还和一些国家签订双边贸易协定，对于满足一定原产地要求的输美纺织品予以免关税待遇。欧盟也积极加强自身的区域贸易措施，特别是与地中海国家的纺织品服装贸易，欧盟国家主要以工厂投资的方式，大量利用这些国家的廉价劳动力，将半成品出口至这些地中海国家，经加工成制成品后再输回欧盟境内。这些措施对区域内经济的发展有利，但势必影响区域外国家的出口。

此外，对中国而言，《中国加入工作组报告书》第 242 段（纺织品特殊保障措施条款）、《中华人民共和国加入议定书》第 16 条（特定产品保障措施），以及反倾销、反补贴等贸易救济措施将成为发达国家对华纺织品贸易政策所选用的主要政策工具。

二、中国服装对外贸易发展历程与政策影响

中国在对外开放以前，纺织品出口额很少，在国际纺织品市场上基本没有份额。因此，这一时期中国没有加入 MFA，也没有签订任何双边纺织品协议。1978 年中国实行对外开放以后，开始大力发展出口，而纺织品是中国具有较大比较优势的劳动密集型产品，因此，中国纺织品出口开始以很高的速度增长。当时中国纺织品的主要销售市场是美国，其次是西欧和日本。中国纺织品出口美国的增长速度非常快，从而引起了美国方面的关注，尽管当时中国输美的纺织品的绝对数量还很低，但美国认为来自中国的纺织品进口激增给美国市场带来了潜在的威胁，因而要求与中国进行配额限制谈判。

中美之间于 1980 年 9 月签订了为期 3 年的《中美纺织品协议》。这一协议对中国出口美国的 8 种纺织品规定配额，并将双方贸易的年增长幅度规定为 4%。正如许多其他双边限制协议一样，这一协议主要是按美国的意愿签订的。美国政府同时非正式地向我方保证：在中国纺织品出口数额达到其他主要供应者的水平之前，美国将不对中国输美纺织品加以限制。然而，《中美纺织品协议》生效后不到两年时间内，美国对中国输美纺织品的限制就从 8 种增加到 26 种。1982 年中美双方开始新一轮纺织品贸易谈判，以便在第一个中美纺织品协议于 1982 年 12 月 31 日到期后达到一项新的协议。美国在新一轮谈判开始后，先后两次宣布增加 4 种输美纺织品的限制。事实上，当时中国输美纺织品数额还远不如其他主要供应者，但美国根本不顾原来的承诺，单方面对中国输美纺织品实行严格限制。1983 年年初，中美双方关于新的纺织品协议的第三轮谈判失败后，美国单方面宣布，双方如不能在 1983 年 1 月 15 日前达成协议，美国将对中国的纺织品出口实行更加严厉的限制，并于稍后不久宣布对中国输美纺织品的 36 个品种实行全面配额限制，其中至少有 8 个品种的配额下降 30%。中国也以减少从美国的农产品进口相报复。这种僵持的局面直到 1983 年 7 月 30 日，中美纺织品谈判代表在日内瓦草签第 2 个《中美纺织品协议》时才告一段落。该协议于 8 月 19 日正式签字，对中国输美纺织品的 34 个品种实行配额制，并将年增长率由原来的 4% 减为 3%，大大低于 MFA 所要求的 6% 的最低进口增长率。这一时期，除美国外，欧共体、加拿大等发达进口国也先后同中国签订了类似的双边纺织品协定。

　　当时中国由于缺乏 GATT 和 *MFA* 这样的多边体制的保护和支持，总是处于孤立被动的谈判地位。而且由于没有多边组织的约束和监督，进口方常常利用种种借口单方面扩大对中国纺织品的限制，扣减中国的配额。这种情况一方面使中国纺织品出口的发展严重受阻，另一方面也使中国在国际市场上与其他 *MFA* 纺织品供应国处于不平等的竞争地位。在这种形势下，中国开始积极寻求加入 *MFA*，以便获得这一多边组织的保护，加强中国在双边谈判中的谈判地位，避免进口国单方面的限制措施，并通过 *MFA* 与其他发展中纺织品出口国的合作和平等竞争，保护自己的合法权益。1981 年，中国首次以观察员身份参加了第三次 *MFA* 的谈判，并多次参加了发展中纺织品出口国协调会议。1983 年 10 月 6 日，中国驻日内瓦大使代表政府照会 GATT 总干事，申请加入 *MFA*。1984 年 1 月 18 日，中国声明在不损害中国在 GATT 中法律地位的立场情况下，正式加入 *MFA*，并强调中国作为一个发展中的纺织品出口国，有权享受与其他经济发展水平类似的发展中参加国的同等待遇。

　　中国加入 *MFA* 后，明显的好处是因此可以享受在纺织品出口上的无差别待遇，以免在协议外遭受歧视，并使中国的纺织品在国际市场上获得公平的竞争地位。并且，按照《多种纤维协议》的规定，在双边谈判基础上获得的配额有了出口的确定保证，并且逐年还有一定幅度的增加。同时，加入 *MFA* 也为中国增加了一个解决纺织品贸易争端的场所。可以说在中国加入 WTO 以前，对中国纺织服装业影响最大的就是 *MFA*。中国在承担多边义务的同时，纺织品服装出口稳步增长，占世界市场份额不断扩大，据海关统计，中国纺织品服装出口 1984 年为 66 亿美元，1995 年上升到 379.3 亿美元。以协议基期 1990 年为例，中国纺织工业总产值约合 254 亿美元，同年出口 149 亿美元，剔除汇率变动因素，出口占总产值的 58.7%。由此可见，中国纺织工业对国际市场的依存度相当高，同时也表明一个开放的纺织品服装多边贸易体制对中国具有重大意义。

　　2005 年之前，中国纺织品出口一直受到美国、加拿大和欧盟等国家和地区的配额限制，其中受配额限制的纺织品出口额约占整个纺织品出口金额的 1/3，在中国向美国出口的纺织品中有 86% 是需要配额的。可以说纺织品配额一直是困扰中国纺织品服装出口企业的难题。

　　加入 WTO 后，中国享受纺织品服装领域的"一体化待遇"。而美国、欧盟依然是中国纺织品服装出口的主要市场，占中国纺织服装出口总量的近 30%。为避免与欧盟、美国的摩擦，2005 年我国先后与欧盟、美国分别达成《中欧关于中国部分输欧纺织品备忘录》和《中美关于纺织品和服装贸易的谅解备忘录》，对部分出口欧盟和美国的纺织服装产品实行配额管理。2006 年中国内地的纺织品及服装出口未受到美国和欧盟进口配额的影响，对全球纺织品及服装出口总值上升 25%，较 2005 年的 21% 升幅高出 4 个百分点。主要得益于对欧美以外地区的出口增长强劲。同时，中国服装产品附加值的提高和强势品牌的崛起，也是服装出口贸易持续增长的动力之一。2006 年我服装及附件出口达 948.30 亿美元，比 2001 年的 365.38 亿美元增长 160%。有关数据显示，2001 年我国服装及附件出口竞争力指数为 0.93，2006 年为 0.96。

　　2007 年 6 月，为进一步控制外贸出口的过快增长，缓解中国外贸顺差过大带来的突出矛盾，优化出口商品结构，抑制"高耗能、高污染、资源性"产品的出口，促进外贸增长方式的转变和进出口贸易的平衡，减少贸易摩擦，促进经济增长方式转变和经济社会可持续发展，经国务院批准，财政部等五部委出台了《关于调低部分商品出口退税率的通知》，出口退税调整政策自 2007 年 7 月 1 日起实行，没有过渡期。该通知涉及 2831 项商品，包括取消 553 项"高耗能、高排放、资源性"产品的出口退税；降低 2268 项容易引起贸易摩擦的商品的出口退税率；将 10 项商品的出口退税改为出口免税政策。涉及品项覆盖了全部出口商品总数的 37%，退税削减幅度为 5 到 13 个百分点。其中服装类出口退税率由过去的 13% 降为 11%。而在此之前，2006 年 9 月纺织品出口退税已率先从 13% 下调为 11%。受人民币升值、原材料上涨、劳动力成本增加、国外限制等多方面压力，又遇到出口退税调整，整个纺织服装行业将重新洗牌，一些规模小，产品附加值低的企业将面临停产或关闭。

自 2007 年底次贷危机在美国全面爆发以来，中国对美国出口总额以及纺织品服装出口总额增长速度均明显下降。由美国次贷危机引发的全球金融危机导致了国际市场需求明显疲软，中国纺织品服装出口创 2002 年以来全行业当期出口最低增速。中国轻纺产品的出口竞争力正在减弱，周边国家竞争力在迅速提高，许多客户已准备将新的订单转向这些国家。正如欧洲纺织服装界专家所分析：欧洲企业会把那些劳动密集程度最高的服装（如需要精心缝制的服装）的产地仍留在亚洲，不过会从中国转移至劳动力成本更低廉的柬埔寨、印度尼西亚和孟加拉等国。但会把交货周期短、生产过程较简单的服装订单发给地中海国家。

2016 年我国占全球纺织品服装出口额已达到 38%。然而据海关数据显示，2015 年全年，中国出口纺织品服装 2911 亿美元，同比下降 4.8%。其中我国纺织品出口额 1152.6 亿美元，同比下降 2.3%，服装出口 1758.9 亿美元，同比下降 6.4%。这也是自金融危机之后，我国纺织品服装出口面临的首次全年出口负增长。而 2016 年，出口情况仍然未见好转，同样来自海关数据显示 2016 年我国纺织品服装累计贸易额 2906 亿美元，同比下降 6.1%。其中，出口 2672.5 亿美元，同比下降 5.9%。这是中国纺织品出口近 20 年来，首次出现连续两年下降，且降幅逐年放大。

为贯彻落实《国民经济和社会发展第十三个五年规划纲要》和《中国制造 2025》，按照《关于印发工业和信息化部"十三五"规划体系的通知》（工信厅规〔2015〕24 号）的有关要求，2016 年，工业和信息化部编制发布了《纺织工业发展规划（2016~2020 年)》（工信部规〔2016〕305 号，以下简称《规划》)。《规划》提出，要以提高发展质量和效益为中心，以推进供给侧结构性改革为主线，以增品种、提品质、创品牌的"三品"战略为重点，增强产业创新能力，优化产业结构，推进智能制造和绿色制造，形成发展新动能，创造竞争新优势，促进产业迈向中高端，初步建成纺织强国。《规划》从提升产业创新能力、大力实施"三品"战略、推进纺织智能制造、加快绿色发展进程、促进区域协调发展、提升企业综合实力六个方面提出了具体任务。《规划》作为"十三五"时期指导纺织工业发展的专项规划，将促进纺织工业转型升级，创造竞争新优势。

2017 年是"十三五"各项利好政策得以实施的重要之年，纺织品服装出口扭转了连续两年下降的趋势，进入大发展、大调整时期。在全球经济缓慢复苏、中国稳增长政策的双重带动下，中国纺织品服装出口持续回稳向好，在连续两年下降后再次恢复增长。纺织服装全年累计出口 2686 亿美元，增长 0.8%，其中纺织品出口 1104.9 亿美元，增长 4.2%，服装出口 1581.1 亿美元，下降 1.4%。据中国海关统计，2017 年，中国有纺织服装出口企业 9.9 万家，对世界 234 个国家和地区出口了 474 万吨纱线、446 亿米面料、685 亿件（套）服装。纺织服装进口企业 3.4 万家，从世界 159 个国家和地区进口了 263 万吨纱线、24 亿米面料、15亿件（套）服装。这组数据告诉我们，中国作为世界第一大纺织服装生产国和贸易国，在世界纺织品服装贸易中一直发挥着举足轻重的作用。

中国纺织服装业经过几十年的快速增长，如今已赶超美国成为全球最大的市场，行业容量近3000亿美元，市场规模的不断扩大培育了一批批适应目标消费群体的本土品牌，也吸引了大量国际品牌的入驻，成为各个品牌争相抢夺的高地。近年来，我国纺织业更加积极地响应国家"一带一路"倡议的号召，并向纵深方向发展。中国纺织骨干企业主动进行国际布局的意识明显提高。与此同时，在外贸企稳回升的形势下，我国纺织服装行业依然面临着严峻的贸易摩擦形势。国际贸易保护主义抬头导致发达国家、新兴经济体双重挤压我国外贸出口。而特朗普新政和英国脱欧等"黑天鹅事件"频发，使得我国纺织服装外贸走向不确定因素陡增。纺织服装工业作为我国非常重要的支柱产业之一，中国政府须继续高度重视纺织品服装贸易政策问题。正确认识和应对国际贸易摩擦和争端，对中国纺织服装工业的健康持续发展有十分重要的意义。

第四章 主要服装贸易国及地区的概况及政策

发展纺织工业需要拥有庞大的劳动力人口、廉价的劳动力、潜在的庞大本地市场、土地资源、具有较为完善的基础建设等条件。以中国、印度为代表的一些发展中国家正好拥有这些发展条件。据世界贸易组织数据显示：2016 年，全球纺织品出口金额合计 2889.76 亿美元。其中中国纺织品出口金额为 1046.63 亿美元，占比 36.22%，居全球第一位，是第二位到第五位出口之和的近两倍。排名第二位到第五位的纺织品出口国依次是印度（占比5.61%）、德国（占比 4.63%）、美国（占比 4.47%）、意大利（占比 4.05%）。这五个国家的纺织品出口总额占了全球纺织品出口总额的 54.97%。

纺织工业为全世界 4000 万人创造了就业机会，过去 30 年，纺织工业是世界两个最具活力的部门之一（另一个是电器及电子产品）。随着贸易协定的扩散，市场整合已成为一种日益增长的趋势。纺织业的产业中心不断向发展中国家和新兴工业化国家进行转移，产业集群特征也不断向以研发和消费为中心转移。纺织业逐渐从单一的加工制造向整个产业链模式转变，在全球范围内逐步实现了跨国公司的资源优化，构建了完善的产业链。科学技术不断应用到纺织业的生产与研发过程中，未来的纺织业领导者将是拥有高新技术、资本实力强、有市场控制力的跨国纺织企业。

表 4-1 为 2017 年全球纺织品和服装出口排名前十位的国家和地区，我们可以从其与上一年的排名变化中，了解贸易政策及产业结构调整对纺织品和服装出口的影响。

表 4-1 2017 年全球纺织品服装出口贸易额排名

纺织品			服装		
国家/地区	出口额 （十亿美元）	全球占比 （%）	国家/地区	出口额 （十亿美元）	全球占比 （%）
中国（境内）	110	37.1 ↓	中国（境内）	158	34.9 ↓
欧盟	69	23.4 ↑	欧盟	130	28.6 ↑
印度	17	5.8 ↑	孟加拉	29	6.5 ↑
美国	14	4.6 —	越南	27	5.9 ↑
土耳其	11	3.9 ↑	印度	18	4.1 ↑
韩国	10	3.3 ↓	土耳其	15	3.3 ↓
中国台湾	9	3.1 —	中国香港	14	3.1 —
巴基斯坦	8	2.7 ↓	印尼	8	1.8 ↑
中国香港	8	2.7 —	柬埔寨	7	1.6 ↑
越南	7	2.5 ↑	美国	6	1.2 ↓

第一节 亚 洲

亚洲是七大洲中面积最大、人口最多的一个洲。其占地球陆地面积的近30%，占世界总人口的60%。目前，亚洲除日本外，大多数国家为发展中国家。农业在亚洲各国中占重要地位，其中马尼拉麻、黄麻等产量占世界总产量的80%以上，棉花产量占世界总产量的30%以上，木棉、蚕丝等的产量也居世界前列。

从第二次世界大战以后，先后以日本、亚洲四小龙、中国、印度、越南、孟加拉国为代表的亚洲国家和地区的纺织品服装出口迅速发展，形成一枝独秀的局面。

一、日本

日本位于亚欧大陆东端，是一个四面临海的岛国。日本是全球最富裕、经济最发达和生活水平最高的国家之一。日本政府以资本扶持工业与企业，强大的劳动力、高科技的发展以及较低的军事预算比例帮助日本经济高速发展，并成为当今世界科技强国。

日本的纺织工业的情况可以概括为："历史悠久，资金雄厚，技术先进，管理水平高，外贸经验丰富。"日本的纺织工业一直处于亚洲的首位。第二次世界大战前，日本的纺织品出口占其总出口额的50%以上。但1970年以后，日本的纺织工业遇到了许多麻烦。首先是劳动力成本的提高和劳动力的缺乏，使其纺织工业的生产大受影响。其次是日元的升值、日美纺织品贸易协定的限制等，使其服装出口大受影响。后来又受到了来自亚洲四小龙、菲律宾、中国、泰国等国的冲击，加之其国内产业结构的调整，日本的服装产业在达到顶峰后开始萎缩，其生产规模和产量趋小，此时，日本已经由纺织品服装净出口国转为纺织品服装净进口国。目前日本的服务业，特别是银行业、金融业、航运业、保险业以及商业服务业所占比重最大，而且处于世界领导地位。而日本的制造业则以电子产业和汽车制造业为主。日本的纺织工业以高新技术为背景，其产品在环境保护、医疗卫生、信息工程、工农业、军工用品、航空航天和建筑土木等非服装领域也有多种用途，广泛地支持着其他工业的生存和发展。日本也有不少世界著名的纺织品企业，如东丽公司、钟纺、东洋纺、龙吉尼卡和远东纺织等，其销售额一直排在世界前100强。

1. 日本发展的纺织工业经验

（1）设备现代化。日本政府要求纺织企业积极进行横向和纵向联合，采用新技术、新设备和新工艺，同时，日本政府还对这些纺织企业提供必要的援助。通过设备的现代化来提高劳动效率，以应对劳动力成本上升对该产业造成的困难。日本机械、电子工业的繁荣更为纺织机械的现代化提供了便利条件。

日本的纺织机械质量可靠、设计新颖。其纺纱机械、织造机械和后整理机械的性能可与欧盟的纺织机械制造强国相媲美。日本有悠久的缝纫机生产历史，在目前世界缝纫机领域有决定性的影响和地位。特别是日本制造的平缝机产品系列、特种机、专用机和高档辅助设备等，其工艺水准、产品质量和综合功能居世界领先地位。近三十年来，日本缝纫机制造技术发展很快，在产品多样化、交货期、推销能力及售后服务方面，日本占有一定优势。著名的日本缝纫机企业，如兄弟工业公司、重机公司、田岛、大和、利是、美洲虎等专业缝纫机厂商生产的各种高档缝纫机设备占据很大的国际市场份额。日本的岛津电脑横机就是高度融合了先进硬件和出色软件为一体的针织机械产品，不需要在机器上进行编织便可进行虚拟化的设计和演示，对金银丝或大肚纱及马海毛等的纱线也能够实现高精度的素材表现。

（2）产品差异化。为避开与亚洲其他国家的直接竞争，日本纺织服装业在制订发展计划时，采取了大力发展纤维、染色等中上游产业的方针，以确保这些产业在国际市场上的竞争优势。日本发展的高科技纤维产业，特别是功能纤维和超强纤维，已经在总体上居世界领先地位。日本的 PAN 基碳纤维总产能已经占世界总产能的 3/4，产量占 70%。聚芳酯纤维、PBO 纤维、聚乳酸纤维等最早都起源与美国，但是最终的产业化都在日本得以实现，超强 PVA 纤维也是日本独有的高科技纤维产品。日本是技术领先的纺织大国，其纤维面料产品档次高、技术超前、制作精良，在国际市场素以花色多、批量小的人性化服务著称。日本最重要的面料生产基地之一是石川县，在那里生产的高附加值、高功能性合成纤维在世界面料市场处于领先地位。

日本的化纤企业在应用纳米技术和生物技术进行新材料开发方面取得了很大进展，依靠高新技术，开发出了多种技术含量较高的产品。

（3）生产国际化。日本的服装行业是日本的传统产业，在地域经济和就业方面一直起着相当重要的作用。随着日本国内劳动力成本不断上升，20 世纪 80 年代以来，大企业纷纷在东南亚、中国等地投资设厂，日本通过直接对外投资，享受对方的纺织品配额、原材料及其他优惠条件，使自己从中受惠。日本利用补偿贸易的方式与另一国订立双边协定，由日方一纺织企业出面，向另一国的某一公司提供资金、设备和技术，扩建对方的原厂。通过合作，双方共享扩建增产后所得的利润，并逐渐归还日方提供的投资。表面上看，被投资国的小厂变大厂，且资金雄厚、技术先进，但他们的配额、优惠关税、廉价的劳动力和原材料，以及当地的免税等优惠条例都有日方的一部分。日本以此实现了其纺织工业的战略性转移。

日本的服装产业在世界服装制造业中的技术居领先地位，东京作为世界四大时装之都之一，拥有三宅一生等许多国际著名的时装设计师。日本本国开发出优秀的设计作品，送到劳动力便宜的发展中国家去加工，成为日本服装企业的发展之路。

此外，日本发展纺织服装业的主要措施还包括：拨出预算供中小型纺织厂进行技术升级，以创新纱线和染色技术；增加经济产业省的预算，加强商品的促销和直销力度；增加日本贸易振兴会的预算，以促进中小厂商的产品出口；鼓励纺织服装高等院校培养高级服装设计师，加强服装品牌的国际经营，提高日本服装品牌在国际上的地位与影响，从而带动其高质量纺织服装产品的出口等。

2. 日本纺织服装贸易概况

2018 年日本纺织品服装的出口总值为 78.17 亿美元，进口总值为 377.07 亿美元，贸易逆差为 298.9 亿美元。其中服装与服饰品的出口值为 4.93 亿美元，进口值为 284.4 亿美元，是逆差最大的品种，而纤维的出口值为 8.34 亿美元，进口值为 5.92 亿美元；布料的出口值为 48.4 亿美元，进口值为 28.39 亿美元，则表现为贸易顺差。

　　日本于 2003 年 4 月 1 日开始实施新的普惠制，对来自中国的床上用品等三种共六个税号的产品取消了普惠资格。在日本新的普惠制中，日方制订了低标准的普惠制停止实施措施，即"来自某受惠国的进口超过进口总量的 50% 和 10 亿日元即可取消普惠资格""由于普惠产品进口急剧增加而导致国内产业受损，进而采取普惠制紧急停止措施"，而且在反倾销、保障措施等国际通行贸易保护措施中，使纺织服装等传统产业的对日出口受到影响。

　　日本纺织品服装市场潜力很大，且没有配额限制。在日本纺织品服装进口市场上，中国产品占 70% 左右，并具有较强的价格和质量竞争力。中国已成为日本成衣和各类纺织品进口的主要来源地。我国两纱两布产品除棉纱是日本第 4 大供应国外，其他三类商品均为日本第一大供应国，市场占有率均超过 50%。棉花布和 T/C 花布均为日本的第二大供应国，市场占有率分别为 24.63% 和 13.97%。人造棉布排名第三，化纤布排名第一。日本男装制造商现在希望把中国作为其精纺西装衣料的主要来源地。

　　2004 年以来，由于日本服装市场需求不振，始于 20 世纪 90 年代初的日本成衣缝制行业对华投资、加工返销可能暂告一段落，日本纺织服装行业对华投资将进入"废旧建新"的调整期，以往态度谨慎的染色等行业可能加入投资队伍。以往熨烫等服装后整理工序一般要在进口到日本后完成，现在日商为降低成本、加快上市周期，开始要求在我国内完成直到最终包装的所有工序，以便在抵达日本后直接上市销售。

　　日本消费者购买进口服装主要渠道是百货店（36.5%）和专卖店（33.9%）。而目前中国产品的主要销售渠道仍为超市，如大荣进口服装中中国产品占 90%，而中国产品在伊势丹等高档百货店份额仅占约 10%。

　　日本市场流行周期大大缩短，变化迅速，只有多品种、小批量、短周期产品才能适应其要求。时尚性较强的产品大都只有很短的销售期，超过期限，商品价值就会大打折扣。因此，日本进口商对质量、交货期要求十分严格。同时，日本对服装品质的要求也十分苛刻，环境保护意识也比较高。

　　由于日本国内高昂的生产成本，加上劳动力工资水平位于世界前列，日本纺织服装产业近年来注重实施海外战略。日本中小型成衣厂商纷纷进入中国及其他亚洲国家设厂，日本著名的岐阜地区成衣厂几乎都先后将其国内部分或全部转移到中国的上海、江苏南通以及苏州等地，中低档面料在中国采购，高档面料及辅料则采取来料加工复出口的方式进行，在当地雇用的员工已达 2 万人。许多日本大型服装生产企业都计划进一步扩大海外生产线，实行从生产到零售的一条龙经营方式，避开日本国内复杂的流通环节，自行组织新产品的开发和设计。日本对亚洲纺织业投资的近 7 成集中在中国。

二、韩国

　　韩国位于朝鲜半岛南部，其领海与太平洋最西部的海域交汇。朝鲜半岛北部与中国和俄罗斯接壤，东部濒临东海，与邻国日本隔海相望。韩国曾是个传统的农业国，随着工业化的进展，农业人口逐渐减少，主要工业部门有钢铁、汽车、造船、电子、纺织等。

纺织服装业曾经是韩国重要的产业之一。20 世纪 70 年代，韩国的纺织品出口值占总出口值的比例高达 30%，但自 1980 年起，所占比例逐年下降。2001 年纺织品输出在总输出中所占的比例为 10.5%。到 2017 年占比仅为 2.31%。2017 年韩国的纺织品服装出口总值达 132.7 亿美元，其中布料的出口值为 77.7 亿美元，占比为 59%；进口总值为 144.8 亿美元，其中服装和服饰品的进口值为 87.9 亿，占比为 61%。

1. 韩国纺织工业发展概况

韩国的工业是在其"输出立国"的总方针下发展起来的。即政府直接干预经济活动，鼓励出口。利用国外的资金、技术、设备和原料，与当地的廉价的劳动力相结合，生产出具有竞争力的产品出口，并以所得的外汇再次购进原料、设备和技术等，进一步扩大再生产。韩国的纺织工业就是在其"输出立国"方针的指导下发展起来的成功例子。

韩国的纺织工业是从 1960 年后才开始起步的。起初韩国是利用引进日本淘汰的纺织设备，以投资或合资的形式输入国内，并辅助以政府的政策支持，发展其纺织工业。在 1967 年通过"关于调整纺织工业设备的暂行法"强调使用新设备，在 1979 年通过"促进纺织工业现代化法"，并通过"纺织工联"等半官方机构提供特别资金来解决纺织企业设备现代化的问题。有了新型的纺织设备，使劳动生产率大幅提高，发展速度惊人。使韩国成为了当时世界纺织工业发展最快的国家之一。

由于韩国的自然资源贫乏，其纺织原料大多依靠进口。故韩国的纺织服装企业生产多以来样加工为主，大批量生产。由于其劳动力价格便宜，所以其服装价格较低，加之其生产的服装质量高，故其产品深受欧、美、日买主的好评。进入 1980 年以后，韩国的纺织工业进入调整期。其成品加工业逐渐衰落外移，纺织品出口也由过去的出口服装为主转为出口原纱布匹为主，目前韩国世界市场占有率居第一位的主要商品为染色棉织物（占有率 37.4%）。韩国的纺织业也开始由出口型向内销型转化。但韩国依然是全球第四大纺织品生产国。韩国纺织服装企业为降低成本，便于出口，纷纷在国外投资设厂，海外投资部分 80% 集中于亚洲，亚洲地区以中国为多，中国又以山东、辽宁、吉林 3 省为主。近年来，由于劳动力价格的优势及优惠投资政策，越南成为韩国企业投资的新兴热门地区。随着韩国国内工资水平的上涨，企业竞争力严重削弱，进一步加快了纺织服装企业向海外转移的步伐。

2. 韩国纺织服装贸易概况

在韩国纺织品销售中，以中低价为主的纺织服装产品居重要地位：大型折扣店及购物中心增长幅度最大。另外，电视购物及网上购物等无店铺的流通方式亦迅速发展，韩国的家用纺织品消费呈快速上升趋势，服装消费市场分布非常广泛，除了连锁店、专卖店，还有很多大型市场。如汉城的东大门纺织品服装市场，每年约有 12 万人次的外国游客光临。像这种规模的纺织品服装批发零售市场，韩国至少有 30 多个。

近年来，韩国纺织服装产品在世界市场的占有率不断下降，直接原因是韩国产品的销售价格与其所含技术水平相比普遍要高，而造成这种不合理价格体系的根本原因在于其国内的"高成本、低效率"结构。韩国的出口产品主要是依靠"OEM 方式"（委托加工或国外定牌生产方式）生产的中低价位的普通产品，由此造成在尖端技术、设计等方面从属发达国家，不能灵活应付对外贸易条件的变化；产品缺乏专门性和独特性，整个技术水平只达到发达国家的 80%，尤其是新材料、染色加工等核心技术水平低下。随着发达国家致力于开发高技术和高附加价值产品，以及发展中国家利用廉价劳动力扩大产品出口，韩国的纺织产业受到严重挑战。此外，中国、东南亚国家正奋起直追，这也成为威胁韩国纺织业的一个因素。

韩国的对外贸易活动一方面通过国外的跨国公司在本国的直接投资或合资的形式，借助跨国公司的营销网络，将本国产品销至国外；另一方面，组建综合商社，如"贸易振兴会社""贸易协会""商业仲裁协会""同业协会"等贸易机构，它们负责建立具有全球性的销售网络。

韩国是典型的外向型经济，出口占的比重比较大是由于自然资源匮乏，国土面积狭小，所以过度依赖海外市场。随着大批公司向海外迁移，韩国纺织品和服装工业产量下降，从业人员数量不断下滑。对海外市场的过度依赖，无法避免外国进口的限制，使得韩国的产品陷入关税保护措施争端当中，直接造成了韩国的纺织品服装出口的下降。

三、中国香港

中华人民共和国香港特别行政区位于中国广东省南部，面向南海，地处珠江出海口之东，西邻澳门，北接深圳经济特区。第二次世界大战以后，香港经济和社会迅速发展，不仅成为"亚洲四小龙"之一，也是全球最富裕、经济最发达和生活水准最高的地区之一。香港是亚洲重要的金融、服务和航运中心，以廉洁的政府、良好的治安、自由的经济体系以及完善的法治闻名于世。历史的变迁，让香港从一个当年只有五千人的小渔村演变成今天誉有"东方之珠"美誉的国际大都会。

香港奉行自由贸易政策，无任何贸易壁垒，除烟、酒、甲醇酒精、汽车用汽油和柴油等极少数商品外，进出香港的商品均无须缴纳关税。政府对企业经营进出口贸易没有限制，任何企业只要依法注册登记，即可从事进出口贸易。除对设限国家的纺织品出口受被动配额管制外，香港没有主动的进出口配额管理。为履行对外承诺和公众卫生、安全、内部保安等要求，根据《香港进出口条例》《储备商品条例》《保护臭氧层条例》及其附属法例，香港对少数商品实行进出口证管理。

香港拥有先进的基础设施和电信网络，是国际著名的自由港和国际贸易中心、金融中心和航运中心。香港是全球第十大贸易体系、第七大外汇市场、第十大银行中心及全球四大黄金市场之一。香港股票市场规模名列亚洲第二，世界第十。香港是全球出口纺织品服装、钟表、玩具、计算机等产品的主要地区之一。香港是全球第十大服务出口地，在亚洲仅次于日本。香港经过三次大的经济转型，经济结构以服务业为主，约占 GDP 的 85%，大部分制造业已转移到中国内地和东南亚国家。香港是最受旅客欢迎的亚洲城市之一。香港制造业的大多数为中小企业，目前以纺织业和制衣业为主，还包括玩具业和电子业、印刷和出版业、机械、金属制造、塑料以及珠宝钟表等行业。

香港拥有世界级的展览会议设施，是中国及亚洲区内最重要的商贸展览中心，每年吸引大量的海外买家到香港采购纺织品和服装。香港作为国际大都会和世界服装中心，每年有许多在香港举办的各种纺织品服装展览会、时装发布会、模特大赛等。比较著名的展览有香港时装周、香港国际时尚汇展、香港国际时装材料展等。香港在纺织服装领域的会展经济成为香港纺织服装行业生机勃勃的一大特色。举办展览会已经成为拓展香港纺织服装行业生产和国际贸易的一项不可缺少的重要内容。香港通过展览会把具有国际水准的时尚品牌推向全球各地，使香港进一步巩固作为亚洲时尚焦点的地位。香港人不但注重原创品牌，也懂得利用国际资本和地域差异经营国际品牌，及时赚取商业利润。

1. 香港纺织工业发展概况

20 世纪 60 年代以来，纺织服装工业一直是香港制造业的重要支柱。香港缺乏自然资源，本地市场狭小，但依靠当时大陆移居香港的 200 万人口形成的大量廉价劳动力产生了强大的竞争优势。这些条件使香港的服装加工业采用一种特殊的生产模式，即从外地输入原料或半制成品进行加工装配，大部分产品供出口之用。可以说香港的纺织服装工业是在没有资源、没有技术、也没有多少本地市场的困难条件下艰难启动的。香港以劳力密集型的纺织服装业为先驱，充分运用内地城市的资金和人力，积极开拓欧美市场，在 20 世纪 50 年代短短七八年中取得了很大的成就。新型纺织服装工业区在香港纷纷兴起，到 20 世纪 50 年代末纺织服装产品出口在香港外贸总值中的比重高达 70%。随后，香港纺织服装的企业家、商人以他们的勤劳、聪明才智和诚实可靠实现了纺织品服装的大量国际转口和直接贸易。

20 世纪 80 年代以后，随着香港纺织服装企业纷纷迁往广东和东南亚地区，香港纺织品服装的生产已逐渐减少，工厂设施逐渐外移，其中大部份境外生产基地由港商管理。服装业是香港主要的制造业之一，也是最大的制造业雇主之一。截至 2018 年 3 月，业内有 603 家机构，雇佣 4027 名员工。香港大部分服装制造商已在香港以外设厂，以降低生产成本。随着生产设施迁移外地，香港服装制造商的数目正逐渐减少。香港不单是主要的服装生产中心，也是全球服装采购枢纽。香港的服装贸易公司对布料采购、销售推广、品质控制、物流安排、服装设计以至国际及国家法规均经验丰富，具有较高的专业水平。香港一些历史悠久的服装制造商已经拓展本地或境外零售业务，很多都拥有自家品牌，并于世界主要城市建立零售网络。同时香港也是亚洲区的全球服装采购枢纽，吸引多家国际贸易公司和大型零售商前来采购。

目前香港有很多纺织服装行业的专业民间机构，如香港纺织业联合会、香港制衣同业协进会、香港制衣厂同业工会、香港制衣业训练局等。他们代表会员表达意见，协调政府与企业之间的关系，指导企业了解业内信息，提供生产、技术和贸易的相关咨询和帮助，举办交流会、研讨会、协调有关配额使用、反倾销、税收等与企业经营相关的很多问题。也有处理劳资关系的组织，如港九纺织染业职工总会，向企业提供劳工法律咨询、雇员职业培训及业余进修课程等。

此外，香港还有很多相关机构来促进纺织服装工业的发展，如中小型企业服装产品设计及发展中心是由香港特区政府创新及科技基金资助，同香港制衣同业协进会共同赞助成立的，其功能是为中小纺织服装企业提供产品研发和设计，发展香港本地服装品牌。香港贸易署专门负责国际通商关系，推行贸易政策和建议，为中小企业提供支持和帮助。对纺织品实行纺织品出口管制制度及进口签证制度的机构是香港政府工业贸易署。香港贸易发展局是全球贸易推广的公营机构，为香港制造商、贸易商及出口商服务。宗旨是为香港企业，特别是中小企业在全球创造市场机会，协助他们把握商机，推广香港具备优良商贸环境的国际形象。香港贸易发展局还负责组织包括纺织服装行业内的许多展览会，出版时装品牌杂志，组织时装摄影大赛，组织发布纺织服装行业的统计信息等。

2. 香港纺织服装贸易概况及政策

在全世界的纺织品服装消费大国和地区中，中国香港是消费较高的地区之一。中国香港有购物天堂的美誉，除本地消费者以外，众多的世界游客为香港纺织品服装的消费市场带来勃勃生机。自 2003 年 7 月，国家旅游局在宣布开放内地居民个人赴港澳游之后，大批内地消费者进入香港购物，购买名牌服装是内地消费者在香港旅游的重要内容之一。

香港的纺织服装企业多年来与美国、日本及欧盟的买家保持紧密接触，凭其遍布全球的客户资源和服务网络，奠定了其作为亚洲以至世界采购中心的地位。每年来自全球的纺织品和服装买家以中国香港为中介，到香港并通过香港进行进出口业务。

2017 年香港服装出口总额为 1129 亿港元，其中 99.7% 为转口贸易，而转口贸易中的 88.9% 的份额来自内地，香港本地出口的服装仅有 3 亿港元。美国和欧盟是香港主要的服装出口市场，其中美国占比为 37.2%，欧盟占比为 24.3%。而排在出口第三、四名的是日本和内地，分别占比为 7.6% 和 7.5%。排在第五、六名的则是澳大利亚和加拿大，分别占比为 3.2% 和 3.0%。

由于香港的贸易比较自由，又处于中国南大门的地理位置，中国香港在亚洲可以作为一个交易中心点。靠近中国内地是香港纺织品服装进出口贸易的优势。这些有利条件促使很多地区和国家的人到香港做贸易。近年来不少国际进口商已经增加向珠江三角洲以外地区的采购。港商为国际进口商提供更多的采购渠道，为他们提供中介服务，采取灵活、快速诚信的支付方式，分散贸易风险，受到采购商的偏爱和信任。此外，香港税收较低，贸易手续较为简单，也为一些成衣公司进行进出口商贸活动提供了极大的方便。

根据《内地与香港关于建立更紧密经贸关系的安排》（CEPA），自 2006 年 1 月 1 日起，所有原产香港的产品，包括服装在内，均可免关税输入内地。根据既定程序，尚未订立 CEPA 原产地规则的产品，经香港制造商提出申请，并符合双方商定的 CEPA 原产地规则，将可享有零关税优惠。至于非香港制造的服装，进口内地的关税率为 7%~25%。关于服装产品的 CEPA 原产地规则，基本上与适用于香港服装产品出口的现有规定相同。

四、印度

印度位于亚洲南部，是南亚次大陆最大的国家，与巴基斯坦、中国、尼泊尔、不丹、缅甸和孟加拉国为邻，濒临孟加拉湾和阿拉伯海，是世界四大文明古国之一。印度是世界第二人口大国。印度独立后经济有了较大的发展，农业从严重缺粮到基本自给，工业形成较为完整的体系，自给能力较强。20 世纪 90 年代以来，印度服务业发展迅速，占 GDP 比重逐年上升。印度已成为全球软件、金融产品等服务业重要的出口国。近年来，印度政府实行全面经济改革，经济发展速度引人注目，成为世界上发展最快的国家之一。

1. 印度纺织服装工业概况

印度是一个传统的纺织生产国家。数百年来，纺织，尤其是棉纺织，是这个国家的主要工业。印度拥有自产所需的主要纺织原料：一是棉花，印度拥有规模庞大的国内棉花种植业；二是生丝，印度是仅次于中国的第二大生丝生产国，但由于其生产的生丝质量远低于国际标准，每年要从中国进口部分蚕丝，因此蚕丝类是我国对印度出口的最大宗纺织品；三是黄麻，印度是世界主要的黄麻生产国之一。

印度的纺织工业结构很独特，其纺织业像一个三层的金字塔：高层塔顶的是较大的棉纺厂或包括纺纱、织布和一些后整理的综合厂，这部分工厂生产纱线为主，生产布料为辅，其布料的生产仅占全国生产的 7.5%。而布料生产的 92.5% 主要由居于金字塔中部的使用动力织机的小型织布厂和居于金字塔底层的众多的使用手工织机的个体织布作坊这两部分组成的小规模企业提供。由此可以看出，在印度纺织工业中，占据主要地位的是这些个体手工作坊。由于这些手工作坊关系到巨大的就业问题，印度政府对手工织布作坊采取了许多保护措施。棉花也是印度政府大力保护的对象，当人造纤维威胁到棉花的竞争力时，政府就会通过向其征税来解决矛盾。因此，印度的人造纤维生产一直发展缓慢。在印度，约78% 的企业员工不到 50 人，相比之下，中国企业员工不到 50 人的比例为 15%，这意味着印度许多企业仍在政府征税和监管门槛之外，也就是经济学家所说的"非正规"经济。世界银行 2016 年发布的一份报告显示，孟加拉国正规的服装工人数量是非正规工人的 15 倍，而印度的非正规服装工人数量是正规工人的七倍。

印度的服装工业是 20 世纪 90 年代才发展起来的出口导向型产业。由于出口服装大多采用机织面料，使得手工织物正在失去市场。目前纺织工业在印度经济中占有 7% 的份额，直接就业人数达 3500 万人，间接就业人数近 1 亿人，纺织品出口 120 多个国家和地区。纺织业是主要的创汇大户，大约占全国出口比例的 27%。印度是世界最大的纱布生产国家之一。印度纺织品出口主要是针对欧盟及美国市场。在印度诸多纺织品出口中，家用纺织品表现最为活跃。印度在对欧盟的服装出口上只排名第 7 位，但是在家用纺织品出口方面排名第 3 位。印度还是美国最大的外国毛巾供应地，其市场占有率达到 19%，也是美国棉质床单的三大外国供应地之一，市场占有率达 18%。

从 20 世纪 80 年代开始，印度纺织工业连续多年保持了高速增长的态势，并且迅速地在全球纺织品市场取得了一定竞争优势。其工业规模、总装机能力和绝对就业人数仅次于中国，处于全球第二的位置，是我国纺织产品目前最有力的竞争对手。但印度与中国相比，最大的劣势是基础设施匮乏，不仅妨碍了服装产业园的建立，也大大增加了生产成本和周期。在印度南部，一些重要的纺织服装生产商被港口吞吐能力严重不足所困扰，许多运往美国的货物不得不取道其他国家。另外，印度的电力费用占到纺织品成本的 8.5%，明显高于巴基斯坦、孟加拉国和越南等国的 3.5%。资金匮乏和落后的管理制度也严重阻碍了印度纺织服装业上档次、上规模。因此，目前印度纺织业与中国的竞争仅仅局限于劳动密集型的低端产品。目前，中国主要向印度出口玩具、鞋类、生丝、短绒棉，印度主要向中国出口棉纱线、棉机织物和纺织原料等。

2. 印度发展纺织服装工业优势与措施

由于印度纺织服装工业具有很大的就业和出口潜力，印度政府把纺织服装行业作为软件业后又一个重要的突破点来培育，大力支持该产业的发展。早在 1999 年，印度政府就启动了对纺织服装产业的扶持政策：对所有要更新旧设备的纺织服装企业，银行提供低于普通商业贷款 7 个点的贷款。这个政策在这几年确实发挥了明显的作用，整个纺织服装产业发生了惊人的变化，特别是配额制度取消以后，不仅原材料进口的税率下降了，纺织服装机械产品的税率也有所下降。一方面是装备过时的纺织服装企业更新设备，正迅速现代化；另一方面是先进的、资本密集型的新型纺织服装产业正迅速扩张。这些措施使得印度纺织服装业的发展迅速。

为了加快发展纺织服装产业，印度政府和行业协会纷纷采取措施，加大整合力度，提高技术含量，并寻求海外合作，提升企业竞争力，以期在全球纺织品市场与中国抗衡。随着棉纱和纺织机械的进口关税的大幅降低，印度正开始新一轮来势汹汹的纺织投资热潮。首先，印度成立了国家纺织公司，对亏损的国有企业进行整合。其目的是促进企业复苏、实现企业现代化以及增强企业竞争力。目前该公司已接管了 100 多家工厂。政府同时也给私营企业更多权力，鼓励私营纺织服装企业增加出口。私营企业在税收和关税等方面将享有和国家纺织公司同等的待遇。其次，印度重工业部设立了振兴国内纺织机械制造工业的专家委员会，以帮助纺织机械制造业的现代化，并提高现有企业的生产能力和产品质量。再者，印度纺织和服装业不断加大投资力度，扩大现有生产能力，以满足来自美国和欧盟买家的需求。

为防止可能出现的贸易摩擦，印度纺织企业开始尝试在非洲、南亚等地区设厂，以便在享受这些地区特别关税减让的同时，避免重蹈中国纺织品出口中的覆辙。不久前，印度 JCT 纺织公司收购了塞内加尔的一家服装公司，而雷蒙德服装有限公司则前往孟加拉国设立分厂，以实现对欧盟地区的零关税出口。

印度联邦纺织部还将劳工制度改革列为未来的工作重点。印度政府已经成立了由商工部长、纺织部长和劳工部长等组成的联合小组，共同研究劳工法案在纺织业遇到的困难和局限。因为印度严格的劳工法禁止公司聘用合同工，而且工人一旦受雇几乎不可能再被解雇。

尽管印度是一个人口大国，但缺乏有技能的劳动力是"纺织业增长的最大威胁"。因此，印度还不断加大纺织服装人才的培养，如印度全国时尚技术学院（NIFT）和服装培训设计中心（ATDC）在全国各地举办多种培训课程和项目，以满足纺织工业，尤其是服装工业在设计、广告和销售领域的技术人才需求。服装培训设计中心是印度的一流培训学院，成立于 1991 年 2 月 15 日，位于新德里，它的任务是提高服装工业人力资源的技术水平。ATDC 的赞助机构是服装出口促进委员会、纺织部、印度政府。由于看到服装工业的需求不断扩大，印度纺织工业集中的地区相继开办了几家服装培训设计中心。

五、东盟

东盟是东南亚国家联盟的简称，目前有十个成员国，包括：越南、印度尼西亚、柬埔寨、文莱、老挝、马来西亚、缅甸、菲律宾、新加坡、泰国。总面积约 450 万平方公里，人口约 6.18 亿。

2002 年 11 月，中国与东盟各国领导人签署了《中国与东盟全面经济合作框架协议》，共同启动了中国—东盟自由贸易区的建设进程。届时将会创造一个拥有 19 亿消费者、近 6 万亿美元国内生产总值、1.2 万亿美元贸易总量的经济区。按人口算，这将是世界上最大的自由贸易区；从经济规模上看，将是仅次于欧盟和北美自由贸易区的全球第三大自由贸易区由中国和东盟 10 国共创的世界第三大自由贸易区是发展中国家组成的最大的自由贸易区。

20 世纪 90 年代后，中国与东盟双边贸易以年均 20% 以上的速度增长，双边贸易的增长速度快于各自总体对外贸易的增长速度。中国与东盟进出口商品结构不断优化，交换的主要商品实现了由初级产品向工业制成品的转变，机电产品和高新技术产品在进出口贸易中所占的比重不断扩大。在双边贸易快速发展的同时，我国与东盟国家在相互投资、承包工程及劳务合作等方面也展开了卓有成效的合作。自从中国—东盟自贸区成立以来，中国对东盟出口年均增速超过 30% 以上。2013 年，东盟首次超过日本成为中国第三大贸易伙伴。目前，东盟是中国的第一大纱线出口市场和第一大面料出口市场。面对劳动成本提高、市场微缩、贸易保护主义抬头等不利因素，各国纺织服装业需建立利益共同体，双方合作，拥抱"一带一路"。在新的产业分工格局中，中国—东盟纺织服装企业通过"请进来 + 走出去"进行优势互补，正在促成进一步发展。

我国与东盟各国在资源构成、产业结构和贸易商品等方面各具特色，互补性很强，这给双方开展双边贸易提供了直接的驱动力。如我国纺织品、服装、鞋、食品、谷物、建筑材料、机电、化工产品等产品具有比较优势，而东盟在资源性产品上具有较大的优势。此外，东盟 10 国的经济结构有着很大的差异，我国东中西部地区经济结构也存在较大的差异，因此双方合作的空间与潜力非常大。此外，中国沿海部分企业正面临劳动力、原材料成本上升等问题，东盟市场正是其转移生产基地，拓展新的发展空间的首选地域。

1. 越南

越南面积约 33 万平方公里，人口 9073 万。位于中南半岛东部，北与中国接壤，西与老挝、柬埔寨交界，东面和南面临南海。越南属发展中国家，1986 年开始实行革新开放，经过三十多年的革新，经济保持较快增长，经济总量不断扩大，三产结构趋向协调，对外开放程度不断提高，基本形成了以国有经济为主导、多种经济成分共同发展的格局。2006 年越南正式加入 WTO。

目前，越南已同世界 200 多个国家和地区建立贸易关系，主要出口市场为欧盟、美国、日本、中国。越南的主要进口商品有：机械设备及零件、成品油、钢材、纺织原料、皮革、布匹。主要进口市场为中国、中国台湾地区、新加坡、日本、韩国。

2006 年，越南政府出台并实施了《投资法》和《企业法》，投资环境不断改善，有关政策更优惠，外商普遍看好在越南投资，将越南视为开拓东盟市场的重要基地之一。

纺织服装业是越南第三大出口产业，2017 年纺织品服装出口额达到 291 亿美元，占该年越南出口总额的 13.61%。越南现有纺织企业 4000 多家，提供 500 万就业岗位，产业规模仅次于中国，排名世界第二，高于孟加拉国、印度、土耳其等国。近年来，越南纺织服装业发展迅速，纺织品服装出口额持续增长（2000 年为 17.5 亿美元，2017 年达 291 亿美元）。越南正成为国际市场上服装供应的重要成员。根据越南和美国就越南加入 WTO 问题达成的协议，从 2008 年以后，越南输往美国的纺织品在任何情况下，都不会受到数量限制。而且与其他国家和地区也没有数量限制条款。从关税角度看，越南已形成了相对庞大且成熟的自由贸易体系，出口零关税和低税率已成为中资企业投资越南的关注重点，相对于欧美对中国的关税水平，欧美对越南多数产品征收的关税低得多，很多产品都是零关税，因此中资企业为规避贸易壁垒，加大对越投资已经渐成趋势。特别是在 2019 年之后，越南多项新的对外贸易协定生效，越南对外贸易出口关税优势正在进一步突显。如 2019 年 1 月，《全面与进步跨太平洋伙伴关系协定》（CPTPP）在越南正式生效。2019 年年底，欧盟与越南预计将正式签署《欧盟—越南自由贸易协定》。两大协议对于越南制造业出口来说，都是巨大利好。根据协议，越南的出口关税将大大下降，而欧盟将削减99%的税目关税。

越南政府为了改变纺织服装业落后的状况，加快纺织服装业的现代化建设，使纺织服装业成为出口创汇的主力军，创造更多的就业机会，并稳步融入世界和地区经济，越南政府鼓励本国企业积极投资纺织服装业并提供相应优惠政策，并欢迎外商以独资、合资、合作经营方式投资越南纺织服装业。越南对纺织品进口采用高关税保护，但加工贸易项下进口纺织服装原材料和半成品，成衣出口时可予退税。

2. 印度尼西亚

印度尼西亚（简称印尼）位于亚洲东南部，地跨赤道，是世界上最大的群岛国家，也是世界第四大人口国。农业和油气产业是印尼传统支柱产业，工业主要有采矿、纺织和轻工等。外贸在印尼国民经济中占重要地位，主要出口产品有石油、天然气、纺织品和成衣、木材、藤制品、手工艺品等；主要进口产品有机械运输设备、化工产品、汽车及零配件、棉花等。印尼的主要出口国分别为日本、美国、新加坡和韩国；主要进口国分别为日本、新加坡、韩国、美国。

印尼拥有发展纺织服装行业必须的基本条件，如印尼对于纺织服装行业生产所需要的水、电、气的供应基本有保证，价格也不太高。目前印尼工人工资是亚洲各国中较低者之一。而且印尼本国市场容量较大，自然资源也较丰富。因此，纺织服装行业一直是印尼的第一大产业，其产值、出口额和就业规模在全国各行业中居领先地位。而且纺织服装产业的上下游垂直整合完备，能够形成完整的产业供应链。印尼的纺织企业主要集中分布在万隆、西爪哇及雅加达附近，各类纺织服装企业 4 万多家，年产值约 130 亿美元，出口额目前约占全球总贸易额的 1.8%。它也是劳动密集型产业，约有 300 万从业者，随着纺织业每年以 5% 的速度增长，仍有 60 万的劳动力缺口。预计到 2019 年印尼的纺织品出口将达到150 亿美元。

除了因印尼国内的政局不稳定，一定程度上阻碍了其纺织服装行业的发展，受政府增加用电价格、银行贷款利率、欧盟征收纺织品进口关税等影响，纺织品的生产成本大幅上扬，并且机器陈旧、竞争激烈和非法走私产品削价竞争等问题，都阻碍了印尼纺织业的成长。但印尼纺织品行业的复苏仍有希望，毕竟劳动力资源丰富，成衣出口产销还有优势。在中国—东盟自贸区升级版和"一带一路"建设等有利背景下，中、印尼两国纺织业将进一步开放市场，促进产业升级。对于欧洲市场而言，印尼与欧盟正在讨论签署印尼—欧盟自由贸易协定，协定一旦签署，关税将大幅降低，预计未来印尼纺织业出口额将大幅提升。为了振兴纺织服装业，印度尼西亚政府在最近几年中加大了对纺织服装业的支持力度，除鼓励银行提供低息或优惠贷款帮助企业更新设备、引进先进技术和现代管理外，还在出口退税、原材料和劳动力保障等方面提供持续支持。

3. 柬埔寨

柬埔寨位于中南半岛南部。东部和东南部同越南接壤，北部与老挝交界，西部和西北部与泰国毗邻，西南濒临暹罗湾。柬埔寨是传统农业国，工业基础薄弱。属世界上最不发达国家之一。

柬埔寨拥有大量最年富力强和廉价劳动力资源。但柬埔寨劳工素质不高，工会势力较大，工人举行的罢工会影响到生产的进行。一旦工厂在预期内无法向订购商交货，还得赔偿订购商损失费，工厂亏损巨大。

制衣制鞋业是柬埔寨经济的支柱产业，相关产品出口约占其出口总额的80%左右，从业工人约有80万人。目前，许多品牌如优衣库、阿迪达斯、Gap、H&M等均在柬埔寨设厂生产。2015年，服装及鞋类的增加值占柬埔寨经济的11%，对GDP增长的贡献近2%。服装出口方面，柬埔寨在全球主要服装供应地区中排第九位。2015年，柬埔寨的服装和鞋类出口额达60亿美元，比越南同期的220亿美元少，但要考虑到，其人口仅为越南的六分之一。2018年，柬埔寨的服装和鞋类出口额100亿美元，比2017年的80亿美元增长24%。

目前，柬埔寨在FTA、WTO下享有特殊与差别待遇（Special and Differential Treatment）优惠，也享有美、欧、日等28个国家给予的普惠制待遇，比如柬埔寨出口美国的4800项产品可享低关税或零关税待遇。成品从柬埔寨工厂出口到欧盟，可以免关税。另外，柬埔寨处在东盟十国的最中心位置，产品贸易出入便捷，东盟各国之间享受互免关税。

柬埔寨政府通过推行大量鼓励措施，吸引外商直接投资或引进新科技，以提高生产力。柬埔寨容许外商设立全资企业，对利润或资金汇出不设任何限制。目前柬埔寨的公司营利所得税税率为20%，外商投资均至少享有3年的免税期，过去20年中国一直是柬埔寨最大的外来投资国，柬埔寨有80%的大型公共设施都是中国援建的，约70%的大型企业都是中资的，所以柬埔寨人普遍对中国人有好感。

值得注意的是，在2019年2月12日，欧盟委员会以"柬埔寨民主、人权、法治状况无明显好转"为由，宣布正式启动撤销柬埔寨"除武器外全部免税"（EBA）待遇程序。该待遇是欧盟给予包括柬埔寨在内等世界欠发达国家的待遇。按照欧盟相关规则，撤销程序正式启动后，欧盟将先对柬埔寨展开6个月的密切观察和沟通，然后再用6个月的时间形成相关报告，并作出最终决定。如果最终决定撤销，将有6个月的缓冲期。若欧盟取消对柬埔寨EBA待遇，柬埔寨纺织品服装对欧盟出口的税率将上涨12%，制鞋业关税将增加8%～17%。这对柬埔寨的纺织服装业的打击将是十分巨大的。

六、中国（境内）

纺织业在我国历史悠久，1949年以来纺织工业在我国的经济和社会发展中发挥着无可替代的传统支柱产业、重要的民生产业和出口竞争优势明显产业的历史作用。取得了举世瞩目的成就，使我国成为世界上最大的纺织品生产国、消费国和出口国，并正稳步向纺织强国迈进。

经过几十年的发展，我国纺织工业的产业规模迅速扩大，产业布局和产业链结构不断完善。纺织工业已经遍及全国各省、市、自治区，形成了以东部沿海地区为主，逐渐向中、西部地区扩散、转移的产业区域分布格局。形成了天然纤维与化学纤维、纺纱、织造、非织造、针织、染整到服装、家纺、产业用品、配套产品等上下游相互配套，纤维、纤维制品生产与纺织机械制造协调发展的产业链体系，具备了世界上独一无二的整体产业优势。但另一方面，我国劳动力价格的比较优势也在逐渐失去，劳动力价格上涨的同时企业又严重缺乏有一定知识技能的熟练技工。加上人民币升值的影响，中国的成本优势正在下降，随着周边国家纺织工业的逐渐兴起，我国纺织服装出口将面临更趋激烈的竞争。

从1949～1978年，中国依靠独立自主、自力更生，先后在郑州、西安、咸阳、天津、北京、上海等地建立了一批纺织机械、纺纱、织造和印染等纺织工业基地；并在上海、东北、天津、四川等地建立了黏胶、维纶等化学纤维生产基地，构建了完整的纺织工业体系，基本能够满足人民物质生活的需要，结束了解放初期缺衣少穿的历史。

从1979～2007年，中国纺织业开始了建设世界纺织大国的努力，尤其是进入21世纪以后，中国开始从最大的纺织生产国、出口国、消费国，到建设纺织强国的转变。其阶段性标志是1983年取消了布票，结束了30年使用布票的历史；1998～2000年国有企业的改革，压锭、减员、调整、重组，纺织行业逐渐实现了从数量到质量和效益方面的提升；2001年中国加入世贸组织，中国纺织面临进一步做大做强的机遇。

1978年，纺织品还是以满足内需为主，出口占总产量的3.7%，约24亿美元。1994年服装出口列世界第一；1995年纺织品、服装出口双列世界第一，中国真正成为出口大国。

但近年来我国纺织业率先进入发展新常态。在国内，产能过剩、产业结构不合理、生产成本持续上升、资源环境紧张、核心竞争力不强等问题成为制约产业发展的瓶颈；在国际，纺织工业发展面临发达国家"再工业化"和发展中国家加快推进工业化进程的"双重挤压"，结构调整和产业升级任务紧迫。一是国际市场需求低迷。全球经济复苏缓慢，主要出口市场需求回升的可能性较低，疲弱态势短期内难以改善。二是产业竞争更加激烈。东盟及非洲、拉美等一些劳动力成本低洼地国家，正在进入和成为未来的纺织业制造基地，产业转移和行业订单外移，正在对我国纺织品贸易构成挑战。三是国内成本不断上升。近年来，我国纺织品原材料与人力成本逐渐上升，劳动力成本则接近东欧国家水平。四是缺乏有效的增长点。五是我国纺织企业除了面对外部竞争外，还要面临更多国家的贸易保护主义，尤其以印度、秘鲁、巴西较为突出。面对各种挑战，我国纺织企业要加快转型、调整，积极响应国家的"一带一路"倡议，把眼光和视野从传统市场转向更加开阔的世界，成就一个同样能够发展、能够取得成功的新格局。近两年来，我国纺织品出口的三大传统市场，美国、欧盟、日本出口额均呈下滑趋势。除却这三大传统市场，"一带一路"沿线国家应该是我们要下大力气开发的新市场。

我国纺织工业的具体任务是：稳定纺织工业国际市场份额，扩大国内市场消费需求，以自主创新、技术改造、淘汰落后、优化布局为重点，推动纺织工业结构调整和产业升级，巩固和加强纺织工业就业惠农的支撑地位，推进我国纺织工业实现由大到强的转变。重点任务包括：稳定和开拓出口市场，促进国内纺织品服装消费，扩大国内产业用纺织品的应用；推进高新技术纤维产业化和应用，加快产业用纺织品的开发应用，提升企业竞争实力，提高纺织装备自主化水平，加强标准化体系建设；采用先进适用技术改造传统产业，在化纤、纺纱、织造、印染等行业推广应用关键工艺技术成果，提高纺织行业生产效率，改善产品结构，增强市场有效供给能力；节能、减排和环境治理达到新水平；加大对高能耗、高污染等落后生产工艺和设备的淘汰力度；发挥东、中、西部的优势，形成优势互补的产业区域布局；建立健全纺织行业信息、质量、标准、共性技术研发、培训、社会责任和营销推广等公共服务机制；培育具有国际影响力的自主知名品牌，提高纺织服装自有品牌出口的比重；提升企业竞争实力。

只有走"科技含量高、经济效益好、资源消耗低、环境污染少、人力资源得到充分发挥"的新型工业化发展之路，中国才能实现从纺织生产大国向纺织强国的转变。2018 年中国纺织工业联合会会长孙瑞哲指出：目前中国纺织产业的责任与使命是要打造以材料智能为突破的创新力（科技强国），以时尚导向为目标的消费力（品牌强国），以环境倒逼为动力的责任力（可持续发展强国），以社会青睐为基础的凝聚力（人才强国）。

第二节　欧洲

欧洲位于亚洲的西边，是亚欧大陆的一部分。它的北、西、南三面分别濒临着北冰洋、大西洋、地中海和黑海，东部和东南部与亚洲毗邻，宛如亚欧大陆向西突出的一个大半岛。欧洲人口占世界总人口的 12.5%，是人口密度最大的一个洲。欧洲有 45 个国家和地区，在地理上习惯分为南欧、西欧、中欧、北欧和东欧五个地区。

欧洲是资本主义经济发展最早的一个洲，工业生产水平和农业机械化程度均较高。工业、交通、商贸、金融、保险在世界占有举足轻重的地位，科学技术的许多领域处于世界领先地位。生产总值在世界各洲中居首位，其中工业生产总值占的比重很大。现欧洲绝大多数国家进入发达国家行列，其中北欧、西欧和中欧一些国家发展水平较高。德国、法国和英国的工业生产在世界工业生产中均居前列。

一、欧盟

欧盟（EU）是欧洲联盟（European Union）的简称，总部设在比利时首都布鲁塞尔，是由欧洲共同体发展而来的，欧盟是集政治实体和经济实体于一身、在世界上具有重要影响的区域一体化组织。

欧盟现有 28 个成员国和约 5 亿人口。这 27 个成员国分别是：法国、德国、意大利、荷兰、比利时、卢森堡、英国、丹麦、爱尔兰、希腊、葡萄牙、西班牙、奥地利、瑞典、芬兰、马耳他、塞浦路斯、波兰、匈牙利、捷克、斯洛伐克、斯洛文尼亚、爱沙尼亚、拉脱维亚、立陶宛、罗马尼亚、保加利亚、克罗地亚。

欧盟已经成为当今世界上经济实力最强、一体化程度最高的国家联合体。欧盟的经济实力已经超过美国居世界第一。近年来，内需对欧盟经济支撑作用显著，主要是受益于低失业率及工资上涨拉动消费以及宽松货币环境助力投资增长强劲。但国际领域贸易保护主义加剧、英国脱欧、欧意预算分歧等内外不稳定因素已然对经济加速形成明显掣肘，欧盟经济中长期下行风险开始累积。

2005 年欧盟市场开放了国际竞争，以及随后配额限制的取消，对欧洲纺织服装企业的冲击很大。从那时开始，欧洲大量服装企业关闭，导致几十万人口失业。但欧洲纺织服装行业通过不懈地努力去提高其竞争力，并调整适应国际贸易的新环境，面对全球化的挑战的同时仍保持了行业的生机和活力。2007~2017年，欧盟服装进口年均保持3.5%增长。服装进口的增长率是服装消费增长率的两倍，直接导致欧盟市场内欧洲本地生产服装份额逐年下降。

目前欧洲有17万纺织服装公司，雇佣员工160万人。欧洲纺织服装业最强的领域就是奢侈品、成衣、技术和创新型纺织品。欧盟是世界上第二大纺织品出口国，出口额650亿欧元（包括欧洲内部出口量），仅次于中国。出口除欧洲外的主要纺织市场是美国、中国、土耳其、摩洛哥和突尼斯。欧盟也是第二大服装出口国，仅次于中国。出口额1190亿欧元，其中480亿是对欧盟以外国家出口。其主要的服装出口市场是瑞士、美国、俄罗斯、中国香港、日本和中国大陆。2017年，欧盟纺织品服装进口增长至1120亿欧元，纺织品占300亿欧元，服装占820亿欧元。

2017年，欧盟服装进口的77.4%来自亚洲、17.9%来自地中海地区、2.6%来自欧盟外的欧洲国家、2.1%来自美洲和非洲等其他地区。主要供货来源国有中国、孟加拉国、土耳其、印度、柬埔寨、越南、巴基斯坦、摩洛哥和突尼斯。

2010年欧盟从中国的进口额开始逐年下降，从占比45.5%下降到2017年的33.2%。主要原因是生产成本的提高，导致竞争力下降，订单随之转移到柬埔寨、缅甸、越南和孟加拉国。这些国家向欧盟的直接出口和间接出口则持续增长。

1. 英国

英国位于欧洲大陆西北面的不列颠群岛，英国是世界经济强国之一，其2007年GDP位居世界第五。英国制造业在国民经济中的比重有所下降；服务业和能源所占的比重不断增大，其中商业、金融业和保险业发展较快。

纺织工业是英国最古老的工业部门，在英国实现工业化的过程中发挥了巨大的作用，并长期居于主导地位。目前纺织服装业为英国制造业的第六大产业，大约有15000个企业，共雇佣36.4万员工。大多数企业属中小型企业，但也有一些大型企业。毛纺织工业中心是在以利兹为中心的约克厦地区，棉纺织中心是在以曼彻斯特为中心的兰开厦地区。20世纪50年代以来，特别是近10年来，英国纺织服装业生产发展速度减缓，进口则逐年递增，英国也由净出口国变为净进口国。

英国的纺织品出口大大高于其服装的出口，主要有两个原因：一是英国盛产羊毛，而且毛料的质量高，在欧洲普遍用于高档服装的面料，深受德国、法国、意大利、美国面料进口商的欢迎；二是英镑相对坚挺，造成英国的劳动力成本高于欧盟的其他成员国。服装产品是劳动密集型产品，过高的劳动力成本迫使英国服装制造商纷纷转产。目前英国除生产一些本国的名牌产品外，基本依赖进口。除了进口中低档的成衣外，英国服装工业还需要进口制造业所需的原材料和加工业所需的半成品。把服装布料和半成品出口到低成本的国家进行加工，然后再进口加工，就是为了平衡就业与高成本之间的矛盾，以加强其产品的国际竞争力。

英国盛产羊毛，而且毛制品的后处理技术很高，因此国外的羊毛服装及羊毛制品很难进入英国市场。由于天气原因，丝绸服装在英国需求也不大。此外，英国在牛仔、毛巾、床上用品等日常消费品的需求相对美国要少得多。欧洲许多国家禁止使用动物皮制作服装，故貂皮大衣等高档系列服装也难以在英国市场上销售。英国本土不生产棉花，英国市场上的棉制品基本上依赖进口。

英国纺织服装出口的主要市场依次是：爱尔兰、德国、法国、美国、摩洛哥、西班牙、比利时、卢森堡、意大利、日本及荷兰；英国服装进口的主要国家和地区依次是中国香港、土耳其、中国内地、意大利、摩洛哥、孟加拉国、印度、印尼。

2. 意大利

意大利位于欧洲南部，西与法国，北与瑞士、奥地利，东与斯洛文尼亚接壤。其四分之三的能源供给和主要工业原料依赖国外进口，而产品的三分之一以上供出口。意大利的中小企业在经济中占有重要地位，在制革、制鞋、服装、纺织、家具、厨房设备、瓷砖、丝绸、首饰、酿酒、机械、大理石开采及机械工业等领域有较大优势。

意大利纺织服装加工制造产业以其独特的魅力以及充满生机、富于创新的品牌形象享誉世界，是世界服装工业中顶级制造国之一。意大利服装以其富有意大利风情的崭新创意和领导世界时装潮流的新奇款式，在国际服装市场上具有极强的竞争实力。通过多年来不断的发展创新，意大利服装已成为世界每一个追求时尚的消费者心目中理想的服装品牌。

意大利多年以来已经发展出具有自己地方特色的纺织产品、服装服饰以及高档时装产品的设计、加工、推广销售一条龙的运作体系，构成了一个完整的产业链条。一方面，这个生产系统可以生产出优质高档诸如西服、套装等传统产品，同时又能根据消费者不断变化的需求，在第一时间推出最新的颜色款式，并通过各种宣传、广告以及各类推广活动，转换民众对于时尚产品需求的潮流，将意大利独特的艺术风格融入世界时装产业的发展中，成为时尚潮流的发起者和领导者。意大利纺织服装加工业也十分注重自身能力的提高和运作系统的完善。随着服装市场的变化以及纺织科技发展的情况，企业对于各种原材料的加工处理也更加精细，那些经过深度加工的纤维、丝线是制作高档服装的基础，意大利企业在这些技术革新方面的不懈努力，保证了意大利服装产品的领先地位。生产、加工、销售形成了一个完整的产业链条，每道工序的优质完成保证了最后成品的质量。同时，意大利还对所有非欧盟的进口产品进行产地标识，这对树立意大利产品的形象十分有益。事实证明，意大利的纺织服装生产系统十分高效合理，从而奠定了意大利服装产品在国际市场上的地位。

意大利纺织服装加工产业具有高度的外向型经济特色，全年的销售额中有60%以上的产品出口到世界各国。在这一行业，国际贸易平衡常年保持顺差，相当于意大利国际贸易中能源工业以及农业方面的逆差总值，为意大利保持国际贸易平衡做出相当大的积极贡献。意大利的纺织业是以服装工业为主导的，意大利的米兰是欧洲的时装中心。在意大利纺织织造部门总产量的2/3用于服装制造。

随着国际纺织服装市场竞争日趋激烈，尽管受到了来自亚洲新兴工业国家的廉价产品的冲击，但意大利在纺织服装产业方面仍具有较强的国际竞争实力。其独特的创新能力和对于高质量面料的不懈追求是行业中大型企业赖以生存的基础，同时也是其他企业无法匹敌的优势，那些具有独特魅力的国际顶级品牌出现在世界各地的精品店中，成为意大利服装的闪亮招牌。许多意大利中型服装企业在国际市场上同样具有很高的知名度，产品同那些顶级品牌一样，陈列在精品店中，为那些追求品味的消费者所青睐。而数量众多的小型企业则多是靠为大中型企业代工而生存。从企业数量而言，意大利纺织服装行业依旧以中小型企业为主，其中年产值低于 200 万欧元的小型企业数量占行业企业总数的 95.2%，雇佣人数占行业雇佣人数的 61.9%。而年产值超 5000 万欧元的大型纺织服装企业的数量只占业界企业总数的 0.3%，但这些大型企业雇佣人数却占行业总数的 11.7%，人均年产值为 12.55 万欧元，相对于那些小型企业 4.94 万欧元的人均年产值而言，劳动生产率高出 1.5 倍。

据欧盟统计局统计，2018 年全年，意大利货物进出口额为 10474.2 亿美元，进口额 5007.9 亿美元。贸易顺差 458.4 亿美元。意大利前三大贸易顺差来源地依次是美国、英国和法国，意大利的贸易逆差主要来自中国、德国和荷兰。2018 年，意大利与中国的双边货物贸易额为 518.7 亿美元，其中，意大利对中国出口 155.4 亿美元，意大利从中国进口 363.3 亿美元，意方贸易逆差 207.9 亿美元。机电产品是意大利对中国出口的主要商品，另外，化工产品、纺织品及原料和运输设备也是意大利对中国出口的重要产品。中国是意大利纺织品及原料、家具玩具和鞋靴伞等轻工产品的首要来源地。

3. 德国

德国位于欧洲中部，是世界的第四大经济体，也是欧盟经济实力最强的国家。同时是仅次于意大利的欧盟第二纺织大国和欧盟最大的服装市场，也是仅次于美国的世界第二大纺织品和服装进口国。

德国纺织服装业几乎是清一色的中小企业，在世界前 25 名纺织企业中没有一家德国企业。由于德国制衣业的规模小，德国服装市场很大程度依赖进口。

德国纺织服装业近年来大举移师海外，即向工资成本较低的国家转移生产，进行带料加工生产。除利用国外工资成本优势外，德国纺织服装业向国外转移生产的目的还在于开发新市场以及巩固其市场地位。近年来，德国加大了对技术及资本密集型纺织产品的开发和投资力度，在产品设计和技术革新方面取得了较大的突破，开发出了一批技术含量高、既有个性化和高档化特点、又符合流行趋势和注重环保要求的产品，"德国时装"的国际知名度日益提高，特别是德国制造的多功能"技术纺织品"不仅应用于服装业，而且也用于建筑、交通、医疗和环保等领域，深受国外买主的青睐。

德国纺织品和服装的销售渠道主要有专营商店、百货商场和日用品连锁超市。另外，由廉价制造商开店销售自有品牌的厂家（如 H&M、Zara、Orsay 等）市场占有率增长很快。邮购是德国服装分销的主要渠道之一。德国进口商和消费者对纺织品和服装十分重视安全、卫生和环保的要求，其主要的服装供应国是中国、孟加拉、保加利亚、印度、印尼、意大利和土耳其。

4. 法国

法国位于欧洲西部，法国是欧盟第二大经济体系，规模仅次于德国。法国是仅次于美国的世界第二大农产品出口国；核电设备能力、石油和石油加工技术居世界第二位；航空工业居世界第三位；钢铁工业、纺织业居世界第六位。法国的主要出口伙伴是德国、意大利、西班牙、英国和比利时；主要进口伙伴是德国、比利时、意大利、西班牙和中国。

法国人衣着十分讲究，首都巴黎更是国际知名的时装中心，是法国服装市场的重镇。

法国现有服装生产企业 5900 家，其中 5043 家是不到 20 名工人的小企业，500 人以上的大企业只有 8 家，其余 800 多家主要是 20 人至 250 人的中型企业。这些服装生产企业主要分布在巴黎大区，法国服装行业就业人员约 8 万人，每年实现营业额 100 亿欧元左右。如按企业划分，91% 的营业额来源于不到 250 人的中小型企业；如按服装类别划分，42% 来源于女装，20% 来自内衣，16% 来自男装，其他服装和服饰占 14%，量身定做占 4%，工作服占 3%，皮衣占 1%。

法国是除德国、意大利和英国以外，欧盟成员国中的第四大服装市场。法国的零售业态在过去十余年间发生了重大改变，传统的独立服装专门店日渐衰落，服装连锁店逐年增加，但相比其他欧盟国家，独立专门店在法国服装零售业态中仍扮演相当重要的角色。法国大约有 6 万间服装专门店，其中以综合服装店居多，其次为女装专门店，此外亦有不少童装专门店及运动服装专门店，男装专门店数目则相对较少。法国人喜欢到面积小于 400平方米的服装连锁店购衣，该小型服装连锁店占法国服装销售市场份额的 22.4%。其次是独立服装商店，占 19.6%、大型和特大型超市占 14.7%、大型专卖店占 12.2%、邮购公司占 8.4%、运动器材商店占 7.2%、大百货商店占 6.7%、其他商店占 5.1%、一般市场占3.7%。此外，工厂店的销售形式在法国很受欢迎。

由于法国劳动力成本太高，工人工资总额占服装生产成本的 60%，法国的纺织服装生产企业大量向国外转移。因此，当地制衣业的规模不断萎缩，进口逐年增加。目前在法国除了奢侈品，已经找不到 100% 法国产的裤子、衬衣和内衣了。法国市场上销售的服装，70% 是从国外进口的。目前法国每年进口服装约 70 亿欧元，而法国每年出口服装仅 30 亿欧元，属于服装进出口贸易逆差。

法国的十大服装进口国分别是中国、突尼斯、摩洛哥、意大利、印度、土耳其、罗马尼亚、比利时、西班牙和德国。从欧盟国家进口占 1/4，而从非欧盟国家进口占到了近 3/4。法国服装出口主要面向欧盟国家，主要出口国为：比利时、德国、英国、西班牙、日本、意大利、沙特、俄罗斯、黎巴嫩、波兰。

二、土耳其

土耳其共和国横跨亚、欧两洲，位于地中海和黑海之间。由于土耳其位于欧洲和亚洲的交界处，接近东欧、中东和北非国家，提供了通往世界市场的最佳途径，又通过关税同盟增强了与欧盟的联系，成为欧盟的候选成员，因此被认为是较理想的投资国家。土耳其于 1995 年 3 月 26 日正式成为世界贸易组织的成员。纺织、成衣及皮革制品工业是土耳其国民经济重要的支柱产业，其产业链完整且纺织服装产品范围覆盖广。据土耳其科技与工业部的统计，2015 年土耳其纺织、成衣及皮革制品工业的总产值达 590 亿美元。其中，纺织业达 330 亿、制衣业达 230 亿、皮革制品业达 30 亿。2015 年土耳其在全球纺织品出口中所占份额达 3.5%，居世界第 7 位；占成衣出口总额的 3.3%，居世界第 7 位；皮革制品出口额较少，仅位列第 28 位。2016 年纺织、成衣及皮革制品工业的出口额共 272 亿美元，占土耳其总出口额的 20%。其中，纺织业达 114 亿、制衣业达 149 亿、皮革制品业达 9 亿。在进口额方面，土耳其纺织业达 85 亿、成衣业达 24 亿、皮革制品业达 8 亿。近两年由于国内消费下降，2016 年土耳其农业产值也有所下降，纺织业和皮革制品业的产量均出现下滑；

伴随全球外贸额逐年递减的趋势，土耳其近三年的纺织、成衣及皮革制品工业的外贸额也呈现出减少或基本持平的趋势。

纺织服装行业在土耳其经济中占有十分重要的地位，其纺织服装产品的70%外销。纺织服装行业占国内工业产值的17.5%，占制造业就业人数的21%。目前，土耳其的服装生产能力已分别相当于摩洛哥的2倍和埃及的4倍，能够在土耳其生产欧洲和美国国际名牌的服装厂大约有700多家，这些贴牌加工企业的年产值大约为56亿欧元。由于有能力为世界名牌做贴牌加工，土耳其服装出口价格一般要高于欧盟纺织品进口的平均价格。

土耳其的家用纺织品生产十分活跃。家用纺织品企业大约有1000多家，主要品种为床上用品、毛巾制品、装饰布和纱窗帘等。

皮革产品是土耳其经济的支柱行业之一。皮革服装、附件和箱包产品是土耳其皮革行业出口量中占据前三位的产品。近年来土耳其不仅出口皮革产品，而且还出口皮革加工技术和设备。制革行业每年消耗8000万张羊皮和550万张牛皮仍不能满足生产需求，需要大量进口。其进口羊皮的数量是国内消耗量的75%，进口牛皮的数量为国内消耗量的46%。土耳其皮革及制品每年出口额为8亿~10亿美元，保加利亚、意大利、德国、法国和俄罗斯是其重要的出口市场。

土耳其地毯产量占世界地毯产量的2%~3%。其中，手工编织地毯主要分布在爱琴海、地中海及内陆中、东部地区。机织地毯产地主要分布在加济安泰普、开塞利及伊斯坦布尔等地。手工编织地毯产区集中在劳工较便宜的内陆东部地区。

袜子制造业是土耳其较为成熟的产业，产量高，款式新，其产值占整个纺织服装行业总产值的大约6%。伊斯坦布尔商品城是土耳其重要的纺织品服装集散地，那里批发和零售包括来自中国在内的纺织原辅料、服装、鞋类、纺织品、时装、运动休闲用品。

土耳其纺织服装行业的自给能力和技术水平居世界领先地位，其针织、色织、印花以及装饰布的生产较发达。棉花、羊毛和人造纤维的产量均居世界前列，但每年仍需要从国外进口大量的高质量羊毛纤维。

土耳其对纺织服装行业采取投资激励政策，特别鼓励中小企业在不发达地区投资纺织服装行业以保证就业，稳定社会。土耳其在纺织服装行业采取积极的鼓励出口政策。土耳其纺织服装配套行业很发达，这为土耳其纺织和服装业的发展提供了基础和保障。为了鼓励纺织品服装出口，政府对纺织服装业加大投资，保障了全行业能够不断进行设备更新和技术改造。土耳其要求行业内的协会支持并指导企业积极采用新技术，如计算机辅助设计和生产，培养高技术水平的产业工人，为服装设计、加工水准的提高提供了保障。

政府为企业的来料加工提供鼓励政策，对进口原料加工后出口到第三国，可以在申领进口许可证后免征关税和增值税，从而为企业的出口创造了环境。土耳其纺织服装行业的投资环境相对比较成熟，能够基本保证水、电和气的生产能源供应。土耳其有大量的无技术和半技术工人，缺少高技术产业的合格工人，但工人劳动素质较好，土耳其的服装生产成本是除了中国及其附近的亚洲国家以外最低的国家。

美棉是土耳其棉花进口的最大来源。除美棉以外，土耳其棉花进口的其他来源还包括希腊、土库曼斯坦、巴西、澳大利亚和西非。2018年美国和土耳其之间的贸易冲突，导致土耳其里拉汇率一路暴跌至历史新低，对美元汇率累计下跌超过80%。汇率下跌导致棉花进口成本大增，纺织厂资金状况和应对货币危机的能力已经让市场倍感担忧。但另一方面，土耳其服装企业也可以充分利用货币贬值的优势扩大出口。预计至少将有 500 家土耳其品牌店铺在海外开业。2019 年土耳其纺服产业额预计将提高 10% 左右，达 290 亿美元。

三、俄罗斯

俄罗斯位于欧洲东部和亚洲北部，是世界上领土面积最大的国家，俄罗斯人口分布极不均匀，其中欧洲部分人口约占全国人口的 4/5，而广大东部地区人口密度极低。俄罗斯是世界经济大国。苏联时期它是世界第二经济强国。苏联解体后其经济一度严重衰退。2000 年之后俄罗斯的经济迅速恢复发展。2006 年俄罗斯的经济全面超过 1990 年苏联解体前。2018 年俄罗斯的国内生产总值达到 15764 亿美元，位居世界第 12 位。2017 年，俄罗斯货物进出口额为 5840.5 亿美元，其中，出口 3570.8 亿美元，进口 2269.7 亿美元。2017 年俄罗斯前五大顺差来源地依次是荷兰、土耳其、哈萨克斯坦、波兰和白俄罗斯；前五大逆差来源地依次是中国、法国、美国、印度尼西亚和越南。

俄罗斯具有丰富的自然资源，森林覆盖面积居世界第一位；天然气已探明蕴藏量占世界探明储量的 1/3，居世界第一位；石油探明储量占世界探明储量的 12%～13%；煤蕴藏量居世界第二位；铁蕴藏量居世界第一位；铝蕴藏量居世界第二位；水力资源居世界第二位；铀蕴藏量居世界第七位；黄金储备量居世界第五位。

俄罗斯现有服装生产企业 3000 余家，规模以上企业约 200 家，大部分生产休闲装，主要分布在新西伯利亚、圣彼得堡、莫斯科等地。俄罗斯人是注重穿着的民族，但因居民贫富差距很大、民族人口构成复杂，消费层次呈多元化，市场导向困难。俄罗斯便服（包括休闲服、体育服装、假日服装、旅游服装等）销售量占服装总销售量的 3/4，且 80% 便服市场已被外国产品占据。市场上 80% 的休闲服属于低档商品，主要来自中国、韩国及土耳其等国，通常在百货集贸市场、小商场和廉价商店里销售。同时，西方国家的名牌服装也占有一席之地。

俄罗斯属于对外贸易依存度较高的国家。由于俄罗斯纺织业一直面临着严重的原料短缺及生产设备老旧等问题，俄罗斯纺织业长期以来生产不景气，国产商品不能满足其市场需求，进口依赖程度较大。目前，俄纺织工业 70% 的原材料依赖进口，除棉布和纯毛布料及一些工业用纺织品外，丝织、人造丝绸、窗帘布等其他日用纺织品主要从中国、东南亚和土耳其进口。近年来，随着俄罗斯经济状况大为好转，居民收入不断提高，市场上对纺织品服装的需求日趋旺盛，每年消费各类纺织品约 170 亿美元，服装消费大约 360 亿美元。据俄官方统计，俄服装市场每年消费棉布 48 亿平方米，丝绸 9 亿平方米，还需要大量服装及枕巾、浴巾、床上用品等家用纺织品。

此外，俄罗斯大部分地区冬季长达 6 个月，为了抵御寒冷，俄罗斯人历来就有穿着裘皮、皮革制品的习惯。因此，俄罗斯人对裘皮及皮衣的需求量很大。俄罗斯每年的裘皮消费量达到 1000 万张，拥有约 1 亿人的庞大消费群体。而随着近年俄罗斯经济的复苏，俄罗斯中高档服装消费市场发展较快。俄罗斯居民对服装的质量要求也越来越高，低档服装开始乏人问津。以中国出口俄罗斯的低档猪皮皮装为例，前几年，每年销量都在 500 万件以上，占皮装出口的 70%。但近几年，以进口高档牛、羊皮革为面料制成的高档皮装在俄销路越来越好；低档猪皮皮装销量一再萎缩。

根据一些资料，每年共有 200 多万人为商业目的合法往来于中俄边境，边境贸易为两国带来了实实在在的好处。但由于"灰色清关"等问题的存在，在一定程度上影响了双方边境贸易的发展。

第三节　美洲

美洲在西半球，位于大西洋与太平洋之间，包括北美洲和南美洲。美洲的经济发展很不平衡，处于北美洲的美国和加拿大是经济发达的国家，而北美洲其他国家除墨西哥有一些工业基础外，多为单一经济国家。南美洲经济在第二次世界大战后发展很快，经济结构发生显著变化，但各国经济水平和经济实力相距甚远，巴西、阿根廷已建立了比较完备的国民经济体系，两国国内生产总值约占南美洲的 2/3。

一、美国

美国本土位于北美洲中部，面积超过 962 万平方公里，次于俄罗斯、加拿大和中国，人口总量超过 3 亿人，少于中国和印度。美国的工业技术先进、门类齐全、劳动生产率较高，是世界上最大的工业国家；美国的小麦、玉米、大豆、棉花等农产品产量也居世界第一位，是世界最大的农产品出口国。

美国是世界上最大的纺织品市场，其年进口额约占全球纺织品服装进口总额的 20%。与巨大的进口数目相比，其出口量要小得多。事实上，美国产业用纺织品行业是伴随着第一次产业革命而发展起来的一个重要领域。不过，20 世纪末的金融危机与 21 世纪以来长期疲软的经济势态，使美国国内特种纺织品市场的增长随之放缓。美国纺织服装行业为增强竞争力及保持市场占有率，采取了很多措施来发展本国的纺织服装行业，其中比较重要的发展策略就是将纺织品和服装生产转移到墨西哥和加勒比海盆地等劳动力相对低廉的地区。美国纺织工业在世界创新技术和新型纤维领域居领先地位，其创新能力和成果大大多于世界其他国家。如尼龙、涤纶、光导纤维等化学纤维产品，以及用于制造防弹服的凯芙拉纤维和宇航员穿着的特种纤维等产品，其质量、高科技含量及特种功能都高于其他国家。美国纺织服装行业已从密集型向高科技含量、自动化生产的方向发展。当今，美国纺织原料生产供给强大，其棉花年总产量 2000 余万包，处于世界第一位。美国碳纤维和棉纤维的产量居全球首位，其中仅碳纤维的年产量就超过 1 万吨，其产量占全球碳纤维生产总量的 33.2%。2016～2020 年，美国产业用纺织品（包括车辆用、船舶用、建筑用、居室用和医疗卫生用和体育运动用）的纤维消费量，均将超过服用纺织品。预计 2020 年美国纤维消费总量将突破 300 万吨。依终端用途区分，明显呈现上升趋势的类别包括绿色建筑用、环保用与体育运动用。在诸多振兴政策推动下，目前美国产业用纺织品业已成为以高科技和诸多智慧财产权、发明创造武装起来的一个在全球最具竞争力的产业。它的很多相关领域已经发展变化，或衍生为另一种新兴的行业，或渗透和融入其他产业中。

美国服装店中的纯棉制品主要来自亚洲的中国内地和香港、印尼、印度、泰国、拉美的墨西哥、洪都拉斯、波多黎各、非洲的埃及、中东的土耳其、以色列及约旦，休闲夏装从 10 美元左右的 T 恤到 20～40 美元的裙装、套装不等。化学纤维类服装主要来自韩国、中国台湾地区及美国本地，价格在 40～100 美元。纯毛男西装主要来自意大利、英国、加拿大及美国本地，依品牌和知名度不同，男西装价格每套从 200 美元至数千美元不等。女士纯毛套装主要来自亚洲与拉美国家，价位在 100～200 美元。成人内衣裤及睡衣价格在 30～50 美元，儿童睡衣市场多见化纤材料，价格在 5 美元左右。婴幼儿服装并不因尺寸小而价低，除 T 恤衫外，每套服装价格也在 30 美元以上。

美国是世界上设置纺织品服装行业专业协会组织最多的国家。其专业协会涉及纺织服装行业的各个方面，这些协会在政府和企业之间提供沟通、统计以及生产、贸易、技术和信息的咨询服务及指导。

商务部是美国主要的综合经济部门之一。负责管理国际贸易和促进出口的主要执行机构是国际贸易管理局和出口管理局，其主要职能是实施美国贸易法律法规，拓展贸易，研究与监督多双边贸易协定的实施，进行出口管制等。而且，美国商务部还承担着接受美国纺织服装行业协会对于配额管理实施方案的申请。美国纺织品协议执行委员会（CITA）是执行美国商务部对纺织服装行业各种决议的操作机构。美国纺织品制造商协会（ATMI）是代表美国纺织服装行业利益的部门，它经常代表企业向政府提出各种报告或申请。

美国国际贸易委员会是一个独立的、非党派性质的、准司法联邦机构。它的职责范围包括判定美国内行业是否因外国产品的倾销或补贴而受到损害；判定进口对美国内行业部门的影响；对某些不公平贸易措施，如对专利、商标或版权的侵权行为，采取应对措施等。同时，美国国际贸易委员会与商务部共同负责美对外反倾销和反补贴调查工作。

上述这些部门制定的一些政策措施，可能成为新的贸易壁垒，必须加以重视。如通过立法或制定严格的强制性技术标准（法规），限制国外产品进口。再如美国参议院通过了贸易法关于纺织品和服装进口有关条款的修正案。修正案的主要内容是针对向美国出口纤维制品、纺织品和服装产品的发展中国家和地区，包括中国、印度、巴基斯坦和越南等。修正案的宗旨是保护美国本国企业的利益。美国纺织品协议执行委员会引用我国入世议定书纺织品市场保护条文的最终规则，美国及其他世贸成员国如认为来自中国的纺织品及服装扰乱市场，可以要求与我国谈判，必要时可实施配额限制。

2017 年，纺织品作为高度自动化且环保的产业回归美国。近五年来，大量外资纺织企业在美国投资，并且厂房选址集中选择在美国的东南部。这些位置是根据靠近港口、低廉成本和优质的劳动力等因素结合后作出的决定。由于美国东南部曾经遍地都是纺织厂，所以行业成功所必需的基础设施已经到位。污水处理厂已经具有处理这类污水的能力，无需大量资本投资。与此同时，还有大量拥有专业技术的劳动力，以支持行业新手。在 2015 年有 20 亿美金投入美国纺织业。经历过行业衰退的现存纺织公司正在重组企业并进行自动化生产。美国目前是世界第三大纺织品出口国，2009～2015 年出口额增长了 39%。对于美国的生产商而言，节约成本并不是最省钱的制造方式。纺织品在裁剪和缝制加工之前的工作都可以通过机械完成，而这些工作将继续在越南、墨西哥和洪都拉斯等低人工成本且劳动力密集的国家进行。然而，美国在高科技材料制造方面拥有一个巨大的竞争优势。从 2009～2015 年，对于纱线、面料和纺织品制造业的投资从 9.6 亿美元增长到 17 亿美元，增幅为

75%。智能纺织品是通过新技术所开发的面料。2004～2014年，全球智能纺织品行业的年均增长率为18%，而智能纺织品在美国的增长率已超过27%。为了将服装行业进行现代化改造，亚特兰大的SoftWear Automation最近推出了一款名为sewbot的缝纫机器。缝纫曾经被认为是人类才能从事的精细工作，但sewbot使用摄像机来监控针刺和使用超轻级机器控制面料的运动。如果sewbot被推广到市场，纺织业的生产方式可能会有更剧烈的变革。

2017年1月，特朗普总统签署了一项行政命令，旨在创造一个支持自由贸易的出口导向型增长模式，其中包括11个除了中国以外的太平洋国家。该协议将逐步取消参与国之间约18000项关税，并帮助小公司了解出口规则和贸易壁垒。特朗普认为终止跨太平洋伙伴关系协议（TPP），企业将可能直接在美国投资，以避免进口关税和缓慢的物流运输。特朗普对墨西哥进口货物提高至20%关税，对于中国则提高至35%的关税。这些关税将对全球纺织业产生重大影响。

二、墨西哥

墨西哥位于北美洲南部，北邻美国，是南美洲、北美洲陆路交通的必经之地，素称"陆上桥梁"。墨西哥于1986年加入"关贸总协定"，1994年加入"北美自由贸易协定"，1995年1月1日正式加入世界贸易组织。

目前，美国是墨西哥最大的贸易伙伴和投资来源国，双边贸易占墨西哥外贸总额的70%，对美国出口占墨西哥出口总额的83%，美国资本占墨西哥吸收外资总额的65%以上。墨西哥主要经济部门（石油行业、制造业、出口加工业、纺织服装业等）均面向美国市场。此外，海外移民汇款（主要来自美国）已经成为墨西哥仅次于石油收入的第二大外汇来源。因此，墨西哥对于美国的依赖程度很深，美国经济的情况往往决定着墨西哥的经济发展。基于市场多元化的考虑，墨西哥政府对开拓其他贸易市场一直采取的积极的态度，但美国仍是墨西哥第一大出口贸易伙伴，加拿大继续保持墨西哥第二大出口国地位，墨西哥对哥伦比亚、委内瑞拉和巴西等拉美国家以及对欧盟（15国）中的德国和英国出口增长迅速。美国仍是墨西哥第一大进口贸易伙伴，占墨西哥进口总额的49.8%，其后分别是中国、日本和韩国，它们占墨西哥进口总额的比重分别为10.4%、5.7%和4.2%。

纺织服装行业是墨西哥经济发展的支柱产业，墨西哥纺织服装行业大约有2800家企业，纺织成衣企业所雇佣的员工人数约占全国就业总数的1/4，是仅次于电子及原料行业的第二大就业行业。墨西哥的纺织服装企业主要集中在墨西哥中、北部地区，但近年来在北部边界和尤加敦地区也相继成立了一些企业，主要是为了节省运输成本，降低销往北美市场的费用。墨西哥北部小城戈麦斯帕拉西奥斯是牛仔裤生产中心，多年来一直是沃尔玛、凯马特和加普公司等美国零售业牛仔裤的最大供应商之一。

墨西哥纺织服装行业的产品比较齐全，包括各类纱线、面料、家用纺织品、无纺布及各类服装。窄幅混纺布、平纹布和针织布是墨西哥传统的纺织产品。墨西哥的非织造布工业近年来发展比较迅速。

墨西哥全国每年的服装市场份额大约为160亿美元。按产量计算，墨西哥国内纺织服装产品市场需求的30%需要进口；如以产值计算，大约50%来自进口。墨西哥政府一直采取多种措施保护本国的纺织服装行业。墨西哥政府采取了提高进口关税、实行进口许可证制度，对纺织品服装实行反倾销措施、征收高额反倾销税等措施。如墨西哥的纺织品的制成品比原材料的平均税率高得多；需申请进口许可的产品税则号范围变化频繁，进口许可条件模糊笼统，大大增加了有关产品进入墨西哥市场的难度；2005 年继续维持对从中国进口的婴儿服征收 533% 的高额反倾销税。目前，墨西哥大约 60% 的服装市场被非法贸易商所控制，在非法贸易商控制的总服装市场当中，20% 是非法进口的服装。

墨西哥实行贸易开放政策，鼓励本国纺织服装产品出口，放宽进口限制。墨西哥现在已与世界上 32 个国家签订了"自由贸易协定"，鼓励其他国家到墨西哥投资建纺织厂和服装厂，制成品向美国和加拿大出口，可以享受北美自由贸易区待遇，也可以向拉丁美洲自由贸易协定国出口。墨西哥政府已经宣布取消一切外汇限制，实行单一浮动汇率，允许公司将利润、股利、贷款利息或资本汇出国外。

目前，墨西哥主要有五大自由贸易区，它们包括：加利福尼亚半岛自由区，金塔纳罗奥自由区，坎昆自由贸易区，墨西哥和危地马拉边境区，萨利纳克鲁斯的瓦哈瞳市自由区。根据《墨西哥海关法》的规定，自由贸易区享有的优惠条件主要有：不与墨西哥产品相似的产品进口可免除进口税，且只需交纳 6% 的优惠增值税；在区内设立的加工企业，可免税临时进口用于生产出口商品的原料、零部件、包装材料、机器设备等。墨西哥在普埃布拉州建立了一个纺织工业园区，总面积达 102 公顷，总投资额达 5 亿美元。目前，墨西哥纺织产业面临的重要机遇是美国、中美洲和多米尼加共和国自贸协定的生效。通过增加原产地国，墨西哥也作为该项协定的一部分向这些国家出口纺织品。墨西哥全国纺织联合会主席 Rosendo Vallés 认为，该自贸协定对墨西哥纺织企业而言是一个商机，因为通过该项协定不仅能向中美洲五国（哥斯达黎加、萨尔瓦多、危地马拉、洪都拉斯、尼加拉瓜）出口，而且能通过多米尼加共和国进入美国市场。

为给本国居民创造更多的就业机会，墨西哥《劳工法》规定，外资企业中外籍人员与墨西哥籍人员的比例不得高于 1∶8，公司的技术或专业人员原则上必须在该项工作无合格的墨西哥人可雇佣时才雇佣外国人临时充任。工人每周工作时数不超过 48 小时，但一般是 40 小时；白天工作 8 小时，夜班工作 7 小时。工人连续工作满一年，可享受 6 个工作日的付薪假期；工龄每增加 1 年，付薪假期增加 1 天，但最高为 22 天。公司解雇工人必须多付 3 个月的薪金。墨西哥普通工人基本月工资为 150～200 美元。工资每年根据官方公布的通货膨胀率调整一次。通货膨胀率相当高时可随时调整工资。此外，平时和法定节假日加班时，雇主需另付工资 50%～200% 的加班费。另外，雇主每年需为每个工人支付 300～500 美元的各种名目的保险金。

三、巴西

巴西位于南美洲东南部，是世界上国土面积居第五位的大国，也是南美洲面积最大的国家。巴西大西洋沿岸人口稠密，内陆地区较为稀少，全国人口超过两亿，也居世界第五位。巴西经济实力居拉美首位，是世界第八大经济强国。

巴西矿产资源丰富，铁矿砂产量和出口量居世界第二位。铀矿、铝矾土、锰矿储量居世界第三位。此外还有较丰富的铬矿、镍矿和黄金矿。巴西是世界最大的农产品出口国，工业实力居拉美首位。20 世纪 70 年代建成了比较完整的工业体系，主要工业部门有钢铁、汽车、造船、石油、水泥、化工、冶金、电力、纺织、建筑等。核电、通信、电子、飞机制造、军工等已跨入世界先进国家的行列。巴西的主要出口市场为北美自由贸易区、欧盟和南锥共同体、安第斯共同体和东盟10国。美国是巴西最大的出口市场，其后依次为阿根廷、中国、荷兰、德国、墨西哥和智利。巴西的主要进口市场是欧盟、北美自由贸易区和南锥共体、东盟10国和安第斯共同体。巴西最大的进口来源国依次是美国、阿根廷、德国、中国、日本、阿尔及利亚和法国。

巴西是世界第七大纺织品生产国，纺织服装业是巴西的重要支柱产业之一。圣保罗州和米纳斯州是巴西的纺织品服装生产基地。巴西重视纺织服装行业，全国设有很多专业民间组织，如巴西纺织服装工业协会（ABIT）、巴西被服工业同业公会、男性衬衣及白色被服工业同业公会、特种纺织工业同业公会等。这些组织是政府与企业之间沟通协调的桥梁。巴西纺织服装行业自20世纪90年代采取一系列措施用于现代化生产。如政府提供一系列的优惠贷款供纺织服装企业购买新设备，主要目的在于提高效率，改善产品品质，提高出口价格指数。巴西官方对于当地纺织服装企业与跨国企业的合资规划也给予全力支持，以提升巴西制造业产品在全球的竞争力。如进行行业国际化，采取并购公司、商标或营销通路的构想发展本国纺织服装工业。巴西政府在北部地区建立了马瑙斯自由贸易区，在区内实行特殊的各种优惠政策，对区内用于纺织服装产业的储存（再出口）、加工、或对使用的外国产品免征进口税和工业产品税。

由于巴西地处热带地区，棉、麻、丝等天然纤维的纺织品一直受到宠爱。纯棉、纯麻或棉麻混纺的家用纺织品多年来一直是巴西家庭的必备用品。在巴西，纯棉衬衫销量是所有纺织品中消费量最大的。巴西的每个成年人平均每年消费纯棉衬衫2件，纯棉内衣5.3件，纯棉T恤3.8件。2002年巴西男女内衣消费销售量为3.6亿件，营业额约7亿美元。此外，体育服装是巴西青少年的必需消费品。在巴西，每个家庭用于体育服装，包括运动服、运动袜、运动鞋的消费成为家庭的重要支出。在巴西，人均纺织品服装消费一般占家庭总收入的8.3%。巴西纺织工业的大部分产品销售给巴西巨大的国内市场，但对于一个巨大的工业来说，巴西的出口规模依然很低。2008年，出口仅占纺织工业销售总规模430亿美元的4%。但巴西纺织工业把重点放在技术织物领域。根据巴西纺织工业协会报告，2008年技术织物占纺织品和服装出口的26%，当年的技术纺织品成为最大的出口类，而同期服装出口所占的比例仅为14%。据巴西纺织服装协会统计，2013年，巴西进口纺织品服装67亿美元，同比增长2.4%，其中，服装进口23.7亿美元，同比增长9.1%。同期，巴西纺织品服装出口12.6亿美元，同比下降1.4%。巴西纺织工业，对外面临来自亚洲同类产业的竞争，对内面对税负压力和国内通胀压力挑战，制造业生产增速减缓。

巴西基础设施不很健全，港口系统发展滞后。巴西的教育水平不高，劳动力素质低，但劳动力价格相对较高，纺织服装行业的普通工人月工资200~250美元。巴西对所有在巴境内的外国独资或合资企业均实行国民待遇。在巴西境内投入外资无需事先经政府批准，只要通过巴西有权经营外汇业务的银行将外汇汇进巴西，即可在巴西投资建厂并并购巴西企业。但巴西商人在经营中赊账现象是巴西的习惯作法，资金回笼时间较长。因此，对经销商的信用要引起重视。巴西税收多达58种，税收负担在拉美居首位。企业纳税额约占经营成本的38%，进口税也较高，税上加税。巴西法规、临时措施繁多，降低了法规的透明度，影响了外国企业对巴西投资的积极性。

巴西对对外贸易实行较严格的控制，采取进口许可证、外汇分配和拍卖等为基础的多重汇率制度，政府对出口实行管制。巴西对亚洲纺织品服装实行一系列非关税壁垒，如要求进口纺织品需要申请进口许可证、设立进口价格底线、对亚洲纺织品严格检验等。中国的家用纺织品，混纺毛线制品、儿童牛仔裙、腈纶、仿羊绒毛衣等在巴西均具有很大的市场潜力。巴西纺织服装工业经过几年的调整、改进，无论是纺织面料的质地和花色，还是服装的设计款式均今非昔比，在这种情况下，唯有较为高档的纺织服装才有较大的对巴出口潜力，否则将难以适应当前巴西纺织服装市场竞争和发展的需要。

第四节　澳洲

澳洲又称大洋洲，位于太平洋西南部和南部、赤道南部的广大海域中。其狭义的范围是指东部的波利尼西亚、中部的密克罗尼西亚和西部的美拉尼西亚三大岛群。广义的范围是指除上述三大岛群外，还包括澳大利亚、新西兰和新几内亚岛等。澳洲陆地总面积约897万平方千米，约占地球陆地总面积的6%，是世界上最小的一个洲。人口4200万，约占世界人口的0.5%，是除南极洲外，世界人口最少的一个洲。澳洲有14个独立国家，其余十几个地区为美、英、法等国的属地。在地理上划分为澳大利亚、新西兰、新几内亚、美拉尼西亚、密克罗尼西亚和波利尼西亚六区。

澳洲各国经济发展水平差异显著，澳大利亚和新西兰两国经济发达，其他岛国多为农业国，经济比较落后。畜牧业以养羊为主，绵羊头数占世界绵羊总头数的20%左右。羊毛产量占世界羊毛总产量的40%左右。

一、澳大利亚的羊毛市场

澳大利亚羊毛在国际羊毛业中占有举足轻重的地位，原毛生产量居世界第一，也是世界上最大的出口国之一。而中国是世界上最大的羊毛进口国之一，一半以上的毛纺工业原料依靠进口，其中精纺所用的细羊毛主要依赖进口澳毛。中国也是羊毛生产大国，原毛生产量居世界第二，但国产毛质量与澳毛存在一定的差距。

澳大利亚的羊毛流通体系大体上由生产者、流通业者（羊毛交易商、个体贩运商、生产者营销合作社、出口商）、纺织业需求者、相关配套服务机构四大部分组成。羊毛拍卖市场由羊毛交易商、羊毛交易所及其拍卖中心、检验所三部分组成，其在澳大利亚羊毛流通体系中起着举足轻重的作用，80%的羊毛是通过羊毛拍卖市场交易的。

羊毛生产者：羊毛生产农场是流通的起点，羊毛的初步分级和包装工作是在农场完成的，其工作质量不仅关系到羊毛生产者的售价，而且关系到流通环节和纺织加工环节的羊毛质量。为了分开羊毛的质量档次，生产者首先在饲养管理环节将羊群按性别和年龄分开放养；有的还将羊群按照当地羊毛分级员质量目测结果打上耳标，分群饲养。其次是严把剪毛环节。羊毛分级员将羊毛按其来源分为五个级别，剪羊毛时分别堆放：一是套毛，它是一次性从羊身上剪下的最好的、成片的毛；二是边坎毛，它是一些带颜色的毛或毛张边缘的劣质碎毛；三是腹毛，它是肚子部位的羊毛；四是腿臀毛，它是母羊大腿后面、大腿内侧和乳房周围的羊毛，带有尿污或结成块状的羊毛；五是撮毛，它是剪毛时产生的短毛。剪下的羊毛在农场就完成打包工作。打包时，羊毛按不同级别分类打包，羊毛分级员在每个包上标明羊毛级别，例如 AAAM，AAA，PCS 和 BLE 等。羊毛的级别分类标准非常细致，是由澳大利亚剪毛协会制定的。羊毛的每包重量不超过 204 千克，在 140～200 千克范围内。包装袋采用无污染的锦纶材料。羊毛分级是提高羊毛价格、增加生产者收入的关键，因为不同级别的羊毛价差很大。如果说每根羊毛直径 $19\mu m$ 的羊毛是每标准包 2000 澳元，$21\mu m$ 的每标准包就只有 1000 澳元，$23\mu m$ 的约 795 澳元，羊毛越细越贵。因此，生产者非常注重羊毛的分级和包装工作。澳大利亚拥有将近 5 万个羊毛生产农场，平均每个农场养羊 2400 只左右。生产的羊毛主要由羊毛交易商到农场收购，或由羊毛贩运商从农场收购后再卖给交易商，然后进入交易所交易；只有一小部分（10%～20%）不通过交易所交易，由个体贩运商或生产者营销合作社从农场收购后，直接销售给出口商或加工企业。

羊毛交易商：羊毛交易商是指参与拍卖市场交易的公司或个人，包括出售商和购买商。在交易前，出售商需要准备交易所要求提供的有关羊毛的所有信息，最主要的是质量信息。羊毛交易商从农场或个体贩商处收购包装完毕的羊毛，将其存于仓库，准备参与拍卖交易市场的交易。然后由检验所对每一包羊毛逐包进行抽样检验，检验指标包括羊毛细度、杂质含量、洗净率、纤维长度和强度，并将检验结果粘贴在每包的包装袋上。交易开始前几天，出售商要将羊毛样品送到交易所的展示大厅进行展示。每个交易商都提供其欲售羊毛的信息。这些信息包括生产农场名称或品牌、每大包的原毛重和净毛重、羊毛分级员所标注的羊毛级别和检验所提供的检验结果。这些信息在交易所的网站上也能获得。交易商做好了一切准备，等待交易日的到来。

羊毛交易所：羊毛交易所为供需双方提供交易场所和便利。与其他流通渠道相比，交易所拥有大量的信息，能够发现价格和形成合理价格；对分级、检验、包装、付款等全过程都有严格的规定，非常规范。使买者得到羊毛质量保证，使卖者及时收取货款。从而提高了世界各地客户对其羊毛质量的信任度，保证了澳毛的价格和销售量。澳大利亚羊毛交易所（AWEX）下属 5 个拍卖中心，分布在 3 个地区。北部地区有悉尼和纽卡斯尔 2 个中心，南部地区有墨尔本和朗塞斯顿 2 个中心，西部地区有弗里曼特尔 1 个中心。其中悉尼、墨尔本和弗里曼特尔 3 个中心的交易规模较大，它们的成交量占到全国拍卖市场交易量的 95% 左右。每个地区的拍卖中心全年交易周为 44 个周，每交易周开市 3 天。每次交易的相关信息在 6 个月前就可以得到。交易所拥有世界各地的交易成员 120 多个，凡成员都有交易资格。获得成员资格的条件非常简单，只要交纳成员费即可。成员公司可以派本公司职员进入拍卖大厅进行交易，也可雇佣经纪公司的交易员进行交易操作。现在，澳大利亚羊毛交易所已开设了电子交易系统，成员公司无须进入大厅就可以直接在网上进行交易，这样既提高效率，又节约成本。交易价由买卖双方竞价形成，价格的决定因素除了上面提到的羊毛技术指标，还有市场供求情况。来自世界各地的交易商报价所形成的价格比较客观地反映了全球的供需情况。买卖双方在拍卖市场成交后，按交易所规定，在一定时间内到清算中心内办理交割和清算。买方必须交清价款和所有费用后才能到仓库提货。交易所的购买商大多是出口商，清算后立即从仓库提货，将货物运往其他国家。如果在规定日期内不提走货物，超期仓储费用就得由购买商负担。

出口商：出口商可以是交易所的成员，直接进入拍卖中心购买羊毛，也可以从交易所的购买商处购入羊毛。无论何种渠道，羊毛在港口装运前，为了方便运输还需要进行压缩和并包，把几个小包（Bale）合并成大包（Lot），然后由集装箱装运出口。出口商可以要求卖方办理装运事务，也可以自己安排装运。羊毛装运前，出口商也可以将购入的原毛在澳大利亚进行初加工后再装运出口。出口商一般都会向卖方索取小包装和混合大包的检验证书，以免造成质量纠纷。如前所述，羊毛在农场被包装成 140～200 千克重的小包，交易前检验所提供的是每小包的检验结果，但在小包装改变成大包装的过程中，有可能将不同质量的羊毛混在一个大包内，或不同农场的羊毛混在同一大包内。装运时，包装袋上标贴的是混合大包内羊毛的质量。由于大包内羊毛可能不同质，会给纺织企业用户带来许多技术问题，同时容易引起质量纠纷。因此，出口商或拍卖市场的买方可以要求卖方提供大包的质量检验报告，也可以要求索取大包内各小包的检验报告。纺织企业购货时也应该索要这些检验报告。

目前，澳大利亚羊毛交易所通过国家羊毛申报体系，来应对动物保护组织关于割尾防蝇问题，要求牧民主动填写申报表，在拍卖目录及最终的澳大利亚羊毛检测局 AWTA 证书上体现。具体在证书上显示为：NM，代表未经割尾防蝇处理；CM，代表已经终止割尾防蝇处理；PR，代表通过止痛手段进行了割尾防蝇处理；空白，代表割尾防蝇处理；ND，代表没有申报，结果不明确。澳大利亚羊毛交易所有义务证实 AWTA 证书上提供的割尾防蝇处理情况信息的真实性，保证国家羊毛申报的完整性，为买家和加工企业提供信心。

同时，为解决有色纤维和有髓纤维的质量控制问题，通过 1～6 等级来显示每个批次中含有有色纤维和有髓纤维的风险，1～2 为优等，越靠近 6 的等级，风险越大。由于牧民通常不愿进行过多的文字工作，所以羊毛交易所让牧民填写的申报表格尽量简单明了，确保申报结果的可靠和高效。

AWEX 不仅制定了羊毛质量标准，同时还对羊毛分级员进行长效管理。澳大利亚自有一套注册羊毛分级员的专业体系，这些分级员经过专业培训，依照 AWEX 制定的操作手册分级整理羊毛。目前澳洲有注册分级员大约 22000 名，AWEX 担负着和他们沟通、培训等任务，以其监督、规范和强制执行标准质量体系和规范。每一批经过注册羊毛分级员分级整理的羊毛毛包上都盖有该分级员的独有印戳，并在检测证书上有记录。只有经过由注册分级员分级整理的羊毛才有资格获得"P"或"Q"的 AWTA 检测证书，确保品质。不同种类证书的具体含义如下："P"检测证书，由注册羊毛分级员按照操作手册规定的羊毛质量标准分级整理的单一牧场羊毛，质量风险很小；"D"检测证书，未经注册羊毛分级员按照操作手册规定的羊毛质量标准分级整理的单一牧场羊毛，质量标准不明，风险较大；"Q"检测证书，由注册羊毛分级员按照操作手册规定的羊毛质量标准分级整理的合并牧场羊毛，质量风险很小；"B"检测证书，未经注册羊毛分级员按照操作手册规定的羊毛质量标准分级整理的合并牧场羊毛，质量标准不明，风险较大。

为了确保澳大利亚生产出全世界最优质的羊毛，AWEX 不仅会继续为羊毛工业提供所有澳洲拍卖交易的市场报告、羊毛拍卖的售前和售后信息，还会不断更新澳洲羊毛质量标准，监督和规范质量标准体系，强制执行标准和规范。

二、澳大利亚的服装市场

澳大利亚服装市场中的产品以中档为主。澳大利亚人注重环保，追求休闲随意的穿着风格。纺织服装产品的销售形式以超市、专卖店、百货店、精品店为主，地域分布较广，悉尼、墨尔本、堪培拉、布里斯班、佩斯等大城市是主要的消费地区，仅墨尔本就有品牌店 500 多家。澳大利亚的市场销售十分发达，从百货商场、超级市场到专卖店、连锁店以及零售商业网点和厂家直销、邮寄销售、电子商务等一应俱全，澳洲的很多产品都会转口到新西兰等其他国家。

澳大利亚是一个移民国家，风俗习惯多元化、民族政策多元化、市场消费多元化。澳大利亚地处南半球，气候与北半球差两个季节，这也就意味着其服装款式的流行比北半球晚半年。由于澳洲市场分散在五大城市，且距离相对遥远，故每个城市都形成相对独立的小市场，市场容量有限，故澳洲商人的订货量要远小于欧美企业。但大量游客为澳洲纺织品市场带来巨大的消费潜力，特别是高尔夫球帽、T 恤、沙滩裤、卡其布短裤以及毛巾、浴巾等休闲度假纺织品的需求不断增长。

按照澳洲国内市场的习惯，大部分商店里的商品都是自助式销售，另外，消费者拥有无理由退货的权利，故澳商在进货时十分注重产品的包装质量和内在质量，以扩大对前来选货的顾客的吸引力，同时降低退货率。

因为劳动成本过高，澳洲本土的服装加工产业大部分已转移出去，因此市场需求以服装、家纺产品为主，对纺织品面料需求量不大，只有小部分用于制作制服的面料需求。澳洲本土的纺织品企业日益向高科技方向发展。澳洲本土纺织品主要集中于高附加值、高技术含量、适应特殊气候环境和较高安全性的特种服装，特别是冲浪服装、泳装、沙滩装、登山服、防水外套、防晒服等。

我国出口纺织品除受到美国、欧盟、加拿大的配额限制外，还时常遭到来自亚洲、南美洲甚至非洲一些国家的反倾销限制，欧美等发达国家的环保和技术标准也日益对我国出口形成压力。相比较，澳大利亚对中国纺织品服装则没有任何数量和非数量的限制，成为我国非常理想的出口市场。

第五节　非洲

非洲有 54 个国家，12.3 亿人口。非洲因为工业落后，大部分商品依靠进口，因此市场需求旺盛，商品奇缺，是一个多层次且潜力巨大的未开发市场。

经过中国人多年来在非洲市场的积极开拓，中国产品，尤其是轻工纺织品在非洲已经站稳市场。在一些非洲国家，如南非、埃及、肯尼亚等国，中国产品是家喻户晓，受到当地人的认同。非洲人对中国人非常友好，这对中国人在非洲经商十分有利。经济援助和友好往来为中非之间的友谊打下了坚实的基础，也使非洲对中国的产品有了一定的认识和了解。近年来，中非合作全面深入发展，特别是中非贸易逆势上扬，中国已连续九年成为非洲第一大贸易伙伴国。2017 年，中非贸易额 1700 亿美元，同比增长 14%，中国在非洲的各类投资总额超过 1000 亿美元。

一、非洲市场的特点

1. 非洲各国进出口贸易发展不平衡

由于非洲各国经济发展不平衡，它们各自的进出口贸易的规模也有很大的差异。从进口市场看，少数几个大国占了非洲总进口额的很大份额。在世界 153 个国家中，南非、埃及、阿尔及利亚、摩洛哥、突尼斯、利比里亚、尼日利亚、利比亚、留尼旺 9 个国家约占全非洲地区进口的 80%，其他 44 个非洲国家约占非洲进口的 20%。

2. 非洲进出口商品结构仍然受单一经济结构的制约

独立以来，大多数非洲国家的进出口商品结构仍然没有很大的变化。出口主要是农业和矿产的初级产品，进口大部分仍是制成品。非洲广大消费者一般喜欢物美价廉的中低档商品，一些高档商品也有一定的销路。随着非洲国家重视工农业的发展，机械、成套设备和交通运输工具等生产资料的进口逐渐增多。

3. 转口贸易活跃

非洲地区沿海国家，有的港口设施较好，交通发达，运输方便，而内陆国家没有出海口，必然形成从沿海向内陆转口的局面，特别是西非、南非转口频繁。例如，西非的多哥共和国是一个面积只有 5.7 万平方公里、780 万人口的国家，长期实行对外开放政策，贸易环境宽松，一般商品无进口许可证，转口费用较低，加之洛美港设有本国和邻近国家的保税仓库，所以洛美商贾云集，形成了不可忽视的有形和无形的转口贸易，转口额占进口额的 70% ~ 80% 以上。

4. 非洲地区的外商与民族商互为一体，形成各不相同的类型

少数西方垄断公司（主要是法、英公司）在中、西非设立分公司，这些公司资金多，实力雄厚，经营能力强，在非洲国家的进出口贸易中占一定的比例。它们主要经营美国、日本、欧洲等国家和地区的商品，主要从事大宗进口和批发业务，有的还开设超级市场和商店，兼营零售，一般订购我国的货物不多。

在非洲，黎巴嫩、印度、巴基斯坦商人较多，他们属中小型商人，经营能力较强，在当地上下关系较多，一般都有小店铺，兼营批发和零售。因为他们是亚洲人，所以比较喜欢订购中国商品。

民族商中除少数资本较大外，一般资本较小，订货零星分散，批量小；许多民族商人都订购中国商品，因开信用证积压资金，故要求我方快速交货。最好是现货现售。

非洲国家中原来少数国家（如尼日利亚、毛里求斯、南非、马达加斯加等国）有些华侨商人，近几年来，华侨商人明显增加，他们靠经营中国商品发了大财。

5. 市场竞争激烈

非洲以它的资源和市场潜力在世界上始终占有特殊的地位。当前，世界各国之间综合国力的竞争和对市场的争夺十分激烈，非洲丰富的资源和潜在的广阔市场对西方国家具有较大的吸引力。在非洲各国独立以后，一些西方发达国家利用原来宗主国的有利条件，或者附有政治条件的经济"援助"，企图左右非洲国家的政治倾向，控制它们的资源与市场。

由于历史原因，非洲一直是欧洲的传统市场。欧盟在整个撒哈拉以南的非洲市场占有40％，投资占其全球总投资额的32％，而美国在撒哈拉以南的非洲市场只占了7.7％，投资仅占8％。西方国家所需的许多重要工业原料和稀有金属主要依靠从非洲进口。目前，在非洲进出口总额中，世界工业化国家所占份额为66.5％，其中法国为12.6％，美国为11.5％，日本为5.2％；发展中国家所占份额近几年有所提高，但同年也只有20％多一点。

二、非洲国家的纺织服装工业概况

非洲拥有3020万平方千米的面积，拥有丰富的棉花、石油资源，经济发展潜力巨大。非洲还拥有廉价的制造业成本、年轻的人口结构、快速的经济增长、旺盛的新兴市场需求等，比较适合发展吸纳就业较多的纺织业。然而，非洲目前尚未形成完整的纺织产业链。尽管部分国家盛产棉花等原材料，但大多数非洲国家不得不大量进口纺织面辅料再进行服装等成品的生产加工，导致产品制造周期较长，不能满足要求严格的快速反应订单。同时，非洲纺织加工的产品附加值较低，这也显现了非洲薄弱的纺织工业产能。

对于纺织服装行业来说，非洲大多数国家纺织工业基础落后，设施陈旧，专门技术人才缺乏，管理较为混乱，无法跟上国际纺织服装市场的潮流，非洲国家纺织服装业的潜力尚未得到充分开发。因此，它必然会对具有丰富经验的中国技工有大量需求，同时也会进口中国价廉物美的纺织服装品和设备，或者是吸引中国企业直接投资非洲。

2018年9月，中国正式宣布将在未来三年再向非洲提供600亿美元支持，并免除部分非洲最不发达国家截至2018年年底到期的未偿还贷款。嗅觉灵敏的企业则似乎嗅到了其中的商机，认为非洲的制造业特别是纺织工业将迎来巨大的发展机遇。事实上，随着"一带一路"倡议的落实，劳动力资源丰富、生产成本相对较低的非洲正在吸引越来越多中国企业前往投资。

中国纺织企业走进非洲，目前最好选择《非洲成长与机遇法案》（AGOA）的受益国，并且政局稳定、基础设施较好、外资政策和法律环境完善、交通便利、有原料或方便原材料进口、具备一定技术水平、人工成本较低的国家，不要盲目行事。下面介绍几个非洲国家的纺织服装工业概况。

1. 南非

南非位于非洲大陆最南端，经济发展水平较高，基础设施良好，资源丰富，国内生产总值、对外贸易额均占非洲之首，纺织业规模非洲第一。南非国内生产总值一度占全非的三分之一，现约占22％，对外贸易占全非24％。但是由于地理、政治、经济等多重原因，南非纺织服装业发展有一定局限，南非当局称如果本国纺织服装生产无法满足人民日常需求，南非将要扩大中国纺织服装出口量，南非也欢迎中国服装企业前来投资。南非拥有非洲最先进的交通、电力、通信等工业基础设施。在南非经商的成本比起发达国家和一些发展中国家要低很多。南非关税及增值税政策优惠，商业信息开放，外汇管制小，政治环境稳定，具有多项吸引投资的优势。而在中国的经济发展战略中，政府一直强调"走出去"，鼓励国内企业加强海外投资，因此，中国与南非在经贸方面的合作存在着巨大的潜力。南非消费者对纺织品需求具有多样化和数量小的特点，其对品种的需求与发达国家无异，但总体消费水平却只有发达国家的1/3左右。南非本地产服装只能满足内需的60%，当地对冬夏两季成衣需求量大。时装品味趋向欧洲风格，白人对服装需求特点是大方、传统及手工精巧；黑人则要求服装颜色鲜艳夺目，中低档产品较畅销。

2. 埃及

埃及为世界四大文明古国之一。埃及地处尼罗河三角洲，土地肥沃，日照充足，自然资源丰富。埃及依靠古文明留下的宝贵财富，在旅游业上卓有成就。纺织工业是埃及的一个主要外汇来源或创收来源，占工业生产的四分之一，为三分之一的工业劳动力提供就业机会。埃及长绒棉和超长绒棉的年均产量占全球比例高达35%。纺织服装产业作为埃及重要的工业部门，占全国工业产量的30%和全国出口量的25%。同时，在与欧盟签订的自由贸易协议下，埃及出口纺织品和服装到欧盟国家免关税，所以其纺织品主要面向欧美的门户。处于亚非欧三洲交接处的埃及拥有优越的地理位置，辐射市场范围非常广阔，人口约1亿，可辐射中东、北非等周边人口总量达到近6亿，人力资源低廉，平均月工资折合人民币大约600元，行业工人技术也很娴熟。同时，埃及既是进入欧洲和美洲的必经之道，又是非洲面对世界的门户，还有着与欧、亚、非各国相连的海运、空运及同非洲各国相连的陆路交通网，交通便利，有利于产品的销售与运输，是纺织品进出口贸易的集散地。埃及对纺织面料、染料及成衣的需求较大，且具有一定消费能力。为促进外贸的发展，埃及采取了进一步贸易自由化、减少关税、降低经营成本，增强外贸管理的透明度，采取激励措施，改善港口服务、海关手续、质量控制和产品标准等一系列措施。此外，埃及还大幅下调进口关税，比如资产性设备的进口税较低，尤其服装机械、纺织机械、零部件、化学和染色品等进口是免关税的。

3. 尼日利亚

20世纪70年代，尼日利亚石油经济繁荣时期，棉花是尼重要的出口作物，那时全国有176家纺织业企业，卡杜纳、卡诺和卡其纳有着大批棉纺工业。1980年，尼日利亚纺织业产值为89亿美元，占GDP比重约为25%，阿莎巴商会主席指出，20世纪60到80年代，纺织工业在尼经济中曾发挥过主导作用，那时在卡诺、卡杜纳的工厂曾雇佣过百万工人，那时纺织工业对国家GDP的贡献非常大。但随着政府的工作重心移到石油上，忽视了对纺织业和农业的发展推动，导致该产业的发展出现了严重问题。数据显示，2012年，尼日利亚纺织业产值下降到仅仅3亿美元。尼国家统计局数据显示，2016年一季度，纺织、服装和鞋类行业在尼日利亚GDP贡献率仅为2.1%。缺乏优质种子，成为制约尼日利亚棉花业发展的关键因素。而中间商在销售棉花过程中掺杂水、沙子甚至石头，也败坏了尼日利亚棉花的声誉，欧洲一些国家甚至禁止尼日利亚棉花进口。为缓解尼日利亚纺织业局面，尼政府批准设立新的棉花、纺织和服装制造业专项基金，向企业提供低息贷款支持。据悉，2010年尼政府就已设立了1000亿奈拉棉纺服装业发展基金，有部分企业受益。本次基金在过去经验的基础上，引入了新的扶持及管理机制，包括进一步调降贷款利率、延长贷款期限及新的配套政策支持等。配套政策措施之一是，尼军队、各类军事机构和政府机构采购的棉纺服装类产品必须为尼本地制造。

4. 埃塞俄比亚

纺织业是埃塞俄比亚最大的制造业。埃塞俄比亚国内生产棉花（作为基本原料）的能力远远超过目前已安装的纺纱设备和廉价劳动力的需求。埃塞俄比亚纺织业原有基础条件较好，现有 9 家纺织厂，有一定规模的服装加工厂 5 个，生产的纺织品服装主要供国内消费。埃塞俄比亚政府鼓励国内纺织企业出口创汇，但是其纺织服装出口量很小，仅向欧盟国家出口少量棉纱和坯布。埃塞俄比亚政府将纺织行业列为优先鼓励投资领域。

5. 莫桑比克

莫桑比克在纺织业上有着一定的基础，拥有 4 家著名的大型纺织企业，曾雇佣数千名职工生产织布、服装、地毯等。莫桑比克纺织业在吸引外资上拥有明显优势，包括国内政局稳定、盛产优质棉花、土地和劳力便宜等。更为有利的是，该国可以为投资者提供纺织品的市场准入份额。莫桑比克随着南部非洲发展共同体共同关税协议的生效，还将拥有非洲市场的重要组成部分。当前莫桑比克急需振兴纺织业的投资和技术，为此，政府正在国际上积极寻求有关合作者。

6. 纳米比亚

纳米比亚政局长期稳定，市场经济机制完善，法律比较健全，基础设施完备，土地价格比较便宜，劳动力资源丰富。政府还出台了一系列鼓励和保护外商投资的法规，其中出口加工区内的政策尤为优惠。纳米比亚成为可享受 AGOA 支持下对美纺织品服装出口免税的优惠待遇。

7. 肯尼亚

肯尼亚是人类发源地之一。早在公元 7 世纪，肯尼亚沿海就开始形成一些商业中心城市。虽然肯尼亚在商业发展上算是先行者，但是并不是各行各业都发展良好。目前，纺织服装还有很大程度需要依赖进口。肯尼亚人喜欢美国风格的服装。据肯尼亚的进口税统计结果和出口商协会估计，大约 80% 的肯尼亚人购买二手服装，接近 100 万肯尼亚人的生活直接与从事二手服装贸易有关。

8. 突尼斯

突尼斯邻近法国、意大利和德国等欧盟主要市场，占尽地利。随着世界纺织业的国际竞争加剧，给突尼斯纺织企业带来了巨大压力，突尼斯纺织服装业面临新的挑战。面对全国纺织业生产下降的现实，突尼斯政府深感责任重大，政府正采取多项措施力图提高纺织业的竞争力。

第五章　服装贸易合同

由于国家缔结或参加的国际条约除保留条款外要优于国内法，因此，在国际贸易中签订的贸易合同必须要符合双边条约或国际惯例（International Trade Practice）。所谓国际贸易惯例是指在反复长期的国际贸易实践中，逐渐形成和发展，并经过国际组织加以解释和编纂的一些行为规范和习惯做法。这些条约和国际惯例主要包括：《联合国国际货物销售合同公约》（United Nations Convention on Contracts of International Sales of Goods，缩写 CISG）、《国际贸易术语解释通则》（International Rules for the Interpretation of Trade Terms，缩写 INCO-TERMS）、《跟单信用证统一惯例》（Uniform Customs and Practice for Documentary Credits，缩写 UCP）、《托收统一规则》（The Uniform Rules for Collection，缩写 URC）、《关于审核跟单信用证项下单据的国际标准银行实务》（International Standard Banking Practise for the Examination of Documents Under Documentary Credits，缩写 ISBP）等。

国际贸易惯例的主要作用是：

第一，国际贸易惯例有利于买卖合同的顺利磋商和订立。因为国际贸易惯例可以简化进出口交易的相关手续，节省费用开支，缩短商务谈判的时间。

第二，国际贸易惯例有利于解决履行合同中的争议与纠纷。某些国际贸易合同订立时，考虑不严谨，法律适用不明确，会使履约中的争议与纠纷不能依照合同的规定得到良好的解决，此时，当事人可以援引国际贸易惯例来处理，争取到有利的地位，从而将损失降到最低。

第三，通过运用国际贸易惯例，有利于国际贸易中各个环节的相互衔接，帮助银行、船舶公司、保险公司、海关、商检等机构开展业务和处理进出口业务实践中遇到的问题。

第四，国际贸易惯例是国际贸易法律的重要渊源之一，在国际经济与贸易领域，不仅可以弥补国际公约、国内法的不足，而且一旦当事人在合同中援引国际贸易惯例，则该惯例即拥有法律的效力。

在我国的一些商业法律中，对国际贸易惯例的适用均作了相应的规定。例如《中华人民共和国民法通则》和《中华人民共和国海商法》都规定："中华人民共和国法律和中华人民共和国缔结或参加的国际条约没有规定的，可以适用国际惯例。"

但法律和国际贸易惯例有着本质的不同。国际贸易惯例的效力低于合同和公约的法律效力。国际贸易惯例本身不是法律，其适用是以当事人的意思自治为基础，因此，国际贸易惯例对国际贸易双方当事人来说不具有强制性的约束力。但如果买卖双方在合同中约定采用某种惯例，该惯例就成为合同的一部分，具有法律的强制性。当合同中作出与惯例相抵触的规定时，本着法律优于惯例的原则，应以买卖合同为准。

第一节 贸易合同的订立

贸易合同的订立是买卖双方经过交易磋商，最终达成协议，并签订书面文件的全过程。

一、交易磋商

在国际贸易中，交易磋商除了采用贸易谈判的方式以外，多数采用的是贸易函电的书面磋商方式。交易的一般程序包括询盘、发盘、还盘、接受和签订合同等几个环节，其中发盘和接受是交易成立基本环节，也是合同成立的必要条件。

1. 询盘

询盘也称询价，是指交易的一方打算购买或出售某种商品，向对方询问买卖该项商品的有关交易条件，或者就该项交易提出带有保留条件的建议。询盘多由买方做出（邀请发盘），也可由卖方做出（邀请递盘）。在向新客户询盘时，可适当加入自我介绍，有利于对方了解发盘单位，促成交易成交。询盘不是每笔交易必经程序，如交易双方彼此都比较了解，则不必使用询盘，可直接向对方作出发盘。

2. 发盘

发盘又称报盘、发价、报价，法律上称之为"要约"。发盘可以应对方询盘的要求发出，也可以是在没有询盘的情况下，直接向对方发出。发盘一般由卖方发出，但也可以由买方发出。

发盘有实盘和虚盘之分。实盘就是指发盘人承诺在规定时期（实盘的有效期）内，受报盘内容规定的各项条件约束，非经接盘人的同意，不得撤回或变更报盘内容。实盘的特点是对报盘人具有法律约束力，一经接盘人在有效期内接受，就形成合同。而对接盘人则无丝毫约束力，他可以接受，也可以不接受。虚盘是指发盘人有保留地表示愿意按一定条件达成交易，但是由于其他原因，不愿受发盘内容的约束，不作任何承诺，在接盘人表示接受后，还要经报盘人最后确认，才可以最终形成合同。虚盘的特点是对报盘人无任何约束力，接盘人不能以此盘来强迫报盘人确认，一般虚盘往往是盘中意思含糊或是盘中合同要件不全或是带有一些保留条件。

3. 还盘

还盘又称还价，在法律上叫"反要约"。它是指受盘人对报盘人的发盘内容不完全同意而提出修改或变更的表示。它既是对原发盘人的拒绝，也是对原发盘人提出的新的发盘，使原发盘人成为新的受盘人。还盘的特点是：一经还盘，对方的原发盘立即失效，还是同报盘一样，具有实盘和虚盘之分。如果是实盘还盘者，一样受到还盘的约束力。还盘的实质是新一轮的报盘。

是否构成还盘，一方面看是否有明确的"拒绝"字样，另一方面看是否对原报盘的交易要件做了改动。如果用肯定的语句改动了要件，如货物的价格、品质、数量、付款方式、交货期等，即使有"接受"字样，也被视为还盘。

对于接盘人的还盘，发盘人亦可进行反还盘。有时往往会经过多次反反复复的还盘与反还盘，才能最终达到交易。有时则可能不需经过还盘，只通过报盘和接受直接达成交易。

4. 接受

接受是指买卖双方同意双方在盘中提出的交易条件，并愿按这些条件与对方达成交易、签订合同的一种肯定的表示。

法律上将接受称作承诺。接受和发盘一样，既属于商业行为，也属于法律行为。根据《国际贸易合同公约》的解释，构成有效的接受要具备以下四个条件：一是接受必须是由发盘人做出；二是受盘人表示接受，要采取声明的方式；三是接受的内容要与发盘的内容相符；四是接受的通知要在发盘的有效期内送达发盘人才能生效。

二、书面合同的签订

按照一般习惯做法，买卖双方达成协议后，还要制作书面合同，将各自的权利和义务用书面方式加以明确，这就是所谓的签订合同。签订书面合同的意义在于作为合同成立的依据，作为履行合同的依据，还可作为合同生效的条件。

在国际贸易中，书面合同的形式和名称不尽相同，形式很多，无特定的限制，一般常用的有销售合同、购货合同、成交确认书、协议、备忘录等。在我国的对外贸易业务中，主要采用的书面合同是销售合同和销售确认书两种。

1. 合同

合同是带有"合同"字样的法律契约，包括销售合同和购货合同。

2. 确认书

确认书较正式合同简单，是买卖双方在通过交易磋商达成交易后，寄予双方加以确认的列明达成交易条件的书面证明。它包括销售确认书和购货确认书。

3. 协议

协议在法律上是合同的同义词，只要协议对买卖双方的权利和义务作出明确、具体和肯定的规定，一经双方签署确认，即与合同一样对买卖双方具有约束力。

4. 备忘录

备忘录也是书面合同的形式之一，它是指买卖双方磋商过程中，对某些事项达成一定程度的理解、谅解及一致意见，将这种理解、谅解、一致意见以备忘录的形式记录下来。备忘录不具有法律约束力。

5. 意向书

意向书是指买卖双方当事人在磋商尚未达成最后协议之前，为达成某种交易的目的，而作出的一种意愿表示，并把设想、意愿、逐步商订的条件以书面形式记录下来，作为今后谈判的参考与依据。它也不具有法律效力。

三、合同的主要内容

买卖合同的内容一般由三部分组成：

1. 约首

约首是合同的首部，包括合同名称、合同号数、订约日期和地点、买卖双方名称和地址等。在决定这一部分内容时应注意：双方名称应用全称，地址也应详细列明，同时还应列明双方的电报、电传等通信代号，以便为日后履行合同带来方便。对于订约地点，不能随便填写，它关系到合同发生纠纷时适用于订约地的法律。

2. 约文

约文是合同的主体部分，一般以合同条款的形式具体列明交易的各项条件，规定双方的权利义务。合同条款是确定合同双方当事人权利与义务关系的重要依据，同时也是判断合同是否有效的客观依据。合同上的各类条款按其性质可分为三类，即基本条款、一般条款、买方条款和卖方条款。主要内容应当包括：标的、数量、品质、价款或者报酬、履行期限、履约地点和方式、违约责任、解决争议的方法等。合同条款的数量视各种因素而定，并不是必须写明全部条款，合同才成立有效。买卖双方当事人可根据货物的特点和实际需要，对合同的条款内容作出增减约定。第六章就对主要条款进行介绍。

3. 约尾

约尾是指合同的尾部，主要说明合同的份数、附件及其效力、使用的文字、合同生效的时间、合同适用的法律以及缔约双方当事人（法人代表或其授权人）的签字。

国际贸易合同样本

CONTRACT

编号（NO.）：　　　　　　　　　　日期（DATE）：

签约地点（SIGNED AT）：

卖方（THE SELLERS）：

地址（ADDRESS）：　　　　　　　　邮政编码（POSTAL CODE）：

电话（TEL）：　　　　　　　　　　传真（FAX）：

买方（THE BUYERS）：

地址（ADDRESS）：　　　　　　　　邮政编码（POSTAL CODE）：

电话（TEL）：　　　　　　　　　　传真（FAX）：

本合同由甲乙双方订立，根据下列条款和条件甲方同意购买且乙方同意出售下列商品：

THIS CONTRACT IS MADE BY AND BETWEEN THE BUYERS AND THE SELLERS, WHEREBY THE BUYERS AGREE TO BUY AND THE SELLERS AGREE TO SELL THE UNDER MENTIONED COMMODITY ACCORDING TO THE TERMS AND CONDITIONS STIPULATED BELOW：

1. 货号（ARTICLE NO.）：

2. 商品名称及规格（DESCRIPTION & SPECIFICATION）：

3. 数量（QUANTITY）：

4. 单价（UNIT PRICE）：

5. 总价（TOTAL AMOUNT）：

卖方有权多装或少装5%。

THE ABOVE GOODS MAY BE ALLOWED WITH 5% MORE OR LESS IN BOTH QUANTITY & AMOUNT AT THE SELLER'S OPTION.

6. 生产国和制造厂家（CONTRY OF ORIGIN AND MANUFACTURER）：

7. 包装（PACKING）：

8. 唛头（SHIPPING MARKS）：

9. 装运时间（TIME OF SHIPMENT）：

10. 装运港（PORT OF SHIPMENT）：

11. 目的港（PORT OF DESTINATION）：

12. 装运条件（TERMS OF SHIPMENT）：

13. 保险（INSURANCE）：

14. 付款条件（PAYMENT）：

在本合同生效后，甲方需在装船前14日向卖方开出100%不可撤销即期信用证，信用证在本合同标的物装船完毕后60日到期。

AFTER THIS CONTRACT COMES INTO EFFECT, 14 DAYS BEFORE THE SHIPMENT, THE BUYER SHALL OPEN AN IRREVOCABLE 100% L/C AT SIGHT IN FAVOR OF THE SELLER, THE L/C SHALL EXPIRE 60 DAYS AFTER COMPLETION OF LOADING OF THE SHIPMENT AS STIPULATED.

15. 单据文件（DOCUMENTS）：

16. 商品检验（INSPECTION OF GOODS）：

17. 不可抗力（FORCE MAJEURE）：

对于装船或运输过程中可能产生的不可抗力而造成的迟交货或不能交货，乙方可以不承担责任。乙方应立即在不可抗力产生的10工作日内将有关情况通知买方，乙方用航空邮件将有关政府当局部门出具的证明不可抗力产生的文件寄送给甲方。在此情况下，乙方仍会尽最大努力采取各种措施促使货物的发运。如果事故持续4周，买方有权取消该合同。

THE SELLER SHALL NOT BE RESPONSIBLE FOR THE DELAY IN SHIPMENT OR NON – DELIVERY OF THE GOODS DUE TO FORCE MAJEURE, WHICH MIGHT OCCUR IN THE COURSE OF LOADING OR TRANSIT. THE SELLER SHALL ADVISE THE BUYER IMMEDIATELY OF THE OCCURRENCE MENTIONED ABOVE WITHIN 10 DAYS THEREAFTER, THE SELLER SHALL SEND BY AIRMAIL TO THE BUYER FOR THEIR ACCEPTANCE A CERTIFICATE OF THE ACCIDENT ISSUED BY THE COMPETENT GOVERNMENT AUTHORITIES WHERE THE ACCIDENT OCCURS AS EVIDENCE THEREOF. UNDER SUCH CIRCUMSTANCES THE SELLER, HOWEVER, ARE STILL UNDER THE OBLIGATION TO TAKE ALL NECESSARY MEASURES TO SHIP THE GOODS. IN CASE THE ACCIDENT LASTS FOR MORE THAN 4 WEEKS, THE BUYER SHALL HAVE THE RIGHT TO CANCEL THE CONTRACT.

18. 索赔（CLAIM）：

自货到目的港起5天内，经发现货物质量、规格、数量、重量、包装、安全与合同规定不符者，除由保险公司或船方承担的部分，买方可凭前条规定的检验机构所出具的商品检验证书，有权要求更换或索赔。卖方应在收到索赔要求后 15 天内回复买方。

IF THE QUALITY, SPECIFICATION, QUANTITY, WEIGHT, PACKAGE AND SAFETY OF THE GOODS ARE FOUND TO BE INCONSISTENT WITH THE CONTRACT WITHIN 5 DAYS FROM THE DATE OF THE ARRIVAL, EXCEPT FOR THE PART TO BE BORNE BY THE IN-SURANCE COMPANY AND THE SHIPPING COMPANY, THE BUYER HAS THE RIGHT TO DE-MAND REPLACEMENT OR CLAIM FOR COMPENSATION ON THE BASIS OF THE INSPECTION CERTIFICATE ISSUED BY THE INSPECTION AUTHORITY SPECIFIED IN THE PRECEDING ARTICLE. THE SELLER SHALL RESPOND TO THE BUYER WITHIN 15 DAYS OF RECEIPT OF THE CLAIM.

19. 仲裁（ARBITRATION）：

凡因执行本合约或有关合约所发生的一切争议，双方应以友好方式协商解决，如因协商不能解决，应提交中国国际经济贸易仲裁委员会北京总会进行仲裁。仲裁裁决是终局的，对双方都有约束力，仲裁费用由败诉方承担。

ALL DISPUTES ARISING OUT OF THE EXECUTION OF THIS CONTRACT OR THE RELE-VANT CONTRACT SHALL BE SETTLED BY FRIENDLY NEGOTIATION BETWEEN THEPAR-TIES. . IF IT CANNOT BE SETTLED BY NEGOTIATION, IT SHOULD BE SUBMITTED TO THE CHINA INTERNATIONAL ECONOMIC AND TRADE ARBITRATION COMMISSION FOR ARBI-TRATION. THE ARBITRATION AWARD SHALL BE FINAL AND BINDING UPON BOTH PAR-TIES, AND THE ARBITRATION FEE SHALL TO BE BORNE BY THE LOSING PARTY.

20. 备注（REMARK）：

买方签字（THE BUYERS）：　　　　　卖方签字（THE SELLERS）：
（SIGNATURE）　　　　　　　　　　（SIGNATURE）
签署日期（DATE）：　　　　　　　　签署日期（DATE）：

四、合同的主体

合同的主体即合同当事人，指以自己的名义订立与履行合同并享有一定的权利与承担约定义务的人。合同规定当事人条款是说明当事人的基本情况和明确合同主体资格的最基本的条款。而合同标的物是当事人权利义务所共同指向的对象，它体现合同当事人订立合同的目的与要求。国际纺织服装贸易的标的物条款是合同成立的重要条件，缺少标的物的合同就失去了权利和义务的载体。合同标的物有具体的品名、品质、数量和包装，因此，双方在订立合同时，应该明确订立成交商品的品名、品质、数量与包装条款，以利履行合同。

具体有缔约能力的自然人、法人及依法成立的其他非法人组织，都可成为合同当事人。《中华人民共和国对外贸易法》第八条规定："本法所称对外贸易经营者，是指依法办理工商登记或者其他执业手续，依照本法和其他有关法律、行政法规的规定从事对外贸易经营活动的法人、其他组织或个人。"国际贸易合同的当事人既包括我国对外贸易的经营者，也包括境外合法从事国际贸易的经营者。约定好合同当事人条款可以明确主体资格，使得合同当事人的合法权益受到法律保护，从而有利于履行合同和解决合同纠纷。

主体条款的主要内容包括：合同当事人的名称和姓名；合同当事人的地址。

为了使买卖双方的合同具有法律效力，让合同得到顺利履行，需要注意以下事项：

1. 合同当事人必须具有缔约能力

各国订立买卖合同的当事人都有特定的条件和要求。按各国法律一般规定，订立合同的自然人必须是具有缔约能力的人，未成年人、精神病人和禁治产人订立合同必须受到限制。关于法人签订合同的行为能力，各国法律通常规定，法人必须通过其代表或其授权的其他人在法人的经营范围内签订合同，越权则无效。

2. 合同当事人的名称必须准确无误

约定合同当事人的名称（或姓名），不论用中文或外文表述，都应当明确具体，列出全名，不能用简写或缩写，更不能漏写或错写，以免给履约造成困难，引起误解或产生不良后果。

3. 合同当事人的地址应当正确、详细

为了便于履行合同，必须正确、详细地载明合同各当事人的地址、电话、传真号码和电子邮箱等项内容，以利各当事人之间及时保持业务联系。《联合国国际货物销售合同公约》第十条规定："如果当事人有一个以上的营业地，则以与合同及合同的履行关系最密切的营业地为其营业地，但考虑到双方当事人在订立合同前任何时候或订立合同时所知道或所设想的情况；如果当事人没有营业地，则以其官场居住地为准。"

合同条款是合同的主体，是确定合同双方当事人权利与义务关系的重要依据，同时也是判断合同是否有效的客观依据。在一份合同中，主要内容应当包括：当事人的名称和地址、标的、数量、品质、价款或者报酬、履行期限、履约地点和方式、违约责任、解决争议的方法等。合同条款的数量视各种因素而定，并不是必须写明全部条款合同才成立有效。买卖双方当事人可根据货物的特点和实际需要，对合同的条款内容作出增减约定。下面就介绍几个主要条款。

第二节　价格条款

贸易洽谈中，最主要的内容之一就是商品的价格。价格一般包括使用的货单名称、商品的计量单位和商品的单价，但在国际贸易中仅有这些是不够的，因为在整个贸易过程中，往往会遇到许多问题，如商品在运输途中发生了损失，该损失应该由谁承担；商品进出口时所花费的检验费、报关费、保险费、托运费等各种手续费应由谁负担；各种手续应该由谁去办理；双方的责任、义务到底如何划分等。如果这些问题在合同条款中一一规定，往往会使合同条款复杂、纷乱。为了使合同条款更简化、标准，在长期的国际贸易实践中逐渐形成了各种价格术语。

一、价格术语

价格术语是买卖双方各自所应负担的责任、费用与风险的划分以及货物所有权从卖方转移到买方的时界点的规定。目前，解释价格术语的规则主要有《2000 年国际贸易术语解释通则》（以下简称《2000 通则》）、《1932 年华沙—牛津规则》《1941 年美国对外贸易定义修订本》三个国际惯例。其中，国际商会制定的《2000 通则》具有普遍的和特别重要的意义。

根据《2000 通则》列出的十三种贸易术语，现介绍如下。

1. 工厂交货

工厂交货（EXW）的英文为"EX Works（…named plce）"，即"工厂交货（……指定地点)"。它指卖方在其所在地（即车间、工厂、仓库等）把备妥的货物交付给买方处置时，即完成交货，但通常不负责将货物装上买方准备的车辆上或办理货物结关。买方承担自卖方所在地将货物运至预期目的地的全部费用和风险。采用 EXW 条件成交时，卖方的风险、责任、费用都是最小的。

2. 货交承运人

货交承运人（FCA）的英文为"Free Carrier（…named place）"，即"货物交承运人（……指定地点)"。它指卖方将其移交的货物办理出关后，在指定的地点交付给买方指定的承运人监管时，即履行了交货义务。根据商业惯例，当卖方被要求与承运人通过签订合同进行协作时，在买方承担风险和费用的情况下，卖方可以照此办理。本术语适用于任何运输方式。采用这一交货条件时，买方要自费订立从指定地点启运的运输契约，并及时通知卖方。《2000 通则》规定，若双方约定的交货地点是卖方所在地，卖方负责把货物装上买方制定的承运人的运输工具即可，若交货地是其他地点，卖方在自己的运输工具上完成交货，无需卸货。

3. 船边交货

船边交货（FAS）的英文为"Free Alongside ship（…named port of shipment）"即"船边交货（……指定装运港)"。它指卖方在指定的装运港买方所指派的船上把货物交至船边，从这时起买方须承担货物灭失或损坏的全部费用和风险，另外，买方须办理出口结关手续。本术语适用于海运或内河运输。《2000 通则》规定，办理货物出口报关的风险、责任、费用由买方承担。

4. 船上交货

船上交货（FOB）的英文为"Free on Board（…named port of shipment）"，即"船上交货（……指定装运港)"。它指卖方在指定的装运港把货物装上买方所指派的船只即完成交货。货过船舷后买方须承担货物的全部费用、风险、灭失或损坏，另外，要求卖方办理货物的出口结关手续。本术语适用于海运或内河运输。

5. 成本加运费

成本加运费（CFR）的英文为"Cost and Freight（…named port of destination）"，即"成本加运费（……指定目的港)"。它指卖方必须支付把货物运至指定目的港所需的开支和运费，但从货物交至船上甲板后，货物的风险、灭失或损坏以及发生事故后造成的额外开支，在货物越过装运港的船舷后，就由卖方转向买方负担，另外，要求卖方办理货物的出口结关手续。本术语适用于海运或内河运输。

6. 成本、保险费加运费

成本、保险费加运费（CIF）的英文为"Cost, Insurance and Freight（…named port of destination）"，即"成本、保险费加运费（……指定目的港）"。它指卖方除负有与"成本加运费"术语相同的义务外，卖方还须办理货物在运输途中应由买方承担所购货物灭失或损坏的海运保险并支付保险费。本术语适用于海运或内河运输。在CIF术语下的交货是典型的象征性交货，无须保证到货。在此条件下，卖方凭单交货，买方凭单付款。

7. 运费付至

运费付至（CPT）的英文为"Carriage Paid to（…named place of destination）"，即"运费付至（……指定目的地）"。本术语系指卖方支付货物运至指定目的地的运费。关于货物灭失或损坏的风险以及货物交至承运人后发生事件所产生的任何额外费用，自货物已交付给承运人照管之时起，从卖方转由买方承担。另外，卖方须办理货物出口的结关手续。本术语适用于各种运输方式，包括多式联运。

8. 运费及保险费付至

运费及保险费付至（CIP）的英文为"Carriage and Insurance Paid to（…named place of destination）"，即"运费及保险费付至（……指定目的地）。"它指卖方除负有与"运费付至（……指定目的地）"术语相同的义务外，卖方还须办理货物在运输途中应由买方承担的货物灭失或损坏风险的海运保险并支付保险费。本术语适用于任何运输方式。

9. 边境交货

边境交货（DAF）的英文为"Delivered at Frontier（…named place）"，即"边境交货（……指定地点）"。它指卖方承担如下义务：将备妥的货物运至边境上的指定地点，办理货物出口结关手续，在毗邻国家海关关境前交货。本术语主要用于出口国和进口国有共同边境，并采用铁路或公路运输，也可用于其他运输方式。

10. 目的港船上交货

目的港船上交货（DES）的英文为"Delivered Ex Ship（…named port of destination）"，即"目的港船上交货（……指定目的港）"。它系指卖方履行如下义务：在指定目的港的船甲板上不办理货物进口结关手续的情况下，把备妥的货物交给买方，故卖方须承担包括货物运至指定目的港的所有费用与风险。本术语只适用于海运或内河运输或多式联运。

11. 目的港码头交货

目的港码头交货（DEQ）的英文为："Delivered Ex Quay（…named port of destination）"，即"目的港码头交货（……指定目的港）"。卖方义务如下：支付运费，在规定时间内将货物运至目的港，承担卸货的责任和费用，并在目的港码头将货物置于买方处置之下，承担在目的港码头将货物置于买方处置下之前的风险和费用。办理货物进口报关的责任、费用、风险由买方承担。本术语适用于水上运输和多式联运。

12. 未完税交货

未完税交货（DDU）的英文为"Delivered Duty Unpaid（…named place of destination）"，即"未完税交货（……指定目的地）"。它指卖方将备好的货物，在进口国指定的地点交付，而且须承担货物运至指定地点的一切费用（不包括关税、捐税及进口时应支付的其他官方费用）和风险，另外须承担办理海关手续的费用和风险。买方须承担因未能及时办理货物进口结关而引起的额外费用和风险。本术语适用于各种运输方式。

13. 完税后交货

完税后交货（DDP）的英文为"Delivered Duty Paid（…named place of destination）"，即"完税后交货（……指定目的地）"。它是指卖方将备好的货物在进口国指定地点交付，而且承担将货物运至指定地点的一切费用和风险，并办理进口结关。本术语可适用于各种运输方式。在 DDP 条件下，卖方承担的责任最大。

根据上述价格术语，合同中的价格条款可以这样订立，如：

FOB Shanghai JPY 158 per set（上海港船上交货价，每套 158 日元）；

CIF NewYork USD 50 per dozen（运保费付至纽约港，每打 50 美元）；

DEQ Hamburg EUR 78 per piece（汉堡港码头交货价，每件 78 欧元）。

二、主要价格术语间的换算

在国际贸易中，不同的贸易术语表示其风险责任的划分方法不同，在风险责任相同的情况下，部分价格术语之间是可以相互换算的，但有的价格术语则由于风险的不确定性是无法相互换算的。

常见可以换算的价格术语包括：

1. FOB 价换算为其他价

CFR 价 = FOB 价 + 海运费

CIF 价 =（FOB 价 + 海运费）/（1 - 投保加成 × 保险费率）

2. CFR 价换算为其他价

FOB 价 = CFR 价 - 海运费

CIF 价 = CFR 价/（1 - 投保加成 × 保险费率）

3. CIF 价换算为其他价

FOB 价 = CIF 价 ×（1 - 投保加成 × 保险费率）- 海运费

CFR 价 = CIF 价 ×（1 - 投保加成 × 保险费率）

4. FCA 价换算为其他价

CPT 价 = FCA 价 + 运至指定目的地运费

CIP 价 =（FCA 价 + 运至指定目的地运费）/（1 - 投保加成 × 保险费率）

5. CPT 价换算为其他价

FCA 价 = CPT 价 - 运至指定目的地运费

6. CIP 价换算为其他价

FCA 价 = CIP 价 ×（1 - 投保加成 × 保险费率）- 运至指定目的地运费

$$CPT\ 价 = CIP\ 价 \times (1 - 投保加成 \times 保险费率)$$

三、价格因素

在实际进出口中，除了选择适当的价格术语外，还要正确地贯彻作价原则，并掌握影响价格的各种因素和动向趋势、各种差价，以及价格的各种换算与折算，使进出口商品价格订得合理、有利，促进成交和便于执行合同。

简单而言，

$$出口服装价格 = 生产成本 + 费用 + 利润$$

生产成本主要由原材料成本、加工费、折旧费和税费等项目构成。在我国实际业务中，由于出口企业在购买原材料和支付加工费中都包含了增值税，在出口后可以获得国家一定退税的补偿。因此，

$$实际生产成本 = 生产成本（含增值税） - 出口退税额$$

$$出口退税额 = [生产成本（含增值税） / (1 + 增值税率)] \times 出口退税率$$

根据以上公式得出：

$$实际生产成本 = 生产成本（含增值税） \times [1 - 出口退税率 / (1 + 增值税率)]$$

费用一般包括运费、保险费、单证费等多项费用。由于在实际业务中，货物运输往往通过聘用货运代理（货代）来完成，货代通过提供服务的内容来收取包干费用，如托运、订舱、报关、报检、通关等服务费用，以及单证费、手续费、港务费等。具体费用应该事前了解清楚，不漏算，也不重复计算。

利润则是出口企业根据不同的营销策略与目标以及进出口双方谈判的情况综合考虑的。往往针对不同的客户、不同的市场和不同的数量而定。

此外，在国际贸易中，有些贸易通过中间代理商进行的，这就需要向其支付一定的酬金，此项酬金即为佣金。有时还会通过折扣，由出口方按原价给进口方一定百分比的价格减让。佣金一般是由出口方收到货款后，再另行付给中间商的；折扣则常由进口方在付款时预先扣除。这些也可以在价格条款中反映出来，如：

FOB BeiHai USD 60 per piece including 2% commission（北海港码头交货价，每件60美元，含2%的佣金）；

CIF Singapore USD 16 per set including 3% discount（运保费付至新加坡，每套16美元，含3%的折扣）。

四、汇率因素

我国在对外贸易中实行的是出口结汇及进口售汇制度。出口方出口收到的外汇必须先由外汇银行换成人民币再记入出口方的人民币账户；进口时则需要凭外汇管理部门的批文、申请书等要求银行用进口方账户中的人民币换成外汇再对外支付。

在固定汇率时期，进出口企业的汇率风险很小，甚至可以忽略不计。2005年7月人民币实行"有管理的浮动汇率"之后，人民币的波动幅度越来越大、频率越来越快，进出口企业面临的汇率风险在不断升高。服装作为一种劳动密集型、附加值低的出口产品，出口企业的利润率越低，其面临的汇率风险就越大。如果一家出口企业的利润率只有3%，并且

销售货款每个月结算一次，那么当月外汇市场 1% 的波动很可能吞噬这家企业 1/3 的利润，而 3% 的波动则可能将这家公司从市场上淘汰。因此，外贸企业除了利用一些外汇金融产品来规避汇率风险以外，还应该根据新的汇率调整出口报价或采用相对稳定的货币报价，加强与外商的沟通，并做好与供货商的沟通，订立新的协议，在商业合同中，要充分考虑人民币升值的趋势。

第三节　品质条款

商品品质主要表现为商品所具有的化学成分、物理特性及生物特性等，具体表现为货物的成分、结构、色泽、包装等。在制订品质条款时，要从实际出发，防止品质条件偏高或偏低；要合理地规定影响品质的各项重要指标；要注意各质量指标之间的内在联系和相互关系；要注意品质条件应当明确、具体，不宜采用诸如"大约""左右""合理误差"之类的笼统含糊字眼，以免在交货品质问题上引起争议。同时对于品质规格的规定，可以规定允许有一定的差异范围，以利于合同的履行。

服装产品的品质主要表现在面辅料质量、外观质量、内在质量三大部分。首先，面料和辅料的质量要符合合同或相应标准的要求。如缝线与面料应相匹配，面料缩水率要准确，纽扣大小一致，无残扣，水洗后效果优良，有柔软感，无黄斑、水渍等。外观质量则包括服装的款式、折叠包装、外观缺陷、缝制工艺质量、辅料、整烫质量以及线头、污渍等。内在质量主要针对一些进口国家发布的纺织品服装的强制性技术规范，如对于游离甲醛含量、pH 值、色牢度、异味、可分解芳香胺染料等关于纺织品服装安全、卫生、环保及防止欺诈项目的要求。

一、服装品质的基本描述

服装品质的基本描述包括以下几点：

（1）品名。常用的描述方法是："适用对象 + 面料 + 中心词 + 服装特征"，如 Men's cotton shirts with short sleeves，男装纯棉短袖衬衫。

（2）款式和色彩。如果难以用文字准确表达时，一般附带样板或色卡。

（3）规格尺寸。

（4）面料和辅料要求。

（5）质量等级。

（6）产地。

（7）品牌。

二、商品品质的表示方式

表示品质的方法很多，究竟采用何种表示品质的方法，应视商品特性而定。一般来说，凡能用科学的指标说明其质量的商品，则适于凭规格、等级或标准买卖；有些难以规格化和标准化的商品，则适于凭样品买卖；某些质量好并具有一定特色的名优产品，适于凭商标或品牌买卖；某些性能复杂的机器、电器和仪表，则适于凭说明书和图样买卖；凡具有地方风味和特色的产品，则可凭产地名称买卖。上述这些表示品质的方法，不能随意滥用，而应当合理选择。此外，凡能用一种方法表示品质的，一般不宜用两种或两种以上的方法来表示。如同时采用既凭样品又凭规格买卖，则要求交货品质既要与样品一致，又要符合约定的规格，要做到两全其美，有时难以办到，给履行合同带来困难。因此，常见的品质表示方法有：

（1）Quality as per seller's sample（品质以卖方样品为准）。

（2）Quality as per buyer's sample（品质以买方样品为准）。

（3）Sales by specification，grade or standard（凭规格、等级或标准买卖）。

（4）Fair average quality（F. A. Q.）（良好平均品质）。

（5）Good merch–antable quality（G. M. Q.）（上好可销品质）。

（6）Sales by trademark or brand（凭商标或牌号买卖）。

（7）Sales by specification（凭说明书买卖）。

三、商品品质条款的实例参考

（1）Quality certificate by _____ at loading port to be taken as final.（以_____在装运港出具的品质证书为最后依据。）

（2）Maker's inspection in the factory to be final.（以制造者工厂检验为准。）

（3）Quality inspected by independent public surveyor at the time of shipment to be final.（以独立公正行装运时的检验质量为准。）

（4）Goods sold by sample shall be guaranteed by the seller to be fully equal to sample upon arrival at destination.（卖方凭样品售货，必须保证货到时的质量同样品完全一致。）

（5）Quality to be strictly as per sample submitted by the seller on _____（date）.（质量完全以卖方_____日提供的样品为准。）

（6）The seller shall guarantee all shipments to conform to samples submitted with regard to quality.（卖方必须保证交货质量同其他所提供的样品一样。）

第四节　数量条款

外贸合同中的数量条款不仅是买卖双方交接货物的依据，而且关系到进口国海关课税的数额以及进口的配额等问题，属于合同的要件。在订立数量条款时，关于计量单位、计算方法以及机动幅度等内容的规定必须明确具体，应避免使用含义笼统的字眼，以使买卖双方责任分明，防止在履约时发生纠纷。

数量条款主要由数字和计量单位构成。对于数字要做到精确、清楚。对于计量单位则根据不同的商品而定。如重量单位有：克（g）、公斤（kg）、盎司（oz）、磅（lp）、公吨（M/T）、长吨（long ton）、短吨（short ton）等；长度单位有：米（m）、英尺（ft）、码（yd）等；个数单位有：件（pc）、套（set）、打（doz）、罗（gr）、令（rm）等；体积单位有：立方米（m³）、立方码（yd³）、立方英尺（ft³）等；容积单位有：升（L）、加仑（gal）、蒲式耳等；面积单位有：平方米（m²）、平方码（yd²）、平方英尺（ft²）等。这些度量衡制度有公制、英制、美制和国际单位制之分，必须加以注意。我国采用的是以国际单位制为基础的法定计量单位。按重量成交的商品，还需订明计算重量的方法。

一、计重方法

毛重（Gross Weight）：是指商品本身的重量加包装物的重量，这种计重办法一般适用于低值商品。

净重（Net Weight）：是指商品本身的重量，即除去包装物后的商品实际重量。有些价值较低的商品，有时也采用"以毛作净"（Gross for Net）的办法计重，即以毛重当作净重计价。但"以毛作净"必须明确落实到合同文字上，否则按国际惯例解释，仍应以净重计算。

公量（Conditioned Weight）：是指在计算货物重量时，用商品的干重（指烘去商品水分后的净重）加上公定回潮率与干重的乘积所得的重量。如羊毛、生丝、棉花等商品就是采用公量记重。

其计算公式为：

（1）公量 = 商品干重 × （1 + 公定回潮率）

（2）公量 = 商品实际重量 × （1 + 公定回潮率）／（1 + 实际回潮率）

理论重量（Theoretical Weight）：对于一些按固定规格生产和买卖的商品，只要其重量一致，每件重量大体是相同的，所以一般可以从件数推算出总重量。

法定重量（Legal Weight）：是指商品重量加上直接接触商品的销售包装等的重量。如果除去后者重量所表示出来的纯商品的重量，称为实物净重。

二、数量条款应注意的问题

1. "大约""近似""左右"等词的含义

按照《跟单信用证统一惯例》，凡"约"或"大约"或类似的词语用于信用证金额或信用证所列的数量或单价时，应解释为信用证金额或数量或单价有不超过10%的增减幅度。其中还规定："除非信用证规定所列的货物数量不得增减，在支取金额不超过信用证金额的条件下，货物数量允许有5%的增减幅度，但数量以包装单位或个数计数时，此增减幅度不适用。"

2. 溢短装条款

在大宗商品交易中，为了使交货数量具有一定范围内的灵活性和便于履行合同，买卖双方可在合同中合理规定数量机动幅度，即使用溢短装条款。溢短装条款的主要内容有：溢短装的百分比，溢短装的选择权，溢短装部分的作价。溢短装条款一般规定由卖方决定，是溢装还是短装，即卖方选择（At Seller's Option）。但是在由买方派船装运的情况下，为了便于适应船的装载能力，也可规定"由买方决定"（At Buyer's Option）。在特殊的情况下，某些散装货可由船方选择。

3. 数量违约

在外贸合同中关于数量条款的违约，一般情况下都是由于卖方短交所造成的。例如，合同规定的交货数量为 10 万件，而卖方实际交付 9 万件，这可以看作是非根本违约或轻微违约；如果卖方只交付 2 万件，可以看作是根本违约或重大违约。但如果卖方所交付货物的数量超过合同规定的数量，也同样以违约论处。因为，任何国家对进口货物都实行严格的监管，尤其对于实行进口许可证管理的商品，如果进口商在海关申报的数量多于合同数量，轻则被海关认为是逃漏进口关税，重则被认为是走私，会受到相应的处罚。因此，进口商自然也会把自己的损失转嫁给出口商。

三、数量条款实例参考

数量条款实例如：100% cotton T – shirt 5000 pieces，5% more or less at Seller's option at contract price.（纯棉 T 恤 5000 件，卖方可溢短装 5%，增减部分按合同计算。）

第五节　包装条款

国际贸易中的货物按包装形式可以分为散装货物、裸装货物和包装货物。服装属于包装货物。对于包装货物而言，内包装是商品本身的重要组成部分之一，外包装则起到方便运输、保护商品的作用。包装条件是合同的一项主要条件，产品的包装及包装上的各种标贴等都应严格按客户要求执行。

一、包装条款的内容

贸易合同的包装条款主要包括：包装方式、包装材料、包装规格、包装标志和包装费用等内容。

1. 包装方式

服装的包装方式可以是多种多样的，买卖双方在洽商交易时，究竟采用哪种包装方式，无论是内包装还是外包装都应明确约定。

一般出口服装的运输包装方式有两种：一种是将每件服装装入塑料袋后，再若干件一起装入纸板箱，再将纸板箱一起装入集装箱运输；另外一种是将服装套入塑料袋后，用衣架吊挂在吊装集装箱的横杆上，衣架再用绳索固定后运输。

2. 包装材料

包装材料多种多样，但随着世界各国在强调环保和推行绿色营销的影响下，采用安全环保的包装材料就显得尤为重要了。如有的买家规定："金属针、金属夹和金属带不允许用作包装材料。"

常见的服装包装材料有以下几种。

塑料袋：美国一般要求热封口，材质为高压的 PE 料；除非客户有指定要求，否则不允许用 PP 料。

拷贝纸：可放在服装中吸潮。在有的买家不让使用拷贝纸时，一定要做好服装的防潮工作。

纸箱：7 层瓦楞盒，瓦楞主要用 B/C 瓦。欧洲客户对环保一般有特殊的要求，纸箱一般要求用无钉纸箱，无金属打包，封口胶带为纸胶带，包装上一般有环保标或回收标。

另外，服装的挂卡、背卡也是包装材料。

3. 包装规格

包装规格主要是为了方便运输和销售的需要，规定了包装纸箱、衣架等的规格尺寸和大小。

4. 包装标志

包装标志又称唛头，是为了使商品在装卸、运输、保管、检验、消费过程中，便于识别或正确使用而设计的图形和文字。在商品的外包装和内包装上印刷的一切标志，可分为运输标志、指示性标志及警告性标志。运输标志通常印在商品的外包装之上，一个完整的运输标志包括：收货人的简称或代号、订单或合同号、装运目的港、箱件号。这类标志一般为菱形，印刷在外包装的显眼处。指示标志一般根据商品的性能特点而定，如"保持干燥""请勿折叠"。警告性标志是对于某些危险因素提出警告，如在较大的塑料袋上印上"这不是一个玩具"（This is Not A Toy），以免小孩套在头上玩耍产生窒息的危险。

5. 包装费用

包装费用一般包括在货价之中，不再另外计收，但也有不计在货价之内，而规定由买方另行支付的。如果采用由买方提供包装或包装物料这种做法时，一定要明确规定买方提供包装或包装物料的时间，以及由于包装或包装物料未能及时提供而影响发运时买卖双方所负的责任。

二、中性包装与定牌生产

中性包装是指在商品内外包装上不注明生产国别、地名、厂名，也不注明原有商标和牌号，甚至没有任何文字的包装方式。在国际贸易中，使用中性包装的目的是为了打破进口国实行的一些限制和歧视政策。但由于服装属于敏感商品，许多国家都采取了限制措施，所以这种做法在国际上屡遭非议，必须慎用。因此，在我国生产的原产地属于中国的服装，一般在包装上必须注明"中国制造"。

定牌生产是指卖方按买方要求在出口商品或包装上标明买方指定的商标或品牌。在采用服装定牌生产时，要注意要求买方提供合法使用该商标或品牌的有效证明并留存，以免未来产生知识产权方面的纠纷。构成中国原产地的服装，在使用他国商标或品牌的时候同样要注明"中国制造"。

三、包装条款中应该注意的事项

许多国家对于进口商品的运输包装材料都有具体的规定，若不符合规定，往往会课以重税或罚金，甚至不准进口。有些国家规定，凡直接接触食品的包装、标签纸上，只要发现荧光物质，一律禁止进口。有的国家禁止稻草、板纸、旧材料等作为包装用品。有的国家对货物的重量、体积也有规定，故在订立包装条款时应注意进口国的有关规定。如美国规定，为了防止植物病虫的传播，禁止使用以稻草作为包装材料。如被海关发现，必须当场销毁，并支付由此产生的一切费用。

销售包装应符合进口国的风俗、习惯和爱好。如日本人不喜欢绿色和荷花；中东人不喜欢熊猫，阿拉伯国家包装禁止使用六角星图案，德国包装禁止使用类似纳粹和军团的符号和标志，利比亚包装禁止使用猪的图案和女人的人体像等。

包装上的文字也要注意进口国的要求。如加拿大政府规定，进口商品必须英、法文对照；希腊政府规定，凡进口到希腊的产品，包装上必须要用希腊文字注明公司名称、代理商及产品的重量和数量等；法国政府规定，输往法国的产品的装箱单和商业发票必须使用法文，包装标志说明若非法文应附法文译文等。

总之，包装条款与其他条款一样，应订得清楚明确，如不能使用"卖方惯用包装""习惯包装"等笼统概念，以免发生纠纷，但也不能订得过死，给履行合同造成困难。

第六节　运输条款

国际贸易运输面广、线长、环节多而复杂。因此，除了在价格术语中规定交货责任外，还需要对装运条件做出明确的规定。运输条款就是对货物的装运条件的规定。

一、运输条款的主要内容

运输条款的内容主要包括对装运时间、装运港、目的港、转运和分批装运、分期装运、装卸费用及运输单据等的规定。

1. 装运日期

装运日期（Time of Shipment）又称装运期，是指卖方将货物装上运输工具或交给承运人的期限。提前和推迟交付货物在法律上都构成违约，尤其是对于服装这类销售季节性较强的商品，根据违约的程度，买方有权拒绝接受货物，撤销合同，提出索赔。装运时间通常用以下几种表示方法：

（1）具体规定装运期限。

（2）规定在收到信用证后若干天装运。信用证是买方请银行开具的有条件的保证付款的文件，卖方收到信用证后若干天装运，就有了取得货款的保证。在采用这种方式时，通常会规定有关信用证开到日期或开出日期。

（3）收到信汇、票汇或电汇后若干天装运。

2. 装运港和目的港

装运港（Port of Shipment）是指货物起始装运的港口，目的港（Port of Destination）是指货物最终卸载的港口。一般情况下，装运港和目的港分别规定一个，但有时根据业务需要也可以规定两个或两个以上，特殊情况下还可以采用选择港的做法。

3. 转运和分批装运

转运（Transshipment）的含义：转运在不同的运输方式下有不同的含义，在海运的情况下，是指在装运港和卸货港之间的海运过程中，货物从一条船上卸下，再装上另一条船的行为；在航空运输情况下，是指在启运机场到目的地机场的运输过程中，货物从一架飞机上卸下，再装上另一架飞机的行为；在公路、铁路或内河运输的情况下，是指在装运地到目的地之间用不同的运输方式的运输过程中，货物从一种运输工具上卸下，再装上另一种运输工具的行为。

分批装运（Partial Shipment）：分批装运是指将一合同或信用证下的货物分若干批装于不同航次的船只上所进行的货物运输。分批装运是从数量上划分，分期装运是从时间上划分。

按照《跟单信用证统一惯例》规定："不明确规定不准分批装运，则视为允许分批装运；运输单据表明货物是使用同一运输工具并经同一线路运输的，即使运输单据表明装运日期不同及（或）装运地（港）不同，只要目的地相同，也不视为分批装运。"同时还规定："如信用证规定在指定的时间内分批装运，若其中任何一批未按约定的时间装运，则该批次以后各批均为不符规定的装运。"因此，出口方对于货物能否转运和分批装运的问题，应严格按照信用证的要求来办理。

4. 运输单据

运输单据有很多种，它是承运人收到承运货物签发给出口商的证明文件，它是交接货物、处理索赔与理赔以及向银行结算货款或进行议付的重要单据。因此，有关运输的内容，我们将在下一章"国际贸易单证"中详细论述。

二、运输条款中应注意的事项

1. 关于装运通知

装运通知是出口商向进口商发出货物已于某月某日或将于某月某日装运某船的通知。装运通知的作用是为了方便买方办理保险、准备提货手续或转售而做的必要的通知。出口商做此项通知时，有时需附上或另行寄上货运单据副本，以便进口商明了装货内容，并可防止货运单据正本迟到时，可及时办理担保提货。尤其是对于租船运输的大宗交易，在运输条款中应该约定装运通知条款。

至于何时发出装运通知，按照国际贸易的习惯做法，发货人应在装运货物后立即（一般在装船后3天内）发送装运通知给买方或其指定的人，从而方便买方办理保险和安排接货等事宜。如卖方未及时发送上述装船通知给买方而使其不能及时办理保险或接货，卖方就应负责赔偿买方由此而引起的一切损害及/或损失。

2. 关于目的港

在规定目的港时必须注意以下问题：必须是政府许可往来的港口；必须明确规定装卸港口；采用选择港时，备选港口不宜超过3个，而且必须在同一航区、同一航线比较靠近的港口；要选择安全港（即非疫港、非战争港）；要考虑港口具体运输和装卸条件等。另外，在世界上重名的港口有很多，如维多利亚港就有12个，波士顿港和波特兰港也有数个，为防止差错，应该具体指明港口所在的国家或地区。

3. 关于装运港

在采用 CIF 或 CFR 术语成交的合同中，装运港口不宜订得过死，最好能多订几个装运口岸或订为"中国口岸（China Pores）"，以便在某个港口无船装运时，可以改在其他港口装运。在采用 FOB 术语成交的合同中，应考虑对方来船的大小与装运港的水深是否相适应，以免对方派来的船只不能进港而引起纠纷。

三、运输条款实例参考

运输条款实例如：

Port of shipment：Shanghai，China（装运港：中国 上海）

Port of destination：New York，USA（目的港：美国 纽约）

Time of shipment：Shipment within 30 days after receipt of L/C must reach the seller not later than ××－××，partial shipment is allowed，transshipment is prohibited.（装运日期：收到信用证后 30 天内装运，该有关信用证不能迟于××月××日开到卖方，允许分批装运，禁止转船。）

第七节　保险条款

国际贸易中的贸易双方为了避免货物可能在运输过程中遭受损失，可由买卖双方中的一方向保险公司对其货物按一定金额投保一定的险别，并交纳保险费。经保险公司承保后，如果所保货物在运输过程中发生约定范围内的损失，则保险公司按照保险单的规定给予被保险人经济上的补偿。由于贸易中使用不同的价格术语，贸易双方所负的关于货物保险的责任有所不同，因此国际货物贸易合同中的保险条款会随着交易所使用的贸易术语的不同而大相径庭。在国际货物交易合同的保险条款中一般应明确规定保险金额、险别和以哪一家保险公司的保险条款为准。

一、保险金额的约定

保险金额是保险人所应承担的最高赔偿金额，也是核算保险费的基础。保险金额一般应由买卖双方经过协商确定，按照国际保险市场习惯，通过按 CIF 总值加 10% 计算。所加的百分率称为保险加成率或投保加成率，它作为买方的经营管理费用和预期利润加保。在 CIF 出口合同中，如买方要求以较高加成率计算保险金额投保时，在保险公司同意承保的条件下，卖方也是可以接受的。

二、保险险别的约定

凡我国出口以 CIF 条件成交的，通常按照中国人民保险公司现行的货物运输的保险险别并根据商品的性质与特点、货物运输的工具和路线及货物的残损规律与风险的程度，由双方约定投保的险别。正确选择险别，就可做到该保的不漏保，不该保的不投保。该保的如果漏保，在发生损失时就得不到赔偿；不该保的投了保，就要浪费保险费。

三、保险公司和保险条款的约定

在 CIF 或 CFR 条件成交下，保险公司的资信情况与卖方关系不大，但与买方却关系重大。因此买方一般会在合同中限定保险公司及其所采用的保险条款。在我国的对外贸易中，通常采用中国人民保险公司的货物运输保险条款。如果国外客户要求按照英国伦敦保险业协会货物保险条款（ICC Clause）为准，也可以接受。

四、保险投保人的约定

采用不同的价格术语时，实际已经对投保人有了相应的规定。例如，按 FOB 或 CFR 条件成交时，一般保险条款只需要写明"保险由买方自理"。如果买方要求卖方代办保险，保险条款则订为"由买方委托卖方按照发票金额的 ×× % 代为投保 ×× 险，保险费由买方负担"。按 DES 或 DEQ 条件成交时，保险条款可订为"保险由卖方自理"。凡按照 CIF 或 CIP 条件成交时，由于货价中包含保险费，故在保险条款中需要详细约定投保险别、支付保险费和向买方提供有效保险凭证等事项。

五、保险被保险人的约定

保险的被保险人可以是买方也可以是卖方，但在操作上有点不同：如果被保险人是买方，就直接将保险单交给买方；如果被保险人是卖方，则需要卖方将保险单背书后交给买方。总之，保单一定要到交到买方手中，而且向保险公司索赔也要在目的国。

另外，卖方若采用信用证付款，往往会要求将卖方作为被保险人，这时采用仓到仓条款，能使装船前的风险得以保障。如果不是采用信用证付款，卖方最好以自己作为被保险人，最后再把保单背书转让给买方。如在 CIF 条件下，若以买方为被保险人，即使采用仓至仓交易，卖方在装船前的风险也得不到这个保障。

第八节　合同其他条款

在国际贸易合同中，除了上述条款，可能还会有如下条款。

一、支付条款

国际贸易中货款的支付方式有很多种，到底采用何种支付方式，如何才能降低风险、减少收汇时的麻烦，是签订支付条款的重要问题。由于这是涉及银行业务的一些问题，故将在第八章"国际贸易货款的收付"中详细论述。

二、检验条款

国际贸易中，由于双方距离远，货物运输线长，不可能当面验货和付款，故多采用象征性交货。为保证买方能收到符合规定的商品，卖方交付了符合合同规定的商品后，能得到货款，就需要对进出口商品进行检验。由有一定声誉的专门商品检验机构来进行。

国际贸易合同中，检验条款一般包括检验的时间、地点、检验权及检验证书的种类等。在出口合同中，对于法定检验的商品一定要通过中国商检局的检验，同时允许外商有复验权。在进口合同中，更要定明我方有复验权，以便索赔。

一般进出口商品的检验证书的种类有品质证明书（Inspection Certificate of Quality）、重量证明书（Inspection Certificate of Weight）、卫生证明书（Sanitary Inspection Certificate）、产地证书（Inspection Certificate of Origin）等，具体使用何种证书应视商品的性质，由合同规定。

三、不可抗力条款

不可抗力条款又称为免责条款（Escape Clause）。它是指在国际贸易中，由于一些买卖双方无法预见和预防，又无法避免和克服的政治、经济、自然力量等因素造成买卖双方中任何一方不能履行合同时，可以不承担任何责任，另一方不能以此为借口向对方提出赔偿的有关条款。

不可抗力（Force Majeure）可以分为社会原因与自然原因的不可抗力两类。社会原因如战争、经济制裁、进出口两国之间的敌对行为等；自然原因如地震、水灾、海啸等。在外贸合同中订立不可抗力条款对于防止贸易纠纷是十分必要的。在该条款中不仅要明确订出不可抗力的范围，还要订出发生不可抗力后，前往调查的机构、出具的证明及处理的办法等。

四、仲裁条款

仲裁条款（Arbitration Clause）是为了在贸易双方发生商业纠纷时，可以通过双方都认可的仲裁机构进行裁决，以示公平。一般在仲裁条款中，对仲裁地点和仲裁机构的确定，针对不同的贸易对象和商品可以有三种方法：由本国的仲裁机构仲裁、由对方国的仲裁机构仲裁、由双方认可的第三国仲裁机构仲裁。

在国际贸易中，如果在合同中订有仲裁条款，当发生贸易纠纷时，任何一方不得直接向法院起诉，只能向条款中规定的仲裁机构提请仲裁。如果直接向法院起诉，法院得知合同中订有仲裁条款后，对此案也不会受理。只有在仲裁机构有了仲裁结果以后，而败诉方拒不执行仲裁结果时，胜诉方就可以向法院提出起诉，要求强制执行仲裁结果。因为仲裁机构只有仲裁权而无对仲裁结果的执行权。

第九节　合同索赔

在国际贸易中，有时会由于买卖双方中一方不履行或不完全履行合同使另一方遭受损失而引起向违约方提出索赔，或由于在装运过程中货物的品质、数量、包装受到损害而向有关责任方提出索赔。

理赔是指违约方对受损方所提出赔偿要求的受理和处理行为。索赔和理赔是一个问题的两个方面，对受损方而言是索赔，对违约方来说是理赔。

一、进口索赔对象

进口索赔的对象根据损害责任，可以向卖方、承运人或保险公司索赔。

1. 向卖方索赔

如果卖方没有按合同规定的品质、数量、包装、时间、地点等条件交货，除不可抗力原因外，都构成卖方的违约。卖方应承担相应的法律责任。买方可根据卖方违约所造成的后果，区别情况，依法索赔。

2. 向承运人索赔

凡到货数量少于运输单据所载数量、运输单据是清洁的而由于承运人的过失造成货物的残损或遗失，应由承运人负责赔偿。

3. 向保险公司索赔

凡属于保险合同内规定的属于保险责任范围内的损失，应由保险公司负责赔偿。

二、进口索赔应注意的问题

1. 索赔证据

对外提出索赔时需要提供足够的证据，其中"商检证书"尤为重要。同时，还需根据不同的情况随附其他凭证，如商业发票、装箱单、运输单据副本以及港务局理货员签证的理货报告及承运人签证的短卸或残损证明。

2. 索赔金额

根据国际惯例，买方向卖方提出的索赔金额应与因卖方违约造成的实际损失相等。索赔金额除了根据商品的价值和损失程度计算，还应包括买方因此而支出的各种费用，如商品的检验费、装卸费、银行手续费、清关费用、仓租、税金、利息等，合理的预期利润也应计算在内。对于向保险公司的索赔金额，则应按保险合同的规定计算。

3. 索赔期限

索赔期限是成功索赔的必要条件，逾期索赔是无效的，因此必须掌握好索赔期限的问题。如果因为商检工作需要较长的时间，可在合同规定的索赔有效期内向对方提出要求延长索赔期限，或在合同规定的索赔有效期内向对方提出保留索赔权。

按《联合国国际货物销售合同公约》规定，如买卖合同中没有规定索赔期限，而到货检验中又不易发现货物的缺陷的，则买方行使索赔权的最长期限是自实际货物收到日起不超过两年。按我国涉外经济合同法规定，以当事人知道或应当知道其权利受到侵犯之日起四年为限。

向船公司索赔的期限为货物到达目的港交货后的一年之内。

向保险公司提出海运货损索赔的期限一般为被保险货物在卸货港全部卸离海轮后的两年之内。

4. 买方责任

凡是货物的风险由卖方转移到买方时所存在的任何不符合合同规定的情况，都属于卖方责任，买方应以事实为依据向卖方提出索赔。但在卖方同意赔偿前，买方必须尽到保持货物的原状并妥善保管的责任。根据国际贸易惯例，如果买方不能按照实际收到的货物的原状归还货物，买方就丧失了宣告合同无效或要求卖方交付替代货物的权利。所以，买方必须按实际情况采取合理的措施，以保全货物。

三、违约的救济方法

违约的救济方法即一方违约致使另一方的合法权益受侵害时法律所给予的补偿办法。各国法律对于不同的违约行为都规定了相应的救济办法。各国有关违约的救济办法一般有以下几种：

1. 实际履约

实际履约有两重意思，一是指债权人要求债务人按合同的规定履行合同；二是指债权人向法院提起实际履行之诉，由执行机关运用国家的强制力，使债务人按照合同的规定履行合同。

2. 损害赔偿

各国法律都认为，损害赔偿是对违约的一种必不可少的救济办法。但对损害赔偿责任的成立、损害赔偿的方法及损害赔偿的计算，也各有不同的规定和要求。关于损害赔偿责任的成立，大陆法认为，必须具备三个条件，即必须要有损害的事实，必须有归责于债务人的原因，损害发生的原因与损害之间必须有因果关系。英美法不同于大陆法。根据英美法的解释，只要一方当事人违反合同，对方就可以提起损害赔偿之诉，而不以违约一方有无过失为条件，也不以是否发生实际损害为前提。关于损害赔偿的方法，德国法对损害赔偿是以回复原状为原则，而以金钱赔偿为例外。法国法与德国法不同，法国法以金钱赔偿为原则，而以回复原状为例外。英美法对损害赔偿采取金钱赔偿的方法。至于损害赔偿的范围，德国法认为，应包括违约所造成的实际损失和所得利息两个方面。法国法也有类似的规定。英美法认为，计算损害的基本原则，是使由于债务人违约而蒙受损害的一方在经济上能处于该合同得到履行时同等的地位。

3. 解除合同

罗马法原则上不承认债权人在债务人不履行合同或不完全履行合同时，有权解除合同。但在买卖法中，则允许卖方在买方未于一定期限内支付价金时，可以解除合同。这项原则后来被法国法所接受。《法国民法典》第 1184 条规定，双务合同当事人一方不履行其所订立的债务时，应视为有解除条件的约定。德国法也认为，在债务人不履行合同时，债权人有权解除合同。英美法同大陆法有所不同。英国法把违约分为违反条件和违反担保两种情况，美国则把违约区别为重大违约与轻微违约。按英美法的规定，只有在违反条件或重大违约时，才发生解除合同的问题。如果一方仅仅是违反担保或轻微违约，对方只能请求损害赔偿，不能解除合同。在中国，违约致使合同履行成为不必要时，才成为解除合同的理由。

4. 禁令

禁令是英美法采取的一种特殊的救济方法，是指由法院作出禁止，强制执行合同所规定的某项消极义务。即由法院判令被告不能做某种行为。禁令是衡平法上的一种救济方法，英美法院仅在两种情况下才会给予这种救济，一是采取一般损害赔偿的救济方法不足补偿债权人所受的损失，二是禁令必须符合公平合理的原则。

5. 违约金

违约金是违约补救的最常用办法之一，但各国规定有所不同。大陆法认为违约金具有两重性，即惩罚性和赔偿性，英美法认为，对于违约只能赔偿，而不能予以惩罚。在数额上，法国及日本等国认为，法院对于当事人约定的违约金的金额原则上不得予以增减。德国及瑞士等国法律却规定，违约金过高者，法院得斟酌予以减少。

总之，索赔是一项比较复杂的工作。要做好索赔工作，必须熟悉国际惯例和有关法律法规。

第六章 国际贸易单证

在国际贸易中，交货与结算都是依靠各种单证来完成的。如以信用证为结算方式的出口贸易，可能需要涉及的单证包括信用证、合同、汇票、提单、商业发票、装箱单、出口许可证、外汇核销单、报关单、商检证书、原产地证书，等等。由此可见单证在国际贸易中的重要性。下面就对一些主要单证进行介绍。

第一节 信用证

信用证（Letter of Credit，L/C）又称银行信用证，是银行开立的一种有条件的承诺付款的书面文件。信用证支付方式是随着国际贸易的发展，在银行参与国际结算的过程中形成的。通过信用证方式结算，很大程度上解决了买卖双方之间互不信任的矛盾，同时在通过信用证方式进行结算的过程中，银行还可为买卖双方提供资金融通的便利。因此，信用证在国际贸易货款结算中被广泛应用。

一、信用证的内容

信用证是进口方银行（开证行）应进口人（申请开证人）的要求，向出口人（受益人）开立以受益人按照规定提供单据和汇票为前提的支付一定金额的银行的书面付款保证。

信用证是开证银行写给受益人或通知银行的一种信件，各银行均有自己的写法，并无统一的格式和措词。国际商会虽专门设计了跟单信用证的标准格式，也只是供各银行参考，不是法定的格式，大致包括以下项目。

1. **对信用证本身的说明**

对信用证本身的说明包括信用证的种类、性质、信用证号码、开证日期、有效期及到期地点、交单期限等。

2. **对货物的要求**

对货物的要求一般都是根据合同对货物的要求进行描述，如货物名称品质、数量、单价、包装及运输标志等要求。

3. **对运输的要求**

对运输的要求如装运期限、装运港和目的港、运输方式、运费应否预付以及关于分批装运和中途转运的规定等。

4. **对单据的要求**

对单据的要求即对汇票、商业发票、提单、运输单据、保险单据及其他有关单证的制单要求。

5. 特殊要求

特殊要求往往根据具体情况而定。如限制由某银行议付、限装某国籍船只或不准装某国籍船只、不准装超过若干年船龄的船舶、装运船只不准在某些港口停靠或不许采用某条航线、某些单据要加注规定的说明等。

6. 开证行对受益人及汇票持有人保证付款的责任文句

开证行对受益人及汇票持有人保证付款的责任文句即银行有条件的付款承诺。

7. 其他

"其他"项如：国外来证大多数均加注："除另有规定外，本证根据国际商会《跟单信用证统一惯例》即国际商会 600 号出版物（《UCP600》）办理。"

银行间电汇索偿条款。

二、信用证的特点

1. 信用证是一种银行信用

信用证支付方式是一种银行信用，由开证银行以自己的信用做出付款保证。所以，作为一种银行保证文件的信用证，开证银行对其负第一性的付款责任。

2. 信用证是一项自足文件

信用证是独立于买卖合同以外的另一种契约。买卖合同是信用证业务的基础，但买卖合同是进出口人之间的契约，只对进出口人双方（买卖双方）有约束力。而信用证则是开证银行与受益人（一般为出口人）之间的契约。开证银行与受益人以及参与信用证业务的其他银行应受信用证的约束，但开证银行及其他参与信用证业务的银行与买卖合同完全无关，自然不受买卖合同的约束。所以，信用证是一项自足文件，开证银行和参与信用证业务的其他银行只按信用证的规定办事。

3. 信用证是一项单据业务

信用证业务是一种纯粹的单据业务。在信用证业务中，各有关方面处理的是单据，而不是与单据有关的货物、服务及其他行为。在信用证业务中，只要受益人或其指定人能提交符合信用证条款的单据，开证银行就应承担付款、承兑或议付的责任，开证人就有义务接受单据并对已付款、承兑或议付的银行进行偿付。

三、信用证的种类

信用证可从付款依据、保证性质、付款方式、付款期限、运用方式等分为若干种类。

1. 跟单信用证与光票信用证

跟单信用证（Documentary Credit）指付款凭跟单汇票或仅凭单据的信用证。这里所指的单据是指代表货物所有权的单据（例如海运提单），或证明货物已经发运的单据（例如铁路提单、航空运单、邮包收据）。在国际贸易货款结算中，绝大部分使用跟单信用证。

光票信用证（Clean Credit）指付款仅凭光票（Clean Draft）向开证银行索取票款的信用证。这种汇票不需随附代表货物所有权的单据或证明货物已经发运的单据。有的光票信用证在要求受益人开立汇票后，还要求附交一些非货运性的单据。例如发票、垫款清单等。

2. 可撤销信用证与不可撤销信用证

可撤销信用证（Revocable Credit）指开证银行可以不经受益人的同意，也不必事先通知受益人，有权随时取消信用证或修改信用证的条款。可撤销信用证被撤销或修改时，开证银行一般应通知通知银行。如果通知银行在收到该项通知前已经按信用证规定办理了付款、承兑或议付，或者在迟期付款情况下已经接受了表面上符合信用证条款的单据，开证银行仍应予以偿付。可撤销信用证对于出口人来说，开证银行几乎未提供任何保障，但它毕竟给出口人提供了一个通过向通知银行办理议付和融通资金的机会。

不可撤销信用证（Irrevocable Credit）指信用证一经开出并经通知银行通知受益人后，开证银行便承担了按照信用证条件履行付款的义务。在信用证有效期内，除非得到信用证受益人和有关当事人的同意，开证银行不能单独撤销或修改信用证的条款，只要受益人提交符合信用证的条款，开证银行必须履行付款义务。并且在付款以后不得向受益人或其他善意受款人行使追索权。因此，不可搬销信用证为受益人提供了比较可靠的保证，在国际贸易中使用得最为广泛。

3. 保兑信用证与不保兑信用证

在不可撤销信用证中，按其是否有另一家银行参加负责保证兑付，又可分为保兑信用证（Confirmed Credit）和不保兑信用证（Uncofirmed Credit）。保兑信用证是指开出的信用证另一家银行负责保证兑付。这家负责保证兑付的银行称为保兑银行（Confirmed Bank）。保兑银行一般为通知银行，也可以是其他第三者银行。保兑一般是受益人对开证银行的资信不够了解或不够信任，或对进口国的政治经济形势有顾虑时才提出这种要求的。此外，某些开证银行担心本身所开出的信用证不能被受益人所接受或不易被其他银行议付时，主动要求另一家银行对该信用证加具保兑。

不保兑信用证指未经另一家银行加具保兑的信用证。由开证银行单独负不可撤销的付款保证责任。

4. 议付信用证、付款信用证与承兑信用证

议讨信用证（Negotiation Credit）指开证银行允许受益人向某一指定的银行交单议付的信用证。议讨信用证根据议付的银行是否受限制，又可分为公开议付信用证（Open Negotiation Credit or Freely Negotiation Credit）和限制议付信用证（Restricted Negotiation Credit）之分。在实际业务中，一般使用公开议付信用证。限制议付信用证只在开证银行资信不佳，不能为多数银行所信任，即信用证缺乏议付可能性时才使用。

付款信用证（Payment Credit）是指定某一银行付款的信用证称为付款信用证。当受益人凭这种信用证向指定的付款银行提交规定的单据时，指定的付款银行即行付款。付款信用证一般不要求受益人开具汇票，而仅凭受益人提交的单据付款。如信用证要求提供汇票，则汇票的付款人应为指定的付款银行。受益人只能在指定的付款银行交单取款。

承兑信用证（Acceptance Credit）是指定其一银行承兑的信用证称为承兑信用证。当受益人凭该信用证向指定的银行开具远期汇票并提示时，付款行应于汇票到期日准时付款。受益人只能向指定的承兑银行要求承兑和付款。

5. 即期信用证、远期信用证和假远期信用证

即期信用证（Sight Credit）指根据信用证规定，受益人可凭即期跟单汇票或只凭单据收取货款的信用证。即期信用证的特点是：受益人根据信用证规定，将即期汇票和单据或仅将单据直接或通过议付银行交付开证银行或代付银行之后，可以立即取得票款。

远期信用证（Usance Credit）指信用证规定受益人凭远期汇票取款的信用证。使用远期信用证时，开证银行或付款银行收到符合信用证条款的单据后，并不立即付款，而是根据汇票的期限，等到汇票到期才行付款。远期信用证一般要由汇票付款人办理承兑手续。按承兑人的不同，远期信用证又可分为银行承兑信用证和商业承兑信用证两种。

假远期信用证（Usance Credit Payable at Sight）指在买卖双方商定以即期信用证付款的交易中，开证人出于某种需要，开来的信用证要求出具远期汇票并愿负担贴现息和有关费用，而在一般情况下受益人能即期收汇的一种信用证。对开证人来讲，它具有远期信用证的特征，因为证中规定开立远期汇票，开证人在汇票到期才付款。对受益人来讲，能即期收汇，与即期信用证相似。使用假远期信用证的原因主要有两个：第一，进口商利用银行信用和较低的贴现来融通资金，减轻费用负担与降低进口成本。第二，由于外汇紧张，有的国家法律规定交易一律要远期付款，银行只能开立远期信用证，或对银行开立即期信用证有严格限制。

6. 预支信用证与循环信用证

预支信用证（Anticipatory Credit or Prepaid Credit）指受益人可在发运货物前先行开具汇票向指定银行（通常是通知银行）收款的信用证。因此与远期信用证相反，进口人付款在先，而出口人交货交单在后。其主要原因是在市场货源紧缺的情况下，出口人利用进口人急于要货的心理，以预收货款作为交货的前提条件，或者是进口人为了使其出口地的代理人能掌握一笔资金以便随时在当地收购现货。预支信用证还可分为预支信用证全部金额和部分金额两种。

循环信用证（Revolving Credit）指信用证被全部或部分使用后，仍可恢复金额、再行使用的信用证。其主要特点是可多次循环使用，直到规定的循环次数或规定的总金额到达时为止。该证适于需要较长时间内分批履行的合同。循环信用证可分为按时间循环与按金额循环两种。

7. 对开信用证、对背信用证与可转让信用证

对开信用证（Reciprocal Credit）指商人在进行换货交易时互相向对方开出的信用证。其特点是：第一张信用证的受益人就是第二张信用证（或回头证）的开证人；第一张信用证的开证人就是第二张信用证的受益人。两张信用证的金额可以相等，也可以有较大出入；可以分别生效、也可以同时生效。因此，对开信用证是两张相互联系、互为条件的各自向对方开出的信用证。在多数情况下，要求交易双方事先商定开证银行和议付银行，即第一张信用证的开证银行和议讨银行就是第二张信用证的议讨银行和开证银行。对开信用证可应用于来料加工和来料装配业务以及易货交易中。

对背信用证（Back to Back Credit）指受益人要求原证通知银行或其他银行以原证为基础，另外开立一张内容近似的新信用证。这种另开的信用证就是对背信用证。对背信用证适用于存在中间商的交易。对背信用证的开证银行只能根据不可撤销的信用证来开证，虽以原证为基础，但某些具体条款与原证是不同的。如装货期和交单有效期一般比原证提前，以便中间商能及时换单办理议付；单价也往往比原证低，以保证中间商的利益。

可转让信用证（Transferable Credit）指开证银行授权被委托付款或承兑的银行或可以议付的银行，在受益人提出申请后，可将信用证的全部或一部分转让给一个或数个第三者使用的信用证。虽然信用证只能按原证规定条款转让，但信用证金额、商品单价、到期日、交单及装运最后日期可以变动，保险加保比例可以增加；除非信用证另有规定，可转让信用证的第一受益人可要求将信用证转让给本国或另一国家的第二受益人；第一受益人还有权用自身的发票替换第二受益人的发票，并可按照信用证规定的原金额、原单价开发票，从而可在该证项下取得其自身发票和第二受益人发票之间的差额。

8. 备用信用证

备用信用证（Stand by Letter of Credit，Stand by L/C）是光票信用证的一种特殊形式，属于银行信用。它是指开证行根据开证人的请求开立的对受益人承诺某项义务的凭证，或者开证行对开证人不履行合同义务予以一般性付款担保的信用凭证。备用信用证实质上就是保函，是在开证人（债务人）不履约或违反约定时才使用的，因而有担保信用证之称。在一般情况下，备用信用证并不被使用，具有备用性质，这就是常说的往往"备而不用"。备用信用证源于美国，这是因为美国政府只允许美国担保公司（Bonding Company）而不允许银行开立保函，银行为了适应国际贸易广泛发展的需要，以便招揽更多的业务，转而采用备用信用证，以代替保函。

第二节　货物发票

国际贸易中的货物发票一般是指商业发票，但由于国际贸易涉及的各种需求，所以需要开具的发票也有很多种。

一、商业发票

商业发票（Commercial Invoice）是出口方向进口方开列的发货价目清单，是买卖双方记账的依据，也是进出口报关交税的总说明。商业发票是一笔业务的全面反映，内容包括商品的名称、规格、价格、数量、金额、包装等，同时也是进口商办理进口报关不可缺少的文件，因此商业发票是全套出口单据的核心，在单据制作过程中，其余单据均需参照商业发票缮制。

1. 商业发票的形式

商业发票没有统一规定的格式，每个出具商业发票的单位都有自己的发票格式。虽然格式各有不同，但是，商业发票填制的项目大同小异。一般来说，商业发票应该具备以下主要内容：

（1）首文部分。首文部分应该列明发票的名称、发票号码、合同号码、发票的出票日期和地点，以及船名、装运港、卸货港、发货人、收货人等。这部分一般都是以印刷的项目，后面留有的空格须填写。

（2）文本部分。发票的文本主要包括唛头、商品名称、货物数量、规格、单价、总价毛重/净重等内容。

（3）结文部分。发票的结文一般包括信用证中加注的特别条款或文句。

发票的结文还包括发票的出票人签字。发票的出票人签字一般在发票的右下角，一般包括出口商的名称（信用证的受益人）和出口公司经理或其他授权人手签或手签图章。有些国家规定，写在签署人签字以下的文字内容无效。因此，应该特别注意，发票的各项内容应该列在签字之上。

2. 商业发票的内容

商业发票的内容一般包括以下内容：

（1）商业发票须载明"发票"（Invoice）字样。

（2）发票编号和签发日期（Number and date of issue）。

（3）合同号或订单号码（Contract number or order number）。

（4）收货人名称、地址（Consignee's name and address）。

（5）出口商名称、地址（Exporter's name and address）。

（6）装运工具及起讫地点（Means of transport and route）。

（7）商品名称、规格、数量、重量（毛重、净重）等（Commodity, Specifications, quantity, gross weight, net weight etc）。

（8）包装及尺码（Packing and measurement）。

（9）唛头及件数（Marks and numbers）。

（10）单价及价格条件（Unit price and price term）。

（11）总金额（Total amount）。

（12）出票人签字（Signature of maker）。

在信用证支付方式下，发票的内容要求应与信用证规定条款相符，还应列明信用证的开证行名称和信用证号码。在有佣金折扣的交易中，还应在发票的总值中列明扣除佣金或折扣的若干百分比。发票须有出口商正式签字方为有效。

3. 商业发票的作用

（1）作为进口商了解和掌握装运货物全面情况的依据。发票是一笔交易的全面叙述，它详细列明了该装运货物的货物名称、商品规格、装运数量、价格条款、商品单价、商品总值等全面情况，为进口商提供识别该批货物属于哪一批订单项下的。进口商可以依据出口商提供的发票核对签订合同的项目，了解和掌握合同的履约情况，进行验收。

（2）作为进口商记账、进口报关、海关统计和报关纳税的依据。发票是销售货物的凭证，对进口商来说，需要根据发票逐笔登记记账，按时结算货款。同时，进口商在清关时需要向当地海关当局递交出口商发票，海关凭以核算税金、验关放行和统计。

（3）作为出口商记账、出口报关、海关统计和报关纳税的依据。出口商凭发票的内容，逐笔登记入账。在货物装运前，出口商需要向海关递交商业发票，作为报关发票，海关凭以核算税金，并作为验关放行和统计的凭证之一。

（4）在不用汇票的情况下，发票可以代替汇票作为付款依据。在即期付款不出具汇票的情况下，发票可作为买方支付货款的根据，替代汇票进行核算。光票付款的方式下，因为没有货运单据跟随，也经常跟随发票、商业发票起着证实装运货物和交易情况的作用。

（5）一旦发生保险索赔时，发票还可以作为货物价值的证明的依据。在保险索赔时，发票是证明货物价值的直接证据。

二、海关发票

海关发票（Customs Invoice）是出口商应进口国海关要求出具的一种单据，基本内容同普通的商业发票类似，其格式一般由进口国海关统一制定并提供，主要是用于进口国海关统计、核实原产地、查核进口商品价格的构成等。

1. 海关发票的作用

（1）作为供进口商报送核查货物与估价征税的依据。

（2）作为货物原产地的依据。

（3）作为供进口国海关核查货物在其本国市场的价格，确认是否倾销等的依据。

（4）作为统计的依据。

2. 海关发票的缮制

由于各国各地区的海关发票格式不一，加之是用外文印制的，所以在缮制时必须加以注意。要注意的问题包括以下几点：

（1）与商业发票的相应项目必须完全一致。

（2）须列明国内市场价或成本价时，应注意其低于销售的离岸价。

（3）经准确核算的运费、保险费及包装费。

（4）海关发票应以收货人或提单的被通知人为抬头人。

（5）签具海关发票的人可由出口单位负责办事人员签字，签字时，卖方必须以个人名义签字，要求用手签写，不得以公司名义签章。

当向美国出口纯棉布、涤棉布、人造棉布时，还需提供"5519"格式（即 Invoice Details for Cotton Fabrics and Liners）的海关发票，这个格式主要用来表示纺织品的组织结构，因此，有些美国人称其为纺织品组织结构单（Cotton Construction Sheet）。其中要填明每平方码盎司（1 盎司 = 28.3495 克）重量、平均纱支数、织造方式等。

三、领事发票

领事发票（Consular Invoice）是由进口国驻出口国的领事出具的一种特别印就的发票，是出口商根据进口国驻在出口地领事所提供的特定格式填制，并经领事签证的发票。这种发票证明出口货物的详细情况，为进口国用于防止外国商品的低价倾销，同时可用作进口税计算的依据，有助于货物顺利通过进口国海关。

出具领事发票时，领事馆一般要根据进口货物价值收取一定费用。这种发票主要为拉美国家所采用。如果进口国在出口地没有设立领事馆，出口商则无法提供此项单据，这样，只能要求开证人取消信用证所规定的领事发票或领事签证发票的条款，或者要求开证人同意接受由出口地商会签证的发票。

1. 领事发票的作用

（1）作为课税的依据。

（2）作为审核有无低价倾销情况的依据。

（3）作为证明出口商所填写的货物名称与数量价格等是否确实的依据。

（4）增加领事馆的收入的措施。

2. 领事发票的缮制

填制领事发票应注意的问题包括：

（1）注意签证费用由何方负担的问题。

（2）填制的有关内容应与商业发票、提单等单据相符。

（3）必须注明所装运的货物的制造地（或者出产地）。

（4）注意核发的领事馆是否与来证规定相符。

（5）领事发票的日期不应迟于汇票和提单的日期。

（6）不允许在领事发票上擦刮、删除或进行任何改动，也不可以在行与行之间书写。

四、形式发票

形式发票（Proforma Invoice）是一种非正式发票，是卖方对潜在的买方报价的一种形式，是一种估价单。买方常常需要形式发票，以作申请进口和批准外汇之用。这种发票本来是卖方在推销货物时，为了供买方估计进口成本，假定交易已经成立所签发的一种发票，而实际上并没有发出货物的事实。

在国外，一般小额贸易客户是很少签正式出口合同的，形式发票往往就起着约定合同基本内容以实现交易的作用，所以有必要的话要将可能产生分歧的条款一一详列清楚，要买方签回确认条款，这样一来，以后真正执行合同时便可有所依据。如果是形式发票被利用来做信用证，信用证上的条款便应与形式发票上的一致。形式发票不是一种正式发票，不能用于托收和议付，它所列的单价等也仅仅是进口商根据当时情况所作的估计，对双方都无最终的约束力，正式成交发货后还要另外重新缮制商业发票。

1. 形式发票的作用

（1）可作为估价单或报价单。

（2）可作为销售确认书。

（3）可作为买方凭以申请输入许可证、外汇许可证和开立信用证的凭证。

2. 形式发票的其他使用场合

（1）可用于预付货款，即在装货前要求现金支付。

（2）在寄售方式中，出口的货物没有确定的销售合约，而是放在代理商手中，对代理商来说，形式发票可以作为向潜在的买方报价的指南。

（3）如果是投标，形式发票可以使买方在许多相互竞争的供货商中按合理的价格和销售条件签订销售合同。

五、国际贸易中使用的其他发票

在国际贸易中，不同的用途使用不同的发票，不同的发票名称表示不同的发票种类，缮制时应严格按信用证的规定。除上述几种发票外，在国际贸易中可能还会遇到下面几种发票。

1. 详细发票

详细发票（Detailed Invoice）的发票内容应将货物名称、规格、数量、单价、价格条件、总值等详细列出。

2. 证实发票

证实发票（Certified Invoice）是证明所载内容真实、正确的一种发票，证实的内容视进口商的要求而定，如：证明发票内容真实无误、货物的真实产地、商品品质与合同相符、价格正确等。

3. 收妥发票

收妥发票（Receipt Invoice）是发票结文签字处加注货款已收讫条款的发票。其目的是以商业发票代替货款收据，而不需再开立汇票。因汇票在有些国家需贴印花税票，一些进口商为免除印花税负担，也要求提供这种发票。

4. 厂商发票

厂商发票（Manufacturers Invoice）是出口货物的制造厂商出具的以本国货币表示出厂价格的销货凭证。其目的是供进口国海关估价、核税及检查是否有削价倾销行为，在征收反倾销税时使用。

5. 样品发票

样品发票（Sample Invoice）又称小发票，是卖方向买方寄样时出具的清单，供进口报关时使用。

6. 寄售发票

寄售发票（Consignment Invoice）是货物寄售时卖方开给买方作为定价依据的发票。

7. 最终发票

最终发票（Final Invoce）一般用于出口到非洲国家，样式一般由进口商提供，内容与一般商业发票或形式发票大体相同。

六、国内使用的发票

国内使用的发票与国际贸易中使用的发票有较大不同。根据我国现行税制，在国内使用的发票分为普通发票和增值税专用发票两大类。主要作为在购销商品，提供或者接受服务以及从事其他经营活动中，开具、收取的收付款项凭证。

普通发票是指增值税专用发票以外的纳税人使用的其他发票。增值税专用发票只有增值税一般纳税人和税务机关为增值税小规模纳税人代开时使用。

增值税专用发票只限于一般纳税人之间从事生产经营增值税应税项目使用，而普通发票则可以用于所有纳税人的所有经营活动，当然也包括一般纳税人生产经营增值税应税项目。普通发票只是一种商事凭证，而专用发票不仅是一种商事凭证，还是一种扣税凭证。专用发票不但要包括普通发票所记载的内容，而且还要记录购销双方的税务登记号、地址、电话、银行账户和税额等内容。

第三节　运输单据

运输单据是承运人收到承运货物后签发给托运人的证明文件，它是交接货物、处理索赔与理赔以及向银行结算货款或进行议付的重要单据。

一、运输单据的种类

1. 托运单

托运单（Booking Note，B/N）俗称下货纸，是托运人根据贸易合同和信用证条款内容填制的，向承运人或其代理办理货物托运的单证。承运人根据托运单内容，并结合船舶的航线、挂靠港、船期和舱位等条件考虑，认为合适后，即接受托运。

托运单是运货人（承运人）和托运人之间对托运货物的合约，其记载有关托运人与运货人相互间的权利义务。运送人签收后，一份给托运人当收据，货物的责任从托运人转至运送人，直到收货人收到货物为止。如发生托运人向运货人索赔的情况，则托运单成为索赔必备的文件。因此，承运单位向计算机中输入托运单上数据的正确与否，影响后续作业甚大，故应仔细核对。

2. 装货单

装货单（Shipping Order，S/O）又叫关单，是接受了托运人提出装运申请的船公司签发给托运人的用以命令船长将承运的货物装船的单据。它既能用作装船的依据，又是货主用以向海关办理出口货物申报手续的主要单据之一。对于托运人来讲，它是办妥货物托运的证明。对船公司或其代理来讲，它是通知船方接受装运该批货物的指示文件。

3. 大副收据

大副收据（Mate's Receipt）又称收货单，指当托运人将准备装船的货物送到码头，并由承运人或其办理运输的代理人收讫备运，该承运人或其代理人（主要是船上大副）根据装载货物的实际情况向托运人签发的一种单证。大副收据是签发提单的重要依据。

大副收据是确认收到货物并记载货物的数量和状况的一种单据，而且也可能记载托运人或货主的名称。由于依照法律规定，承运人从货物装上船时起即承担对货物的责任，所以在装货的过程中，大副必须将货物的实际情况与装货单的记载进行细致核对。只有大副收据的收受人或占有人才有权要求将提单签发给卖方。大副收据在一般情况下并不是已装船货物的物权凭证，不可以向第三人转让或为第三人创造针对承运人的权利。

4. 场站收据

场站收据（Dock Receipt，D/R）是集装箱多式联运专用的单证，是船公司委托集装箱场站签发给托运人，证明收到货物，并可换取提单的收据。场站收据是综合性单证，集合了以往传统的托运单、装货单、收货单的功能，提高了集装箱的操作效率。

5. 海运提单

海运提单（Bill of Lading，B/L）是承运人或其代理人收到货物后，签发给托运人的一种单证。海运提单是承运人或其代理人签发的货物收据，是货物所有权的凭证，是运输契约或其证明。

6. 海运单

海运单（Sea Waybill）是证明海上运输货物由承运人接管或装船，且承运人保证将货物交给指定的收货人的一种不可流通的书面运输单证。海运单与空运单的作用相仿，主要起提货凭证的作用。海运单是随着集装箱运输的发展，特别是在航程较短的运输中产生出来的一种运输单证。其主要特点在于收货人已明确指定。收货人并不需要提交正本单据，而仅需证明自己是海运单载明的收货人即可提取货物。海运单不具有流通性，不能转让，因此非法取得海运单的运单持有人是无法凭以提货的。海运单的不可转让性使得此种单证具有较之提单更安全的特点，从而可以减少欺诈，使第三者在非法得到海运单时不能提取货物。

7. 铁路运单

铁路运单（Railway Bill）是由铁路运输承运人签发的货运单据。它是收、发货人同铁路之间的运输契约。其正本在签发后与货物同行，副本签发给托运人用于贸易双方结算货款，在货物发生损失时，还可以用于向铁路进行索赔。铁路运单不是物权凭证，不可以用于提货。

8. 航空运单

航空运单（Air Waybill）是由空运承运人或其代理人签发的货运单据。它是承运人收到货物的收据，也是托运人同承运人之间的运输契约，但不具有物权凭证的性质，因此空运单也是不可以转让的。

9. 装船通知

装船通知（Shipping Advice）即货物离开起运地后，由出口商发送给进口商，通知进口商一定数量的货物已经起运的通知文件。在 FOB 或 CFR 条件下，进口商需要根据装船通知来为进口货物办理保险，因此一般要求出口商在货物离开起运地后两个工作日内向进口商发出装船通知。

10. 提货单

提货单（Delivery Order）即进口商（收货人）在货物到达目的地后，凭海运提单等运输单据向承运人的代理人换取的提货凭证，用于办理进口报关、提货等手续。

二、海运提单

由于海洋运输是国际贸易中使用最广泛的运输方式，所以这里重点介绍海运提单，简称提单。

1. 海运提单的作用

上面提到海运提单是承运人或其代理人收到货物后，签发给托运人的一种单证。海运提单是承运人或其代理人签发的货物收据，是货物所有权的凭证，是运输契约或其证明。故提单的作用有以下三个方面：

（1）它是承运人或其代理人签发的货物收据，证实已经按提单内容收到货物。

（2）它是代表货物所有权的凭证，收货人或提单的合法持有人有权凭提单向承运人提取货物。由于提单是一种物权证书，因此在国际市场上，提单可以在载货船舶到达目的港交货前办理转让，或凭以向银行办理抵押贷款。

（3）它是承运人与托运人之间运输协议的证明，也是承运人与托运人处理双方在运输过程中的权利和义务的主要依据。

2. **海运提单的种类**

（1）按照货物是否已装船，海运提单可分为以下两种：

①已装船提单（Shipped on Board B/L）指在提单上载明有货物"已由××轮装运"及装运日期的提单。按国际市场上银行业务的惯例，出口人向银行议付货款所提交的提单必须是已装船的提单。

②备运提单（Received for Shipment B/L）指承运人在收到托运人货物等待船期间，向托运人签发的提单。由于备运提单没有确定的装运日期，也没有具体装运的船舶，使将来货物能否装运出港、能否凭提单提到货物都没有确切的保障，因此买方一般不愿接受备运提单。

（2）按照货物外表状况有无不良批注，海运提单可以分为以下两种：

①清洁提单（Clean B/L）指货物在交运时表面状况良好，承运人在签发提单时未加任何货损、包装不良等一类批注的提单。

②不清洁提单（Unclean B/L or Foul B/L）指承运人在提单上加注了货物及包装状况不良或存在缺陷等批注的提单。如注有"包装不固""×件遭水淹""×件损坏"等。

（3）按照收货人的具名方式，海运提单可分为以下三种：

①记名提单（Straight B/L）指在提单上的"收货人"一栏中填写有具体的收货人名称的提单。这种提单只能由提单上所指明的收货人提货，不能转让。由于银行一般不愿意接受记名提单作为议付货款的证件，所以在国际贸易中很少使用记名提单。

②指示提单（Order B/L）指在提单上的"收货人"一栏中不填写收货人的具体名称，而填写"凭（发货人）指定（To Order）""凭托运人指定（To Order of Shipper）""凭开证人指定（To Order of Applicant）""凭开证银行指定（To Order of Issuing Bank）"等内容。指示提单可以通过背书的办法进行转让，属"可转让提单"。

③不记名提单（Bearer B/L）指在提单内没有指明收货人的名称，仅在"收货人"一栏中填写"来人（Bearer）"字样的提单。不记名提单在转让时不需要任何背书的手续，提单持有人仅凭提单即可向船公司提货。虽然这种提单的转让和提货手续比较方便，但一旦遗失或被盗，货物易被他人提走。因此，不记名提单在国际贸易中也较少采用。

（4）按照运输过程中是否转船，海运提单可以分为以下三种：

①直达提单（Direct B/L）是指按照货物在装运港装船后，中途不需换船而直接驶达目的港卸货的条件签发的提单。直达提单上仅列有装运港和目的港的名称，无"中途转船""在××港转船"等批注。在国际贸易中，如果信用证规定货物不准转船，则卖方必须取得

承运人签发的直达提单，银行才办理议付货款。

②转船提单（Transshipment B/L）指船舶从装运港装货后，不直接驶往目的港，而在中途的港口将货物换船，再将货物运往目的港，按照这种条件签发的包括运输全程的提单就叫作"转船提单"。在转船提单上，一般注有"在××港转船"等字样。

③联运提单（Through B/L）指需经两种或两种以上的运输方式联合运输的货物，托运人在办理托运手续并交纳全程费用后，由第一段航程的承运人所签发的包括运输全程并能凭以在目的地提取货物的提单。采用这种提单与采用转运提单一样，货物在运输途中的转换交通工具和交接工作，均由上一航程的承运人或其代理人向下段航程的承运人办理。联运提单和转船提单虽然都包括全程运输，但签发提单的承运人或其代理人一般都在提单的条款中规定：仅负担货物在其负责运输段航程内所发生的损失责任，货物从其运输工具卸下后，其责任即告终止。

（5）按照提单内容繁简，海运提单可以分为以下两种：

①全式提单（Long Form B/L）指通常采用的背面印有承运人和托运人权利义务范围的提单，又称繁式提单。

②略式提单（Short Form B/L）只有正面项目，背面内容略去。它们是根据提单内容的繁简而划分的。

（6）按照提单对应的货主，海运提单可以分为以下两种：

①并提单（Combined B/L）是指不同批次的货物合并在一份提单上，或不同批次的相同的液体货装在一个油舱内，签发几份提单时，前者叫并提单，后者叫拼装提单。

②分提单（Separate B/L）是指一批货物，即同一装货单的货物，可根据托运人的要求分列两套或两套以上的提单。

（7）按照提单的签发人，海运提单可以分为以下两种：

①船东提单（Master B/L）是指由承运人船东签发的提单。

②货代提单（House B/L）是指由货运代理人签发的提单。货运提单往往是货物从内陆运出并运至内陆时签发的。这种提单从技术上和严格的法律意义上说，是缺乏提单效力的。

（8）按照提单签发时间，海运提单可以分为以下三种：

①过期提单（Stale B/L）是指错过规定的交单日期或者晚于货物到达目的港日期的提高。

②倒签提单（Ante-dated B/L）是指托运人与承运人串通，在货物装船后，按比实际装船完毕日期要早的日期签发的提单。其目的在于设法使提单的日期符合合同或信用证规定的装船日期，这是一种违法的欺骗行为。

③预借提单（Advanced B/L）使托运人在货物装船前或装船完毕之前，为了及时结汇而向承运人先借用的提单，这也是一种违法的欺骗行为。

（9）按照提单的载体，海运提单可以分为以下两种：

①纸质提单。上述传统提单均为纸质提单。

②电子提单。随着电子计算机和通信技术的发展，电子数据交换的使用日益广泛。电子提单的产生就是这一技术在海运领域中的具体运用。所谓电子提单，就是将传统纸质提单改用电子载体按密码进行流转，并能够有效地防止航运单证欺诈。

1990 年国际商会的《国际贸易术语解释通则》即承认当事人以电子提单代替纸提单的约定有效。1990 年 6 月通过的《国际海事委员会电子提单规则》，明确了电子提单的法律适用和电子提单项下货物支配权的转移等问题。该规则规定："电子提单应受传统的提单公约或国内法的制约。拥有货物支配权的买方，可以通过转让这一权利来实现货物的转卖。"这说明电子提单有传统提单的流转功能。

第四节　通关单据

货物通关是国际货物贸易的关键，其核心问题就是通关单据是否齐备、正确无误。

一、商检证书

商检证书（Commodity Inspection Certificate）是指进出口商品经过商检机构进行检验或鉴定后，由该检验机构出具的书面证明。此外，在交易中如果买卖双方约定由生产单位或使用单位出具检验证明，则该证明也可起到检验证书的作用。

在国际贸易中，由国家设置的检验机构或由经政府注册的、独立的第三者身份的鉴定机构，负责对进出口商品的质量、规格、卫生、安全、检疫、包装、数量、重量、残损以及装运条件、装运技术，进行一定的检验、鉴定和监督管理。进出口商品检验是货物交接过程中不可缺少的一个环节。经检验合格的，发给检验证书，出口方即可报关出运；检验不合格的，可申请一次复验，复验仍不合格的，不得出口。

商品检验证书起着公正证明的作用，是买卖双方交接货物、结算货款和处理索赔、理赔的主要依据，也是通关纳税、结算运费的有效凭证。

二、报关单

报关单是指进出口货物收、发货人或其代理人，按照海关规定的格式对进出口货物的实际情况做出书面申明，以此要求海关对其货物按适用的海关制度办理通关手续的法律文书。它既是海关监管、征税、统计以及开展稽查和调查的重要依据，又是加工贸易进出口货物核销以及出口退税和外汇管理的重要凭证，也是海关处理走私、违规案件及税务、外汇管理部门查处骗税和套汇犯罪活动的重要证书。

根据货物进出口状态可以分为进口货物报关单和出口货物报关单两类。

三、进出口许可证

进出口许可证是国家管理货物出入境的法律凭证。进出口许可证，包括法律、行政法规规定的各种具有许可进口或出口性质的证明、文件。进出口货物许可证是国家批准特定企业、单位进出口货物的文件，不得买卖、转让、伪造和变卖。进出口企业必须严格按照许可证规定的贸易方式等内容进出口特定货物。

凡实行进出口配额许可证管理和进出口许可证管理的商品，各类进出口企业应在进出口前按规定向指定的发证机构申领进出口许可证，海关凭进出口许可证接受申报和验放。

四、出口收汇核销单

出口收汇核销单指由外汇局制发、出口单位凭以向海关出口报关、向外汇指定银行办理出口收汇、向外汇局办理出口收汇核销、向税务机关办理出口退税申报的有统一编号及使用期限的凭证。

所谓出口收汇核销，是指国家外汇管理部门在每笔出口业务结束后，对出口是否安全、及时收取外汇以及其他有关业务情况进行监督管理的业务。

第五节　结算票据

国际贸易结算基本上是采用各种票据而不是现金进行结算。国际贸易中使用的结算票据有支票、本票和汇票。

支票（Cheque or Check）是银行存款户签发的，要求银行见票后立即从其账户中无条件地支付一定金额给指定收款人或持票人的书面支付命令。支票可以分为一般支票、划线支票和保付支票三种。

本票（Promissory Note）是由出票人签发，保证即期或指定日期对收款人或持票人支付一定金额的书面承诺。本票分为一般本票和银行本票。

汇票（Bill of Exchange/Postal Order/Draft）是由出票人签发的，要求付款人在见票时或在一定期限内，向收款人或持票人无条件支付一定款项的票据。

汇票是国际结算中使用最广泛的一种信用结算工具。

一、汇票的含义

复杂点讲，汇票是由出票人签发的，要求付款人即期或于指定日期向收款人或其指定人或持票人支付一定金额的无条件书面支付命令。汇票的本质是由债权人在提供商业信用时所开出的债权凭证。

汇票所涉及的基本关系人有三个：出票人（Drawer）、受票人（Drawee）和受款人（Payee）。出票人指签发汇票的人；受票人又称付款人（Payer），是接受汇票并按其要求支付有关款项的人；受款人是汇票的受益人，汇票所指款项的接受者。在国际贸易中，汇票的出票人一般是作为债权人的出口人或其指定银行；受票人（付款人）一般是作为债务人的进口人或其指定银行；受款人有两种，一种是出票人为受款人，一种是出票人指定的另一第三人为受款人。

汇票应包括以下"必要项目"，缺任何一项，汇票都不能成立：

（1）"汇票"字样。

（2）无条件支付命令。

（3）汇票金额。

（4）付款期限。

（5）付款地点。

（6）受票人，又称付款人。即接受支付命令付款的人。在进出口业务中，通常是进口人或其指定的银行。

（7）受款人，即受领汇票所规定的人。在进出口业务中，通常是出口人或其指定的银行。

（8）出票日期。

（9）出票地点。

（10）出票人签字。

开具汇票时，上述各项内容要求准确、肯定，切忌含糊不清。汇票一般有正本和副本两种，可分别邮寄以避免遗失，但支付时仅以正本为依据。

二、汇票的票据行为

票据行为是指以清偿票据所代表的债权、债务为目的所产生的一定形式的法律行为。汇票的票据行为，即汇票的使用，指汇票从出票到付款的整个执行过程。汇票使用过程中的各种行为都由票据法加以规范，主要有出票、提示、承兑和付款等。如需转让，通常应经过背书行为转让；如汇票遭拒付，还要涉及作成拒绝证书和行使追索权等法律权利。

1. 出票

出票（Issue）指出票人签发汇票并交付给收款人的行为。出票后，出票人即承担保证汇票得到承兑和付款的责任。如汇票遭到拒付，出票人应接受持票人的追索，清偿汇票金额、利息和有关费用。

2. 提示

提示（Presentation），又称见票，是持票人将汇票提交付款人要求承兑或付款的行为，是持票人要求取得票据权利的必要程序。提示又分为付款提示和承兑提示。

3. 承兑

承兑（Acceptance）指付款人在持票人向其提示远期汇票时，在汇票上签名，承诺于汇票到期时付款的行为。具体做法是付款人在汇票正面写明"承兑（Accepted）"字样，注明承兑日期，于签章后交还持票人。付款人一旦对汇票作承兑，即成为承兑人，则以主债务人的身份承担汇票到期时付款的法律责任。

4. 付款

付款（Payment）是付款人在汇票到期日向提示汇票的合法持票人足额付款。如果持票人将汇票注销后交给付款人作为收款证明，则汇票所代表的债务债权关系终止。

5. 背书

背书（Endorsement）。背书是受款人转让汇票的手段，背书行为是通过受款人在汇票背面签名来完成的。背书可分为限定背书、特定背书和空白背书三种形式。

在汇票经过不止一次转让时，背书必须连续，即被背书人和背书人名字前后一致。对受让人来说，所有以前的背书人和出票人都是他的前手（Prior Parties），对背书人来说，所有他转让以后的受让人都是他的"后手"，前手对后手承担汇票得到承兑和付款的责任。

在金融市场上，最常见的背书转让为汇票的"贴现（Discount）"，即远期汇票经承兑后，尚未到期，持票人背书后，由银行或贴现公司作为受让人。从票面金额中扣减按贴现率结算的贴息后，将余款付给持票人。贴现后余额的计算公式是：

贴现后余额 = 票面金额 – （票面金额 × 贴现率 × 日数/360） – 有关费用

6. 拒付与追索

持票人向付款人提示，付款人拒绝付款或拒绝承兑，均称拒付（Dishonour），也称退票。另外，付款人逃匿、死亡或宣告破产，以致持票人无法实现提示，也称拒付。出现拒付，持票人有追索（Recourse）权，即有权向其前手（背书人、出票人）要求偿付汇票金额、利息和其他费用的权利。在追索前必须按规定作成拒绝证书和发出拒付通知。拒绝证书用以证明持票已进行提示而未获结果，由付款地公证机构出具，也可由付款人自行出具退票理由书，或有关的司法文书。而拒付通知用以通知前手关于拒付的事实，使其准备偿付并进行再追索。

如果汇票的出票人及其他背书人希望免除其被追索的责任，可在出票或背书时注明"不受追索（Without Recourse）"的字样，这就是我们通常所讲的不担保背书。这种背书流通较难，在国际贸易中用得很少。

三、汇票的种类

从不同的角度出发，汇票可划分为不同类型。最常见的有以下几种。

1. 商业汇票和银行汇票

商业汇票（Commercial Draft）和银行汇票（Banker's Draft）是根据出票人身份的不同来划分的。商业汇票的出票人是个人或公司、企业；银行汇票的出票人是银行。商业汇票的受票人可以是个人、公司、企业或银行。而银行汇票的受票人通常只能是另一家银行。国际贸易中的货款结算主要是采用商业汇票，银行汇票一般只用于代办汇款和银行间的资金调拨等。

2. 即期汇票和远期汇票

即期汇票（Sight Draft）和远期汇票（Time Draft）是根据付款人付款时间的不同来划分的。即期汇票上应注有"见票即付"等类的字样。这种汇票，要求付款人见票后立即将汇票规定的金额交给汇票指定的受益人。没有规定付款时间的汇票一般也看成即期汇票。远期汇票又称为有信用期限的汇票，即出票人对付款人提供了付款时间上的信用。远期汇票规定付款人在某一个固定时间或某一可以确定的将来时间付款，而不是见票即付。需要注意的是，远期汇票的付款时间必须明确、肯定，否则汇票无效。一般可采用下面几种方法中的一种来规定付款时间：规定日期付款，如在×年×月×日付款；受票人见票后××天付款；出票人出票后××天付款；提单签发后××天付款。

3. 光票和跟单汇票

光票（Clean Bill）和跟单汇票（Documentary Bill）是根据出票时是否附有代表货物所有权的货运单据来划分的。没有附任何单据的汇票叫光票；附带货运单据的汇票叫跟单汇票。使用跟单汇票表示出票人不仅要提供汇票，而且要提供有关规定单据才能取得货款，而受票人只有付清或保证付清汇票规定的金额才能取得单据以提取货物。这里，单据实际上成了卖方（出票人）收汇，买方（付款人）得货的一项保证。因此，国际贸易中商业跟单汇票最为普遍。商业光票一般仅用于收付运费、保险费、利息等小额款项，但银行汇票都是光票。

4. 商业承兑汇票和银行承兑汇票

商业承兑汇票（Commercial Acceptance Bill）和银行承兑汇票（Banker's Acceptance Bill）是根据远期汇票的承兑人不同来划分的。商业承兑汇票的承兑人是个人或公司。银行承兑汇票的承兑人是银行。

第六节　其他单据

一、银行水单

银行水单英文表示有很多种，如 Bank Bill/Bank Receipt/Bank Note/Bank Statement/Bank Remittance/Bank Voucher 等，较正式的说法是 Bank Slip。

银行水单也有好几种，如付款水单（自己给对方付钱，银行从自己账户上扣钱的书面文件），结汇水单（自己收到客户的付款，银行入账时通知自己的书面文件），押汇水单（自己押汇后，银行通知自己所押款项已经到账的书面文件）。

国际贸易中常指的银行水单就是我国出口方的开户银行收到了国外买方汇给我方货款的一个通知书，告诉我方款已到账。上边写有收到的币种金额、牌价、折合本币金额、出口核销单编号、出口发票编号、出口发票金额、实际收汇金额等信息。

收到买方传真给我方的水单并不代表就收到钱了。因为需要有一定的银行工作时间，另外，水单也有可能是假的。

二、装箱单

装箱单（Packing List）是发票的补充单据，它列明了信用证（或合同）中买卖双方约定的有关包装事宜的细节，便于国外买方在货物到达目的港时供海关检查和核对货物，通常可以将其有关内容加列在商业发票上，但是在信用证有明确要求时，就必须严格按信用证约定制作。

重量单（Weight List）和尺码单（Measurement List）的作用与装箱单类似，都是商业发票的一种补充单据，是商品的不同包装规格条件，不同花色和不同重量逐一分别详细列表说明的一种单据。它们都是买方收货时核对货物的品种、花色、尺寸、规格和海关验收的主要依据。

三、保险单据

保险单据主要是指保险单（Insurance Policy），简称"保单"。用于承保一个指定的航程内某一批货物发生的损失。凡是指明航程、指明一批货物均可出立保险单。保险单除载明被保险人名称、被保险货物名称、数量、标记、运输工具种类与名称、险别、起讫地点或保险期限、保险金额等项目外，并附有保险公司的责任范围以及保险公司和被保险人的权利和义务等方面的详细条款。

保险单据除了保险单外，还有保险凭证、联合凭证、预约保险单等。保险单据既是保险公司对被保险人的承保证明，也是保险双方权利和义务的契约，还是在被保险货物遭受损失时，被保险人向保险人索赔和保险人理赔的主要依据。同时，保险单据还是各进出口有关当事人通过银行结汇时，要求提供的重要单据之一。

四、原产地证书

原产地证书（Certificate of Origin）是出口商应进口商要求而提供的、由公证机构或政府或出口商出具的证明货物原产地或制造地的一种证明文件。原产地证书是贸易关系人交接货物、结算货款、索赔理赔、进口国通关验收、征收关税的有效凭证，它还是出口国享受配额待遇、进口国对不同出口国实行不同贸易政策的凭证。

常见的原产地证书主要有：一般原产地证书、普惠制原产地证书、纺织品配额原产地证书、专用原产地证书、区域性成员国原产地证书、手工制品原产地证书、濒危动植物原产地证书等。

第七章　国际货物运输与保险

国际货物运输的方式种类很多，而且涉及运输、装卸和储存等许多环节，期间还可能会遇到各种风险。因此，在国际贸易中商品运输和保险往往密不可分。

第一节　国际货物运输方式

国际货物运输主要包括海洋运输、铁路运输、公路运输、航空运输、邮政运输、江河运输、管道运输和国际多式联合运输等多种方式。下面就介绍几种主要的运输方式。

一、海洋运输

在各种运输方式中，海洋运输是最主要的运输方式，在国际贸易货物总量中大约2/3的货物都采用这种方式进行运输的，这不仅因为海洋运输的运输量大，运输成本较低，对货物的适应性强，而且由于国际贸易主要是从航海贸易发展起来的，许多国际贸易的法律和惯例都是在总结航海贸易长期实践经验的基础上产生出来的。

海洋运输按船舶的经营方式，一般可以分为班轮运输和租船运输两种。

1. 班轮运输

（1）班轮运输的特点。班轮运输（Liner Shipping）是由航运公司以固定的航线、固定的船期、固定的运费率、固定的挂靠港口组织的将托运人的货物运往目的地的运输。由于班轮运输的书面内容多以提单的形式表现出来，所以此种运输方式又被称为提单运输。

班轮运输的固定性决定了其比较适合于件杂货的运输，即将不同的托运人运输量比较小的货物组织在一起的运输。在班轮运输中承运人与托运人的谈判地位是不平等的，承运人签发的提单不能任意扩大托运人的责任或限制自己的义务，而要受国内海商法和有关国际公约的约束。实践中，提单往往是由船公司预先制订好的，托运人只要按要求填写、签字，并由船长签署，运输合同即告成立，而无需托运人与承运人另订运输合同。当然，提单只是运输合同的证明，而非运输合同本身。

（2）班轮运输的运费。班轮运输的货物装卸由承运人负责，运费内已包括装卸费；除非另有协议，一般在货种、数量上不作限制；承运人的责任以签发的班轮提单条款为依据。

班轮运费由基本运费和附加费两项共同构成。

基本运费的计算方法有很多种：按货物重量计取；按货物体积计取；按货物价值计取；按重量或尺码中高者计取；按货物重量、尺码、价值三者中选择一种最高的计取；按货物重量、尺码中选择一种最高的计取，再按一定的百分比的从价运费计取；按货物件数计取；临时议定价格等。

附加费的类型：超重附加费，超长附加费，直航附加费，转船附加费，港口附加费，燃料附加费，选港附加费，变更卸货港附加费，绕航附加费等。

班轮运费计算的具体方法是：

先根据商品的英文名称在货物分级表中查出该商品所属等级及其计费标准。货物分级表是班轮运价表（Liner's Freight Tariff）的组成部分，它有"货名""计算标准"和"等级"三个项目，如棉布及棉织品的货物等级为10级，计算标准为按体积计取。

然后根据商品的等级和计费标准，在航线费率中查出这一商品的基本费率。

再查出该商品本身所经航线和港口的有关附加费率。

商品的基本费率和附加费率之和即为该商品每一运费吨的单位运价。

最后以该商品的计费重量和体积乘以单位运价即得总运费金额。

（3）班轮订舱及装运程序。外运机构每月编印出口船期表（Sailing Schedule）分发外贸企业，内列航线、船名、国籍、抵港日期、截止收单期、预计装船日期及挂港等项目，以便外贸企业据此进行催证和备货。

出口商在备货齐全，并收到无误的信用证后，就可办理托运，即按信用证和合同中有关运输条款以及货物的名称、数量、装运港、装运日期等填写托运单，作为订舱的依据，在截止收单期前送交外运机构。

外运机构在收到托运单后，会同中国外轮代理公司根据配载原则、货物的性质、货运的数量、装运港、目的港等情况，结合船期，安排船只和舱位，然后由外轮代理公司据此签发装货单（俗称"下货纸"）作为通知船方收货装运的凭证。

外运公司根据船期，代各出口商前往仓库提取货物送进码头，凭装运单将货物装船。

货物在装运出口前，必须向海关进行申报。申报时须缴验出口许可证、出口货物报关单等必要证件和单据。如属于法定检验的出口商品，还必须提供商检局签发的检验证书。海关在核对查验无误后，在装货单上签章放行，然后才能装船。

货物装船完毕，由船长或大副签发"大副收据"，载明收到货物的详细情况。托运人（出口商）则凭"大副收据"向外轮代理公司换取提单。

若以CIF成交的出口货物，出口商（卖方）在装船前必须按合同和信用证的要求向保险公司办理投保手续。在货物装船后，应及时向买方发出"装船通知"，以便对方准备付款赎单、办理进口报关和收货手续。若以CFR、FOB成交的出口货物，更应立即发出"装船通知"，以便买方及时投保。

2. 租船运输

租船运输（Shipping by Chartering），又称不定期船运输，它与班轮运输有很大差别。在租船运输业务中，没有预订的船期表，船舶经由航线和停靠的港口也不固定，须按船租双方签订的租船合同来安排，有关船舶的航线和停靠的港口、运输货物的种类以及航行时间等，都按承租人的要求，由船舶所有人确认，运费或租金也由双方根据租船市场行情在租船合同中约定。租船运输通常一般适应于大宗货物的运输。

（1）租船运输的方式包括下列三种：

①定程租船（Voyage Charter）。定程租船又称航次租船，是指由船舶所有人负责提供船舶，在指定港口之间进行一个航次或数个航次，承运指定货物的租航运输。船舶所有人与租船人双方的责任、义务以定程租船合同为准。定程租船就其租赁方式的不同可分为：单

程租航，又称单航次租船；来回航次租船；连续航次租船；包运合同。

②定期租船（Time Charter）。定期租船又称期租船，是指由船舶所有人将船舶出租给承租人，供其使用一定时期的租船运输。船舶所有人与租船人双方的责任、义务，以定期租船合同为准。此外，承租人也可将此期租船充作班轮或程租船使用。

③光船租船（Bareboat Charter）。光船租船又称船壳租船，是船舶所有人将船舶出租给承租人使用一个时期，但船舶所有人所提供的船舶是一艘空船，既无船长，又未配备船员，承租人需要自行安排船长、船员，并负责他们的给养和船舶营运管理所需的一切费用。这种光船租船，实际上属于单纯的财产租赁。这种租船方式，在当前国际贸易中很少使用。

（2）定程租船与定期租船的差异。定程租船与定期租船有许多不同之处，主要表现在下列几方面：

①定程租船是按航程租用船舶，而定期租船则是按期限租用船舶。关于船、租双方的责任和义务，前者以定程租船合同为准，后者以定期租船合同为准。

②定程租船的船方直接负责船舶的经营管理，他除负责船舶航行、驾驶和管理外，还应对货物运输负责。但定期租船的船方，仅对船舶的维护、修理、机器正常运转和船员工资与给养负责，而船舶的调度、货物运输、船舶在租期内的营运管理和日常开支，如船用燃料、港口费、税捐以及货物装卸、搬运、理舱、平舱等费用，均由租船方负责。

③定程租船的租金或运费，一般按装运货物的数量计算，也有按航次包租总金额计算的。而定期租船的租金，一般是按租期每月每吨若干金额计算。同时采用定程租船时往往要规定装卸期限和装卸率，凭以计算滞期费和速遣费；而采用定期租船时，则船、租双方不规定装卸率和滞期、速遣费。

近年来，国际上发展起一种介于航次租船和定期租船之间的租船方式，即航次期租（Time Charter on Trip Basis，TCT），这是以完成一个航次运输为目的，按完成航次所花的时间，按约定的租金率计算租金的方式。

（3）租船运输的运费。在此只对航次租船运费进行介绍。航次租船运费的计算方法有两种，一种是按规定运费率（Rate Freight），即按每单位重量或单位体积规定的运费额运算；另一种是规定整船包价（Lump-sum Freight），其费率的高低，主要取决于租船市场的供求关系，但也与运输距离、货物种类、装卸率、港口使用、装卸费用划分和佣金高低有关。合同中对运费按照装船重量（Taken Quantity）或卸船重量（Delivered Quantity）计算，运费是预付或到付，需要在合同中具体订明。特别要注意的是，应付运费时间，是指船主收到运费的日期，而不是租船人付出运费的日期。

航次租船装卸费用的划分方法，有以下几种：

①船方负担装货费和卸货费条件（Gross Terms，Liner Terms or Berth Terms），又称"班轮条件"。

②船方管装不管卸条件（Free Out，FO）。

③船方管卸不管装条件（Free In，FI）。

④船方不负担装货费和卸货费条件（Free In and Out，FIO）。采用这一条件时，还要明确理舱费和平舱费由谁负担。一般都规定租船人负担，即船方不负担装卸、理舱和平舱费条件（Free In and Out，Stowed and Trimmed，FIOST）。

（4）租船运输合同。租船合同是指船舶出租人（Owner）与租船人（Charter）按照契约自由的原则达成的协议，依照此协议，船舶出租人将船舶全部或部分提供给租船人使用，租船人向船舶出租人支付一定的运费或租金；而且，协议中还就双方当事人的权利与义务，责任与豁免等事项，均以条款的形式加以规定，以明确双方的经济、法律关系。

由于依据租船方式，租船合同可分为三种基本类型，因此，相比而言，在国际货物运输领域，航次租船合同应用最为广泛。根据我国《海商法》的规定，"航次租船合同，是指船舶出租人提供船舶或者船舶的部分舱位，装运约定的货物，从一港运至另一港，由承租人支付约定运费的合同。"

航次租船合同的标准格式，大都是由各个国际航运组织制定的。航次租船合同范本很多，根据船舶航行的航线、承运货物种类等不同而有所区别。由波罗的海国际航运公会（The Baltic and International Maritime Conference，BIMCO）制定的统一杂货租船合同（Uniform General Charter，GENCON）简称"金康"，适用于不分航线的杂货运输。GENCON 合同是最具有代表性的航次租船合同，它在实践中的使用也最为频繁。

航次租船合同一般订有以下条款：船舶说明条款、预备航次条款、船东责任条款、运费支付条款、装卸条款、滞期费和速遣费条款、销约条款、留置权（Lien clause）条款、提单条款、共同海损条款、佣金条款、通用罢工条款、战争条款、通用冰冻条款（General Ice Clause）、双方互有碰撞责任条款（Both－to－Blame Collision Clause）、新杰森条款（New Jason Clause）和仲裁条款等。

二、铁路运输

铁路运输的优点是几乎不受天气的影响、速度较快、运量较大、风险较小、运输具有高度的连续性等。但铁路运输仅局限与有铁路相连且有贸易运输协定的国家和地区。

国际贸易货物铁路运输主要是采用国际铁路联运的形式。我国已经与朝鲜、俄罗斯、罗马尼亚、越南、波兰、匈牙利、蒙古等十几个国家签订有《国际铁路货物运输协定》。根据该协定的规定，协定参加国的出口与进口货物，从发货国家的始发站到收货国家的终到站，中间不论经过多少个国家，只要在始发站办妥托运手续后，各有关国家也根据这张单据，负责将货物一直运到终点站交给收货人。在运输过程中的一切业务及行政手续皆由铁路部门负责办理，发货人或收货人无须在国境交接站设立机构办理交接和转运手续。因此，国际铁路联运对于简化运输手续、加速货物流动、降低运输费用都十分有利。

在铁路运输中，运单和运单副本是国际铁路联运的主要运输单据，也是铁路部门与货主之间的运输契约。按照《国际铁路货物联运协定》规定，发货人提交全部货物并付清应负担的一切费用，经始发站在运单和运单副本上加盖始发站日期戳记即证明货物已经承运、运输契约已经缔结。运单随同货物从始发站到终点站按全程附送、最后交给收货人。在终点站，铁路部门按照运单上记载的项目内容，向收货人核收应收的运杂费，并点交运输的货物。运单副本经铁路部门加盖戳记，证明货物的承运，托运人凭以向银行结算。

我国对外贸易的国内铁路运输是按照我国铁道部公布的《国内铁路货物运输规程》的规定办理货物运输。我国的出口货物经铁路运到港口装船及进口货物从卸货港经铁路运往内地，均属国内铁路运输的范围。

三、航空运输

航空运输的优点是交货迅速、节省运输包装及储存费用。但运输量较小、运费较贵是其主要缺点。我国已经加入的有关国际航空货物运输的国际公约有《关于统一国际航空运输某些规则的公约》（简称《华沙公约》）和《海牙议定书》。

航空运输的运营方式有：班级运输、包机运输、航空集中托运和航空急件传送等。

班机运输是指定期开航的定航机，有固定的始发站、到达站和途径站的飞机。

包机运输又可以分为整架包机和部分包机两种形式。

航空集中托运是指航空货运代理公司把若干批单独发运的货物组成一批向航空公司办理托运。这种托运方式可争取较低的运价。

航空急件传送方式是目前货机航空运输中最快捷的运输方式，它是由一个专门经营此项业务的机构与航空公司密切合作，设专人用最快的速度在货主、机场、收件人之间传送急件。

航空运输的承运人是指航空运输公司是航空货物运输业务中的实际承运人，负责办理从启运机场至到达机场的运输，并对全程运输负责；或者是航空货运代理公司可以是货主的代理，也可以是航空公司的代理。航空运单是承运人与托运人之间的运输合同，也是承运人收到货物后出立的货物收据。航空运单不是代表货物所有权的证件，不能背书转让，也不能凭以向承运人提取货物。在航空运输的方式下，货物运抵目的地后，承运人向收货人发出"到货通知"，收货人凭"到货通知"及有关证明可提取货物并在货运单上签收。

四、国际多式联运

国际多式联运是在集装箱运输的基础上产生和发展起来的一种综合性的连贯运输方式，它一般是以集装箱为媒介，把海、陆、空各种传统的单一运输方式有机地结合起来，组成一种国际的连贯运输。《联合国国际货物多式联运公约》对国际多式联运所下的定义是："国际多式联运是指按照多式联运合同，以至少两种不同的运输方式，由多式联运经营人把货物从一国境内接运货物的地点运至另一国境内指定交货物的地点。"

国际多式联运的优点是实现了"门到门"的运输，简化了手续，减少了中间环节，加快了货运速度，降低了运输成本，并提高了货运质量。

1. 构成多式联运应具备的条件

（1）有一个多式联运合同，合同中明确规定多式联运经营人和托运人之间的权利、义务、责任和豁免。

（2）必须是国际间两种或两种以上不同运输方式的连贯运输。

（3）使用一份包括全程的多式联运单据，并由多式联运经营人对全程运输负总的责任。

（4）必须是全程单一运费率，其中包括全程各段运费的总和、经营管理费用和合理利润。

2. 开展国际多式联运应注意的事项

（1）要考虑货价和货物性质是否适宜装集装箱。

（2）要注意装运港和目的港有无集装箱航线，有无装卸及搬运集装箱的机械设备，铁路、公路沿途桥梁、隧道、涵洞的负荷能力如何等。

（3）装箱点和起运点能否办理海关手续。

应该指出的是，随着国际集装箱运输的迅速发展，货损事故发生的概率也越来越高，从原因上看主要有装箱、封箱不当；搬运、装卸不宜；堆放、保管不当；集装箱不适载；船方积载不当以及集装箱水密性不好、集装箱老化等。实践中，收货人收到的虽然是外表状况良好、铅封完整的集装箱，但却可能出现集装箱内的货物污损、污染、泄漏、损坏等情形。因此，在集装箱运输中，有关各方应做好以下几项工作以减少或避免货损事故的发生：箱号及装载规范不明、不全；封箱标志破损、丢失、脱落、无法辨认或与进出口文件的记载不相符合；箱体结构不符合 ISO 标准；集装箱箱体不水密、箱门无法关启、擦伤、割伤、破洞、漏光等情形，应在进出场集装箱设备交接单上注明；注意箱体是否完好、箱号和装载规范是否清晰、标志是否规范无误、箱体是否清洁、干燥、无味等。

第二节　海运货物运输责任

在国际货物运输中，当事人的基本义务和责任是由提单条款加以规定的。由于目前大多数国家已采用《海牙规则》，关于这方面的法律已基本上趋于统一。现以《海牙规则》为主适当对照《维斯比规则》和《汉堡规则》及我国《海商法》的有关规定，对海运当事人的基本义务和责任介绍如下。

一、托运人的义务

在国际货物运输中，托运人的义务主要有以下几点：

（1）按合同约定提供托运的货物，并对货物情况作正确陈述。

（2）及时向有关主管机关办理必需的各项手续。

（3）按合同规定及时支付运费和其他费用。

二、承运人的基本义务

1. 谨慎处理使船舶适航

适航的含义是指船舶的船体、船机在设计、结构、性能和状态等方面能够抵御航次中通常出现的或合理预见的风险；妥善配备船员、装备船舶和配备供应品；使货舱、冷藏艇、冷气舱和其他载货处所适于并能安全收受、载运和保管货物。适航的时间是指船舶开航前或开航当时，在此期间承运人不能援引船长、船员管理船舶的过失免责。

2. 妥善谨慎的管理货物

承运人应妥善和谨慎地装载、搬运、积载、运输、保管、照料和卸载所运货物，如果因其疏忽或过失造成货损，则承运人应负赔偿责任。妥善是指技术上要有一定的业务水平，谨慎通常指责任心上的要求。

3. 不进行不合理绕航

承运人应当按照约定的航线行驶，在约定的时间交货。如果当事人约定了交货时间，承运人应在约定时间交货，否则构成迟延交付；按我国《海商法》没有约定时间，承运人没有在合理时间交货，不构成迟延交付，按《汉堡规则》则构成。在海上为救助或企图救助人命或财产，或有其他合理需要，船舶可以驶离航线。

在正常情况下，承运人应将货物运至约定的目的港交给收货人。但如果目的港发生战争、封锁、瘟疫、罢工、冰冻或者承运人无法控制的其他情况，使船舶不能驶入原定的目的港时，船长有权把船舶驶到附近的安全港口卸货，并通知收货人，即可认为承运人已履行其交货义务。

4. 合理速遣

承运人应当合理地开始和履行航次。也就是船舶在开往装货港的预备航次中，在装货港和卸货港以及在装、卸两港间的航行途中，承运人都应合理地在最短时间内履行合同。在连续航次的情况下，船东的合理速遣义务适用于每个航次。整个合同履行期间，如果承运人违反此项义务，存在不合理的延误，则可能招致租船人索赔甚至终止合同。

三、承运人的免责事项

承运人的免责事项主要有以下几点：

（1）船长、船员、引水员或承运人所雇佣的其他人员在驾驶或管理船舶上的行为有疏忽或过失。

这是所有免责事项中最为重要的一项，也是免除承运人的雇员全部疏忽责任的唯一条款。所谓驾驶上的过失是指船舶开航后，船长、船员在驾驶船舶中所发生的判断上或操纵的错误（如船长在驾驶操作上的疏忽，发生触礁、搁浅或碰撞等责任事故），致使船上货物受损，承运人可以免责；所谓船舶管理上的过失是指船长、船员管理船舶方面缺乏应有的注意而使货物受损，承运人亦可以免除责任。

该项免责条款适用的对象是承运人的雇员，包括船长、船员、引水员或承运人的其他受雇人，而不包括承运人本身。此外，该项免责条款适用的范围是上述对象的过失行为，不包括主观上存在故意的行为。管理船舶的过失可以免责，而管理货物的过失不能免责。例如，某轮在航行中遇的大风浪，需要往压载舱打压载水，以提高船舶的稳定性，但船员误将海水打入货舱，使货物受到湿损，这一过失属于管理船舶的过失；再如，航运途中，船员为了查看舱内货物打开舱盖，但出舱时忘记关上，后因浪拍到甲板上，海水进入货舱导致货物受损，这一过失则属于管理货物的过失。

（2）火灾（但是由于承运人本人的过失造成的除外）。船舶引起火灾的原因是多方面的，它包括由于船长、船员或装卸人员的疏忽而引起的火灾，由于货物的自燃特性而蔓延起来的火灾，或由于其他原因所造成的火灾，承运人对于这类火灾所引起的货物损失，以及因扑灭火灾而造成的货物损失，可以免除责任。但是，如果火灾是由于承运人本人的实际过失或参与所引起的，承运人不能免责。例如，由于船员不小心燃起烟火而引起的火灾，可以免责；而承运人明知轮机人员经常在机舱内违章明火作业而未加阻止引起的火灾，不能免责；承运人为骗保险金指使船员纵火烧毁船舶，不能免责。

（3）天灾和海难。海难危险是承运人在航行前无法预料，在危险发生时无法避免和无法抵御的，而且也不是因为船舶不适航或承运人的管货过失所造成的。天灾与海难的区别是天灾不涉及人为因素，纯属自然灾害，如海上风暴、严重冰冻等。

（4）战争或者武装冲突。

（5）政府或者主管部门的行为、检疫限制或者司法扣押。

政府或者主管部门的行为指一国政府或有关部门所采取的禁止装货或卸货、禁运、封港、扣押、没收充公等行为；如两国关系恶化，一国政府下令扣押在该国港口的另一国商船。

检疫限制是指由于疫情导致货船无法按时正常装卸导致的货物损失，承运人可以援引检疫限制免责。

司法扣押，如船舶未支付有关费用，港务监督机关禁止船舶离港，但不包括因债权债务纠纷，法院采取保全或强制执行行为。

（6）罢工、停工或者劳动受到限制时，承运人可免责。但如果船舶装载着易腐烂的货物并未抵达已知正在罢工的目的港，并且有理由相信在短期内不会结束罢工，船东有责任为谨慎妥善照料货物而合理地将货物改卸在临近而货方又方便提货的港口，不能任由货物随船舶驶入原港口延滞变坏。

（7）在海上救助或者企图救助人命或者财产致使货损，承运人可免责。

（8）托运人或者货物所有人或者他们的代理人的行为致使货损，承运人可免责。

（9）货物的自然特性或者固有缺陷致使货损，承运人可免责。

（10）货物包装不良或者标志欠缺、不清致使货损，承运人可免责。包装良好是托运人的义务之一。它是指包装方式、强度或状态能够承受装卸和运送中发生或可能发生的正常风险。承运人在装船时如果发现货物包装存在缺陷，应当如实在提单上批注，否则承运人不能要求免责。货物标志清楚、适当也是托运人应承担的义务之一。如果货物标志不清或不当，引起货物错交、错卸、倒置、破碎、霉变、受潮等，承运人可援引此项免责。

（11）经谨慎处理仍未发现的船舶潜在缺陷而导致货损的，承运人可免责。所谓潜在缺陷，一般是指一个合格的专业人员，以一般应有的注意所不能发现的缺陷。它通常是指船舶结构方面的缺点，即船壳、机器及船舶附属品的缺陷，如船舶钢板的例钉松移、冷藏舱的橡皮联节漏水等。

（12）非由于承运人或者承运人的受雇人、代理人的过失造成的货损，承运人可免责。

四、承运人的责任期限

集装箱货物的责任期限从装货港接受货物开始到卸货港交付为止。非集装箱货物的责任期限从货物装上船开始到货物卸下船为止。

在上述期间内，由于不能免责的原因造成货物的灭损，承运人应该对损失负责。

海运实践中的"钩至钩"或"舷至舷"一般应理解为：承运人的责任期限从货物开始装船，吊钩一受力的时间开始，直至货物卸下船脱离吊钩为止。

五、承运人的赔偿责任限制

承运人的赔偿责任限制又称承运人单位责任限制，指对承运人不能免责的原因造成的货物灭失、损坏或迟延交付，将其赔偿责任在数额上限制在一定的范围。实质上是承运人赔偿责任的部分免除。

1. 责任限制

我国的《海商法》折中了《海牙规则》和《汉堡规则》的赔偿规则。规定如下。

承运人对货物的灭失或损坏的赔偿限额，按货物件数或其他货运单位计算，择两者中较高的为准；货方不能索赔利润损失和违约损失。

延迟交付货物未灭失损坏，而只是造成了其他的经济损失的，限额为延迟交付货物运费的 2 倍。

如果托运人已经申报其货物的性质和价值，并在提单中载明，或另约定了更高的限额，则以货物的实际价值或另行约定为准。

如果货物的灭失或损坏和迟延交付同时发生，则适用承运人对货物灭失或损坏的赔偿限额；此时，货物灭损的金额中包括因迟延交付造成的其他经济损失金额。

2. 计算单位

货物的件是指包装单位，如捆、盒、箱、桶、包等；其他货运单位是对非包装货物而言，如机床、汽车、游艇等按台、辆计算；运费单位主要用于散装货物的运输，如谷物、矿砂等。

如果货物是以集装箱、货盘或者类似装运器具集装的，则提单中载明内装件数的，应以该内装件数为计算赔偿限额的件数，如提单上未注明内装件数的，则以每一装运器具为一件或一个单位；如果装运器具非承运人所有或非承运人提供时，装运器具本身也视为一个单位。

3. 损失计算

货物灭失时应按货物的实际价值计算赔偿额。货物损坏时应按受损前后实际价值的差额或货物的修复费用计算赔偿额。

实际价值指 CIF 价格减去买方少付的费用。

4. 责任限制权利的丧失

如果经过证明，货物的灭失、损坏或迟延交付是由于承运人的故意或者明知可能造成损失而轻率的作为或不作为所造成的，承运人便不得援用责任限制的规定。

第三节　国际货物运输保险

国际货物运输保险中，历史最悠久、业务量最大、影响最深远的是海上货物运输保险。其他种类的保险基本是参照海上货物运输保险的做法的。

和提单一样，保险合同也是一种格式文件，但在国际货物运输保险领域，没有普遍的国际条约为依据，处理国际货物运输保险合同纠纷的依据，主要是保险合同的具体条款及其约定的国内法。因此应当注意保险合同承保的范围、规定的损失处理方法和争议处理方法。

国际贸易中的货物保险是指被保险人（卖方或买方）对一批或若干批货物向保险人（保险公司）按一定的金额投保一定的险别，并交纳保险费；保险人在承保后，如果所保险的货物在运输过程中发生保险责任范围内的损失，则保险人按保险合同（保险单）上的规定给予被保险人经济上的补偿。由于货物在运输过程中会遇到各种各样的风险，而这些风险又可能会造成货物的损失，因此，需要通过保险的方式来分摊或弥补损失。下面就国际贸易中常见的海运风险和相关的保险的险别加以介绍。

一、海运风险的种类

在国际海运保险业务中，风险的种类主要包括以下两类。

一是"海上风险（Perils of Sea or Maritime Perils）"，又称"海难"。是指包括自然灾害（Natural Calamities）和海上意外事故（Fortuitous Accidents）所造成的风险。所谓自然灾害，是指恶劣天气、雷电、海啸、地震、洪水等自然力量所造成的灾害；所谓海上意外事故是指船舶搁浅、触礁、沉没、碰撞、失火、爆炸等意外原因造成的事故。而对于货物原有的缺陷、发货人的故意或过失、商品的特性、货物的自然损耗以及运输延迟等原因造成的损失一般都不包括在上述风险之内。

二是"外来风险（Extraneous Risks）"。是指由于外来原因引起的风险所造成的损失，如偷窃、雨淋、短量、渗漏、破碎、串味、受潮、锈损、钩损、污染等。此外，还包括一些特殊的外来风险所造成的损失，如战争、罢工等。

二、海运损失的种类

海损是指海运货物在运输过程中由于海上风险所造成的损坏和灭失。根据国际海运保险业务的惯例，海损还包括与海陆连接的陆运过程中发生的损坏和灭失。

1. 按损失程度的大小，可分为全部损失和部分损失

全部损失指货物彻底丧失了使用价值或者彻底的灭失，包括实际全损和推定全损。

部分损失是与全部损失是相对而言的，指货物的部分灭失或者部分丧失使用价值。

2. 按损失性质的不同，可分为共同海损和单独海损

部分损失中又可分为"共同海损（General Average）"和"单独海损（Particular Average）"两类。所谓"共同海损"是指船舶在海运途中遇到危难时，船方为了维护船舶和货物的共同安全使航行得以继续完成，有意并合理地作出某些特殊牺牲或支出的额外费用。例如，货船失火之后用灌水的方式扑灭大火，失火过程中烧掉的货物不是共同海损，而灌水造成货物的损失是共同海损。再如货船触礁了，并出现了倾斜，为了防止货船沉没，船长一方面请救助公司尽快赶到现场，另一方面又要求船员抛一部分货物到海里以维持平衡。其中，抛到海里的货物的损失属于共同海损，救助费属于共同海损，在避难港的装卸费也是共同海损。在修船期间的一些物料消耗、工资、必要的修理费也是共同海损。但迟延到

达目的港，货物价格下跌的损失不属于共同海损。共同海损由所有货主共同分摊。"单独海损"是船舶或货物纯粹由于自然灾害或意外而造成的损失，无需分摊。

三、海运基本险别

海运基本险包括平安险、水渍险和一切险三种。

1. 平安险

按照英文字面的翻译，平安险（Free from Particular Averages，简称 F. P. A.）的含义是"不负责单独海损"，而负责单独海损以外的全部损失（Total Loss）。但目前，平安险的责任范围已不是只赔偿全部损失，对于某些原因造成的部分损失（Partial Loss）也要负责赔偿。

根据保险条款，平安险的承保责任包括：

（1）被保险货物在运输途中由于恶劣气候、雷电、海啸、地震、洪水等自然灾害造成整批货物的全部损失和推定全损。

（2）由于运输工具遭受搁浅、触礁、沉没、互撞、与流冰或其他物体碰撞，以及失火、爆炸等意外事故造成货物的全部损失或部分损失。

（3）在运输工具已经发生搁浅、触礁、沉没、焚毁等意外事故的情况下，货物在此前后又在海上遭受恶劣气候、雷电、海啸等自然灾害造成的部分损失。

（4）在装卸或转运时由于一件或数件的整件货物落海所造成的全部或部分损失。

（5）被保险人为遭受承保责任内的危险货物采取抢救、防止或减少货损而支付的合理费用，但以不超过该批被救货物的保险金额为限。

（6）运输工具在遭遇海难后，在避难港由于卸货引起的损失，以及在中途港、避难港由于卸货、存仓以及运送货物所产生的特别费用。

（7）共同海损的牺牲、分摊和救助费用。

（8）运输契约订有"船舶互撞责任"条款的，根据该条款规定应由货方赔偿船方的损失。

2. 水渍险

按照英文字面的翻译，水渍险（With Particular Averages，简称 W. P. A.）的含义是"包括单独海损"，即水渍险除了负责平安险所负的责任外，还负责由于恶劣气候、雷电、海啸、地震、洪水等自然灾害所造成的货物的部分损失。

简单说，水渍险 = 平安险 + 自然灾害造成的货物的部分损失。

3. 一切险

一切险（All Risks）并不是承保货物在海上运输过程中遭遇到的一切风险，而是承保包括平安险和水渍险的各项责任，以及被保险货物在运输途中由于各种外来原因所致的全部或部分损失。其中，各种外来风险所对应的保险险别是指 11 种一般附加险（Additional Risks），即偷窃提货不着险、淡水雨淋险、短量险、混杂沾污险、渗漏险、碰损破碎险、串味险、受潮受热险、钩损险、包装破裂险和锈损险。

上述三种险别都是货物运输的基本险别，被保险人可以从中选择一种投保。

四、海运附加险

海运附加险包括一般附加险和特殊附加险。附加险是必须在购买了基本险的前提下才可以选择购买，而不可以单独购买的险别。

1. 一般附加险

一般附加险主要有以下 11 种：

（1）偷窃提货不着险。此项险别可以保险货物被偷走或窃走，以及货物运抵目的地以后，整件未交的损失，由保险公司负责赔偿。

（2）淡水雨淋险。货物在运输中，由于淡水、雨水以至雪融所造成的损失，保险公司负责赔偿责任。淡水包括船上淡水舱、水管漏水以及汗水等。

（3）短量险。货物数量短少和重量的损失由保险公司负责。通常包装货物的短少，保险公司必须要查清外装包是否发生异常现象，如破口、破袋、扯缝等。

（4）混杂沾污险。货物在运输过程中混进了杂质所造成的损失由保险公司赔偿。例如布匹、服装等被油类或带色的物质污染因而引起的经济损失。

（5）渗漏险。流质、半流质的液体物质和油类物质在运输过程中因为容器损坏而引起的渗漏损失，由保险公司负责赔偿。

（6）碰损破碎险。碰损是指在运输途中，因为受到震动、颠簸、挤压而造成货物本身的损失；破碎是指在运输途中由于装卸野蛮、粗鲁及运输工具的颠震造成货物本身的破裂、断碎的损失。这些均由保险公司负责赔偿。

（7）串味险。茶叶、香料、药材等在运输途中受到一起堆储的皮革、樟脑等异味的影响使品质受到损失，由保险公司负责赔偿。

（8）受热受潮险。船舶在航行途行途中，由于气温骤变，或者因为船上通风设备失灵等使舱内水气凝结、发潮、发热引起货物的损失，由保险公司负责赔偿。

（9）钩损险。货物在装卸过程中因为使用手钩、吊钩等工具所造成的损失，由保险公司负责赔偿。

（10）包装破裂险。因为包装破裂造成物资的短少、沾污等损失，由保险公司负责赔偿。此外，对于因保险货物运输过程中为续运安全需要而产生的候补包装、调换包装所支付的费用，保险公司也应负责。

（11）锈损险。保险公司负责保险货物在运输过程中因为生锈造成的损失。不过这种生锈必须在保险期内发生，如原装时就已生锈，保险公司不负责任。

2. 特别附加险

特别附加险也属附加险类，但不属于一切险的范围之内，往往是对于由于托运人和收货人的过失和故意行为、货物的特性、运输延迟、自然损耗以及战争、罢工等引起的损失。目前中国人民保险公司承保的特别附加险别有交货不到险、进口关税险、黄曲霉素险和出口货物到香港（包括九龙在内）或澳门存储仓火险责任扩展条款等。此外，还包括战争险和罢工险等。有必要时，可以在投保平安险或水渍险或一切险的基础上另外投保，同样不能单独投保。

五、陆、空、邮运货物保险

1. 陆路运输货物保险

陆上运输货物保险是货物运输保险的一种，分为陆运险和陆运一切险两种。不过，经过协商还可以加保陆上运输货物保险的附加险，如陆运战争险等。陆运战争险与海运战争险，由于运输工具有其本身的特点，因此具体责任也有一些差别，但就战争险的共同负责范围来说，基本上是一致的。即对直接由于战争、类似战争行为以及武装冲突所导致的损失，如货物由于人员被捕获、扣留、禁制和扣押等行为引起的损失，应负责赔偿。

（1）陆运险的责任范围。被保险货物在运输途中遭受暴风、雷电、地震、洪水等自然灾害，或由于陆上运输工具（主要是指火车、汽车）遭受碰撞、倾覆或出轨。如在驳运过程中，驳运工具搁浅、触礁、沉没或由于遭受隧道坍塌、崖崩或火灾、爆炸等意外事故所造成的全部损失或部分损失。保险公司对陆运险的承保范围大至相当于海运险中的"水渍险"。

（2）陆运一切险的责任范围。除包括上述陆运险的责任外，保险公司对被保险货物在运输途中由于外来原因造成的短少、短量、偷窃、渗漏、碰损、破碎、钩损、雨淋、生锈、受潮、霉、串味、沾污等全部或部分损失，也负赔偿责任。

（3）陆运险的起讫期限。此险别保险责任的起讫期限与海洋运输货物保险的仓至仓条款基本相同，是从被保险货物运离保险单所载明的起运地发货人的仓库或储存处所开始，运输时生效。包括正常陆运和有关水上驳运在内，直至该项货物送交保险单所载明的目的地收货人仓库或储存处所，或被保险人用作分配、分派或非正常运输的其他储存处所为止。但如未运抵上述仓库或储存处所，则以被保险货物到达最后卸载的车站后60天为止。

2. 航空运输货物保险

保险公司承保通过航空运输的货物，保险责任是以飞机作为主体来加以规定的。航空运输货物保险分为航空运输险和航空运输一切险两种。与上述陆运货物保险一样，被保险货物在投保航空运输险和航空运输一切险后，还可经协商加保航空运输货物战争险等附加险。

航空运输险的承保责任范围与海运水渍险大体相同。

航空运输一切险除包括上述航空运输险的责任外，对被保险货物在运输途中由于一般外来原因所造成的，包括被偷窃、短少等全部或部分损失也负赔偿之责。

航空运输货物保险的责任起讫同样适用"仓至仓"条款。航空运输货物保险的责任起讫期限从被保险货物运离保险单所载明起运地仓库或储存处所开始运输生效。在正常运输过程中继续有效，直至该项货物抵运保险单所载明目的地交到收货人仓库或储存处所保险人用作分配、分派或非正常运输的其他储存处所为止。如保险货物未到达上述仓库或储存处所，则以被保险货物在最后卸货地卸离飞机后30天为止。

3. 邮包保险

由于邮包的运输可能通过海、陆、空三种运输方式，因此保险责任也兼顾了三种运输方式的保险。邮包保险也可以分为邮包险和邮包一切险。前者与海洋运输货物保险水渍险的责任相似，后者与海洋运输货物保险一切险的责任基本相同。

邮包险的责任范围为：被保险邮包在运输途中由于恶劣气候、雷电、海啸、地雷、洪水自然灾害或由于运输工具遭受搁浅、触礁、沉没、碰撞、倾覆、出轨、坠落、失踪，或由于失火爆炸意外事故所造成的全部或部分损失。被保险人为遭受承保责任内危险的货物采取抢救，防止或减少货损的措施而支付的合理费用，保险公司应该负责赔偿，但以不超过该批被救货物的保险金额为限。

邮包一切险的责任除上述邮包险的各项责任外，还负责被保险邮包在运输途中由于外来原因所致的全部或部分损失。邮包运输货物保险的除外责任和被保险人的义务与海洋运输货物保险相比较，其实质是一致的。其责任起讫为自被保险邮包离开保险单所载起运地点寄件人的处所运往邮局时开始，直至该项邮包运达本保险单所载目的地邮局，自邮局签发到货通知书当日午夜起算满十五天终止。但是在此期间邮包一经交至收件人的处所时，保险责任即行终止。

六、保险的原则

保险人和被保险人在签订保险合同时，应遵循以下原则。

1. 损失补偿原则

损失补偿原则是指当保险标的物发生保险范围内的损失时，保险人应按照保险合同条款的规定履行赔偿责任。

2. 可保利益原则

可保利益又称保险利益，是指投保人对保险标的所具有的合法的经济利益。只有对保险标的具有真正利益的人才有权在该保险标的发生保险责任范围内的损失时向保险人提出索赔。

3. 最大诚信原则

保险的最大诚信原则来源于海上保险，海上保险人在签订保险合同时，往往远离船、货所在地，对保险标的不做实际的察看，仅凭投保人的说明来承保，因此特别强调投保人在做说明时要绝对诚实。

4. 利益转让原则

利益转让原则是指将保险标的的利益从一方转到另一方手中。在货物运输保险中，利益的转让一般是通过转让保险单的形式实现的。

5. 重复保险的分摊原则

如果被保险人以同一保险标的物向两家或两家以上的保险公司投保了相同的保险，在保险期限相同的情况下，其保险金额的总和超过该保险标的的可保价值，称为重复保险。在重复保险的情况下，当发生保险事故，对于保险标的所受损失，由各保险人分摊。如果保险金额总和超保险价值的，各保险人承担的赔偿金额总和也不得超过保险价值。其目的是防止被保险人因重复保险而获得额外利益。

6. 近因原则

近因原则是在保险理赔工作中必须遵循的一项原则，也是保险标的发生损失时，用来确定保险标的所受损失是否获得赔偿的一项重大依据。

七、保险除外责任

一般来讲，货物运输保险的除外责任有以下几点：

（1）被保险人的故意行为或过失所造成的损失。

（2）属于发货人责任所引起的损失。

（3）在保险责任开始前，被保险货物已经存在的品质不良或数量短差所造成的损失。

（4）被保险货物的自然损耗、本质缺陷、特性以及市价跌落、运输延迟所引起的损失和费用。

（5）海运货物运输战争险和罢工险条款规定的责任范围和除外责任。

第四节　海运货物的保险

在国际货物买卖过程中，由哪一方负责办理投保，应根据买卖双方商订的价格术语来确定。例如按 FOB 条件和 CFR 条件成交，保险由买方办理；如按 CIF 条件成交，保险就由卖方办理。

一、保险的基本程序

1. 确定投保的金额

投保金额是计算保险费的依据，又是货物发生损失后计算赔偿的依据。按照国际惯例，投保金额应按发票上的 CIF 的预期利润计算。但是，各国市场情况不尽相同，对进出口贸易的管理办法也各有异。向中国人民保险公司办理进出口货物运输保险，有两种办法：一种是逐笔投保；另一种是按签订预约保险总合同办理。

2. 填写投保单

保险单是投保人向保险人提出投保的书面申请，其主要内容包括被保险人的姓名、被保险货物的品名、标记、数量及包装、保险金额、运输工具名称、开航日期及起讫地点、投保险别、投保日期及签章等。

3. 支付保险费，取得保险单

保险费按投保险别的保险费率计算。保险费率是根据不同的险别、不同的商品、不同的运输方式、不同的目的地，并参照国际上的费率水平而制订的。它分为"一般货物费率"和"指明货物加费费率"两种。前者是一般货物的费率，后者系指特别列明的货物（如某些易碎、易损商品）在一般费率的基础上另行加收的费率。

投保人交付保险费后，即可取得保险单（Insurancepolicy）。保险单实际上已构成保险人与被保险人之间的保险契约，是保险人向被保险人的承保证明。在发生保险范围内的损失或灭失时，投保人可凭保险单向保险人要求赔偿。

4. 提出索赔手续

当被保险的货物发生属于保险责任范围内的损失时，投保人可以向保险人提出赔偿要求。按国际货物买卖价格术语中 E 组、F 组、C 组包含的 8 种价格条件成交的合同，一般应由买方办理索赔。按价格术语中 D 组包含的 5 种价格条件成交的合同，则视情况由买方或卖方办理索赔。

被保险货物运抵目的地后，收货人如发现整件短少或有明显残损，应立即向承运人或有关方面索取货损或货差证明，并联系保险公司指定的检验理赔代理人申请检验，提出检验报告，确定损失程度；同时向承运人或有关责任方提出索赔。属于保险责任的，可填写索赔清单，连同提单副本、装箱单、保险单正本、磅码单、修理配置费凭证、第三者责任方的签证或商务记录以及向第三者责任方索赔的来往函件等向保险公司索赔。索赔应当在保险有效期内提出并办理，否则保险公司可以不予办理。

二、海上货物保险合同

海上货物运输保险合同突出的法律性质是一种补偿性质的射幸合同。补偿体现在如果标的物损坏或者灭失，保险人只会给予经济补偿，而不负责使标的恢复原状；且保险人的补偿以保险金额为限，如果被保险人的损失小于保险金额，则保险人的补偿以被保险人的损失额为限。海上货物运输保险合同所保的风险，应当具备不可预见性和责任人不确定性。

海上货物保险合同的主要内容，通常应包括以下几个方面：

（1）保险人名称。

（2）被保险人名称。

（3）保险标的。保险标的是被保险人所要转嫁危险和取得保险保障的对象。一般认为，海上保险合同的保险标的主要包括货物、运费两项。

（4）保险价值。指被保险财产的实际价值，也是发生保险事故时所遭受的最大损失。

（5）保险金额。是被保险人的实际投保金额，也是保险人对保险标的的最高赔偿限额。

（6）保险责任和除外责任。保险责任是指海上保险合同载明的危险发生造成保险标的损失时，保险人所承担的赔偿责任。除外责任，是指依照法律或海上保险合同的规定，保险人不负赔偿责任的范围。

（7）保险期间。又称保险期限，是保险合同的有效期限，也叫保险责任的起讫期限。

三、海上货物保险合同当事人的权利与义务

1. 被保险人的权利

（1）当发生保险事故后，享有赔偿请求权。

（2）保险合同中确定的被保险人的其他权利。

2. 被保险人的义务

（1）投保人的交保险费义务与投保人如实告知义务。投保人如实告知义务是各国保险法最大诚信原则的要求。最大诚信原则同样适用于保险人。

（2）严格遵守保证的义务。

（3）通知义务。通知义务包括：保险标的增加危险时及时通知保险人和出险时的通知义务。被保险人不能及时向保险人提交出险通知，并由此造成保险人无法确定真实货损情

况的，保险人可以拒绝赔偿被保险人。

（4）出险后的施救义务。

3. 保险人的权利

（1）对被保险人解除合同的限制。我国《海商法》规定：货物运输保险责任开始后，被保险人不得要求解除合同。

（2）赔偿责任的限制。保险金额是当事人双方在合同中约定的最高赔偿限额。保险人的赔偿不超过合同约定的保险金额，若保险金额低于保险价值，保险人对部分损失的赔偿，只应承担保险金额与保险价值的比例部分。法律还规定了免责赔偿的情形，如我国《海商法》规定，对被保险人故意造成的损失不赔。

（3）代位求偿权。我国《海商法》规定："被保险人应向保险人提供必要的文件和其所需要知道的情况，并尽力协助保险人向第三人追偿。"保险人行使代位请求赔偿的权利，不影响被保险人就未取得赔偿的部分向第三者请求赔偿的权利。代位求偿权实质上是一种损害赔偿权的转移。代位求偿权的取得必须以保险人履行赔偿义务为前提。代位求偿的范围不得超过保险人的赔偿金额。

4. 保险人的义务

保险人有尽其责任的义务。保险人承担损失赔偿责任的范围。一般包括以下三个方面：

（1）保险标的物所遭受的实际损失。这些损失不包括航行迟延、交货迟延或行市变化；货物的自然损耗、本身缺陷和自然特性；包装不当等原因造成的损失。

（2）施救费用。施救费用是指被保险人为防止或减少根据保险合同可以得到赔偿的损失而支付的必要的合理费用。包括为了确定保险责任范围内的损失所支付的受损标的的检验、估价、出售等合理费用以及为执行保险人的特别施救指示而支付的费用。保险人应该在保险标的的损失赔偿之外另行支付施救费用，这是一项法定的赔偿义务，即使没有约定，也应如此。

（3）赔偿限度。保险人赔偿保险事故造成的保险标的的损失，以保险金额为限，而且保险金额不得超过保险价值，超过部分是无效的。确切说，保险人的赔偿限度是保险价值，而非保险金额。但在具体的保险合同中存在被保险人未足额投保的情况，保险人的实际赔偿责任限于实际保险金额与其保险价值之比在赔偿限度中所占的比例部分。

第八章　国际贸易货款的收付

　　国际贸易货款的收付，是买卖双方的基本权利和义务。货款的收付直接影响双方的资金周转和融通以及各种金融风险和费用的负担，因而这是关系到买卖双方切身利益的问题。因此，买卖双方在洽商交易时都力争规定对自己有利的支付条件。

　　货款的结算，不仅要根据汇率变动情况选择恰当的结算货币，还要考虑支付工具、付款时间、地点及支付方式等问题，买卖双方洽商交易时，必须对此取得一致的意见，并在合同中具体订明。国际贸易货款的收付中，使用现金结算货款的较少，大多使用可以作为流通手段和支付手段的票据来进行国际中的债权债务的结算。常用的结算方式有汇付、托收和信用证等。无论选择哪种结算方式，都应从手续费用、风险和资金负担的角度来考虑它的利弊。

第一节　汇付

　　汇付（Remittance）又称汇款，是付款人通过银行使用各种结算工具将货款汇交收款人的一种结算方式。

　　汇付的当事人有四个：汇款人（Remitter）、收款人（Payee）、汇出行（Remitting Bank）和汇入行（Paying Bank）。汇付结算的主要特点就是以银行为中间媒介结算债权、债务。这里的银行担负收付委托款项的责任，并因此而享受汇付费用，但银行并不介入买卖合同，对于合同规定的责任、义务的履行，不提供任何保证，甚至不代办货运单据的移交（货运单据都是出口人自行转交给进口人的）。因此，汇付结算是典型的商业信用，即货款是否能够汇出全凭买方信用。在汇付方式下，资金与信用的流向一致，所以汇付属于顺汇。

一、汇付的种类

　　汇款根据汇出行向汇入行转移资金发出指示的方式，可分为以下三种方式。

1. 电汇

　　电汇（Telegraphic Transfer, T/T）是汇出行应汇款人的申请，拍发加押电报或电传给在另一国家的分行或代理行（即汇入行）解付一定金额给收款人的一种汇款方式。

　　电汇方式的优点在于速度快，收款人可以迅速收到货款。随着现代通信技术的发展，银行与银行之间使用电传直接通信，快速准确。电汇是目前使用较多的一种方式，但其费用较高。

2. 信汇

　　信汇（Mail Transfer, M/T）是汇出行应汇款人的申请，用航空信函的形式，指示出口国汇入行解付一定金额的款项给收款人的汇款方式。信汇的优点是费用较低廉，但收款人收到汇款的时间较迟。

3. 票汇

票汇（Remittance by Banker's Demand Draft，D/D）是指汇出行应汇款人的申请，代汇款人开立以其分行或代理行为解付行的银行即期汇票，支付一定金额给收款人的汇款方式。

票汇与电汇、信汇的不同之处在于，票汇的汇入行无须通知收款人取款，而由收款人持票登门取款，这种汇票除有限制流通的规定外，经收款人背书，可以转让流通，而电汇、信汇的收款人则不能将收款权转让。

二、汇付的应用

汇付的优点在于手续简便、费用低廉。

汇付的缺点是风险大，资金负担不平衡。因为以汇付方式结算，可以是货到付款，也可以是预付货款。如果是货到付款，卖方向买方提供信用并融通资金，而预付货款则买方向卖方提供信用并融通资金，不论哪一种方式，风险和资金负担都集中在一方。在我国外贸实践中，汇付一般只用来支付订金货款尾数、佣金等项费用，不是一种主要的结算方式。在发达国家之间，由于大量的贸易是跨国公司的内部交易，而且外贸企业在国外有可靠的贸易伙伴和销售网络，因此，汇付是主要的结算方式。

三、汇付风险的防范

首先要对客户进行有效的资信调查，弄清对方的资信情况，仅和那些资信可靠、经营作风正派的贸易商采用汇付结算方式。

在预付货款的交易中，进口人为了减少预付风险，通常采用凭单付汇的做法。凭单付汇即进口人将货款汇付给汇入行，并指示汇入行凭出口人提供的某些指定的单据和装运单据付款给出口人。因此对进口人来说，比一般的汇付方式多了一层保障，对出口人来说，只要按时交货、交单就可以拿到全部货款。

可以采用预付定金的方式，预付定金一般为合同总值的 25% ~ 30%，或者以起运地到目的港所需运输费用的两倍或者略高一点。这样做，首先预付金并不算多，如果是有一定信用的进口商，这种方式并不会触及其根本利益，还会体谅出口商的苦衷而给予配合；其次，进口商预付了货款，就在一定程度上受到了牵制，即使日后想毁约，也会考虑其预付金而勉强履约。退一步而言，就算进口商到时真的不提货、不付款，出口商还可以降价销售或用其他办法处理，其损失的部分可用进口商的预付金来补偿，最坏结果也可以将货物全部运回。

在分期付款和延期付款的交易中，进口商往往用汇付方式支付货款，但在采用这种方式支持货款时通常需辅以银行保函或备用信用证，这时就不是单纯的汇付方式了。

第二节　托　收

托收（Collecting）是委托收款的简称，是出口人在货物装运后，开具以进口方为付款人的汇票（随附或不随付货运单据），委托出口地银行通过它在进口地的分行或代理行代出口人收取货款一种结算方式。

托收结算中涉及的基本关系人有四个：

（1）委托人（Principal）：开具汇票、委托银行代收货款的出口人。

（2）托收行（Remitting Bank）：又称寄单行，是出口人所在地接受委托、办理托收业务的银行。

（3）代收行（Collecting Bank）：进口人所在地接受托收行委托向进口人代收货款的银行，一般是托收行在国外的分行或来往行。

（4）付款人（Payer）：支付贷款的进口人。

在上述四个关系人中，除了进口人与出口人之间的买卖关系外，还存在两个委托代理关系。第一个委托代理关系以出口人向托收行出具的托收委托书为依据，该委托书应载明托收内容，并对银行义务等问题作出规定。第二个委托代理关系则因托收行与代收行之间在业务往来方面签订的有关协议而产生。除此协议外，托收行每办理一笔托收业务还应向代收行发出一份以出口人填具的托收委托书为依据的委托文件。另外，还可以把代收行看作出口人的间接代理人，但进口人与代收行之间不存在任何关系。因此，托收仍属于商业信用，银行办理托收业务时，既没有检查货运单据正确与否或是否完整的义务，也没有承担付款人必须付款的责任。托收虽然是通过银行办理，但银行只是作为出口人的受托人行事，并没有承担付款的责任，进口人不付款与银行无关。出口人向进口人收取货款靠的仍是进口人的信用，如果遭到进口人拒绝付款，除非另外有规定，银行没有代管货物的义务，出口人仍然应该关心货物的安全，直到对方付清货款为止。

一、托收的种类

根据是否随附货运单据，托收方式可以分成光票托收和跟单托收两大类。

光票托收是出口人仅开具汇票，委托银行收款，不随附任何货运单据。光票托收一般用于收取出口货款尾数、代垫费用、佣金、样品费等。它不是托收的主要方式。下面具体讲一下跟单托收。

跟单托收（Documentary Collection）是出口人发运货物后，开具汇票，连同全套货运单据委托银行向进口人收取货款的一种方式。国际贸易中，使用托收方式收取货款主要是采用跟单托收的办法。跟单托收根据交单条件的不同，可分为付款交单（Documents Against Payment，D/P）和承兑交单（Documents Against Acceptance，D/A）两种。

付款交单指以进口人支付货款为取得货运单据的前提条件，就是所谓的"一手交钱，一手交单"。出口人把汇票连同货运单据交给银行托收时，指示银行只有在进口人付清货款的条件下才能交出货运单据。这种托收方式对出口人取得贷款提供了一定程度的保证。付款交单还可根据付款时间和交单条件分为：即期付款交单、远期付款交单和借单三种。其中即期付款交单（Documents Against Payment at Sight，D/P Sight）指出口人开具即期汇票交付银行代收货款，进口人见票后须立即支付货款并换取单据。远期付款交单（Documents Against Payment after Sight，D/P after Sight）指出口人开具远期汇票托收，根据远期汇票的特点，进口人要先行承兑，待汇票到期日才能付清货款领取货运单据。如果在远期付款交单条件下，进口人希望在汇票到期前赎单提货，就可采用凭信托收据（Trust Receipt，T/R）借单的办法。信托收据是进口人向代收行出具的文件。该文件承认货物所有权属于代收行，自己只是以代收行代理人的身份代为保管货物，代收行有权随时收回出借给进口人的商品。进口人利用信托收据借单提货并将货物出售后，还须在汇票到期日支付货款换回信托收据，这样才能真正拥有货物所有权。凭信托收据借单是对进口商提供资金融通便利的一种方式。如果借单是出口人指示代收行办理的，就是出口人向进口人提供了信用方便。在这种情况下因借单而产生的风险由出口人承担。如果借单是代收行决定办理的就是银行向进口人提供了信用方便，因此而产生的风险就该由银行承担。

承兑交单指进口人以承兑出口人开具的远期汇票为取得货运单据的前提。很明显，这种托收方式只适用于远期汇票的托收，与付款交单相比，承兑人交单为进口人提供了资金融通上的方便，但出口人的风险就增加了，甚至会钱货两空。

二、托收的应用

托收对出口人的风险较大，其中承兑交单比付款交单的风险更大。跟单托收方式是出口人先发货，后收取货款，因此对出口人来说风险较大。进口人付款靠的是他的商业信誉，如果进口人破产倒闭，丧失付款能力，或货物发运后进口地货物价格下跌，进口人借故拒不付款，或进口人事先没有领到进口许可证，或没有申请到外汇，被禁止进口或无力支付外汇等，出口人不但无法按时收回货款，还可能造成货款两空的损失。如果货物已经到达进口地，进口人借故不付款，出口人还要承担货物在目的地的提货、存仓、保险费用和可能变质、短量、短重的风险；如果货物转售它地，会产生数量与价格上的损失；如果货物转售不出去，出口人就要承担货物运回本国的费用以及承担可能因为存储时间过长被当地政府贱卖的损失等。虽然，上述损失出口人有权向进口人索赔，但在实践中，在进口人已经破产或逃之夭夭的情况下，出口人即使可以追回一些赔偿，也难以弥补全部损失。尽管如此，在当今国际市场出口日益竞争激烈的情况下，出口人为了推销商品，占领市场，有时也不得不采用托收方式。如果进口人信誉较好，出口人在国外又有自己的办事机构，则风险可以相对小一些。

托收对进口人比较有利，可以免去开证的手续以及预付押金，还有可以预借货物的便利。当然，托收对进口人也不是没有一点风险，如进口人付款后才取得货运单据，领取货物，如果发现货物与合同规定不符，或者根本就是假的，也会因此而蒙受损失，但总的来说，托收对进口人比较有利。

三、托收风险的防范

首先，是加强对进口商和进口商银行的信用审查。详细调查客户的信用状况及代收行银行的可靠程度。

其次，需要了解进口国贸易管制和外汇管制方面的政策、法律及有关商业习惯，以防意外情况发生，并做好单证工作。

再次，通过投保出口信用险以转嫁出口收汇风险。因为出口信用保险是一国政府为鼓励和扩大出口而以财政资金做后盾，由专门保险机构向出口商提供的保证其收汇安全的一种政策性风险保障制度，是一种政策性保险业务，它所保障的风险是一般商业保险公司不愿或不能承保的境外商业信用风险或政治风险等。

最后，采用多种结算方式结合，预收部分货款以降低收汇风险。如为了确保托收方式下的收汇安全，出口商可以预收一定的预付金，余额用即期付款交单的方式收汇。预付金的比例和汇付一样，一般为合同总值的 25% ~30% 为宜。

四、跟单托收的单据

在跟单托收业务中，单据的正确显得十分重要。包括向银行提交的"出口托收申请书"（一式两联，全部用英文填写）和全套托收单据。

在填写"出口托收申请书"的内容时要注意以下几点：

（1）代收行（Collecting Bank）：出口商在该栏内填写国外代收银行（一般为进口商的开户银行）的名称和地址，这样有利于国外银行直接向付款方递交单据，有利于早收到钱。如果没有填写或不知道进口方的开户银行，则申请人银行将为申请人选择进口商所在国家或地区的一家银行进行通知，这样，出口商收到款项的时间将会较长。因此，出口商最好知道进口商所在的国外开户银行。

（2）申请人（Applicant）：申请人为出口商，应填写详细的名称、地址、电话、传真号码。

（3）付款人（Drawee）：付款人为进口商，应填写详细的名称、地址、电话、传真号码。如果进口商的资料不详细的话，容易造成代收行工作的难度，使出口商收到款项的时间较长。

（4）汇票的时间和期限（Issue Date and Tenor of Draft）：申请书上的汇票的有关内容要与汇票上的一致。

（5）合同号码（Contract Number）：申请书上的合同号码要与进出口双方签订的商务合同上的号码保持一致。

（6）单据（Documents）：提交给银行的正本和副本的单据名称和数量。

（7）托收条款（Terms and Conditions of Collection）：托收的条款一般包括以下几项内容，如果需要就注明一个标记（×）：

①收到款项后办理结汇。

②收到款项后办理原币付款。

③要求代收方付款交单（D/P）。

④要求代收行承兑交单（D/A）。

⑤银行费用由付款人承担。

⑥银行费用由申请人承担。

⑦通知申请人承兑汇票的到期日。

⑧如果付款延期，向付款人收取_____% P. A. 的延期付款利息。

⑨付款人拒绝付款或拒绝承兑，通知申请人并说明原因。

⑩付款人拒绝付款或拒绝承兑，代收行对货物采取仓储或加保，费用由申请人支付。

⑪其他。

出口商为了能够尽快收到钱，应注意单据的几个一致：汇票金额要一致、汇票的出票人和签发人要一致、汇票要与发票等单据保持一致、运输条款与价格条款保持一致、各种单据中的货物描述要保持一致。同时要根据运输单据的要求，看看是否要求背书；如果价格条款是 CIF，要有保险单，保险单的金额要超过发票金额。

五、关于托收的国际准则

国际贸易中，由于不同国家有不同的商业习惯，不同银行有不同的业务做法，不同的当事人对因托收而产生的权利义务有不同的解释和理解，这往往造成各种误会、争执和纠纷。在这种情况下，国际商会 1958 年草拟了一套《商业单据托收统一规则》，1978 年作了一次修改并更名为《托收统一规则》，用以作为托收结算的国际准则。准则的主要内容有：

首先，银行必须核实所收到的单据在表面上与托收指示书所列一致，但无进一步检查单据的义务。银行代委托人执行其指示时，其风险应由委托人承担。

其次，托收指示书应载明受票人或提示所在地的地址。遇有即期付款的单据，提示行应毫不迟疑地提示汇票并要求付款。遇有远期付款单据，在要求取得承兑时，提示行必须毫无延误地提示并要求承兑；当需要付款时，必须不迟于规定的到期日提示并要求付款。收到的款项应按照指示书的规定，无延迟地解交发出指示书的银行予以支配。

最后，托收指示书对于在遭到拒绝承兑或拒绝付款时是否需要做出拒绝证书应给予特别指示。否则银行不承担此项义务等。

《托收统一规则》在一定程度上解答了托收过程中产生的问题，目前正为很多国家的银行所采用，但它不是国际上公认的法律，只有在当事人事先约定以此为依据的前提下，才具有约束力。

第三节　信用证

前面提到信用证是银行开立的一种凭装运单据付款的书面承诺文件。可以说信用证方式是银行信用介入国际货物买卖价款结算的产物。它的出现不仅在一定程度上解决了买卖双方之间互不信任的矛盾，而且还能使双方在使用信用证结算货款的过程中获得银行资金融通的便利，从而促进了国际贸易的发展。因此，信用证被广泛应用于国际贸易之中，以致成为当今国际贸易中的一种主要的结算方式。

由于信用证是银行作出的有条件的付款承诺，开证银行负第一性付款责任，所以信用证属于银行信用。并且资金与信用的流向相反，所以信用证方式属于逆汇。

一、信用证的关系人

信用证结算方式的关系人比较复杂，其中基本关系人有四个：即开证申请人、开证行、通知行和受益人。此外，还有保兑行、议付行、付款行或偿付行、转证行等其他关系人。现就它们之间的相互关系及其权利分述于下。

1. 开证申请人

开证申请人（Applicant for the Credit）一般是进口商。进口商和出口商之间的权利、义务通常以签订的合同为依据，双方严格履行合同条款。如合同规定以信用证方式结算时，则进口商应在合同规定的期限内，通过进口方银行开出符合合同条款规定的信用证。

信用证开立之后，进口商有凭单付款的义务和验单退单的权利。开证行履行付款之后，进口商应及时将货款偿付给开证行，赎取单据。但对于不符合信用证条款的单据，有权拒绝赎单。

银行、外贸公司双方如有争议，一般以银行意见为准。如进口商无理拒付或拖延不付款时，银行有权对外履行付款义务，进口商不能提出异议。如果开证行把符合信用证条款的单据误作不符而退单拒付时，出口商有权向开证行提出异议，并要求赔偿。

进口商于接受单据提取货物后，如发现货物的品质、规格、数量等与单据或合同不符，或发现货物短缺等，只能分别向出口商、轮船公司或保险公司要求赔偿，而不能向开证行索赔。因为银行只凭单据，而不凭货物办理付款。

2. 开证行

开证行（Issuing Bank）是开立信用证的银行。开证行接受进口商的开证申请书之后，这个申请书就成为他们之间履行权利和义务的契约。进口商申请开证时，应根据开证行的规定，交纳保证金和费用。开证行则应根据申请书的条款，正确、完善、及时地开出信用证。信用证开出后，开证行就要对信用证负责。不可撤销信用证的开证行，对出口商和汇票背书人、善意持票人都要承担凭单付款的责任。

开证行见单付款后，不能因进口商拒绝赎单或无力付款，而向出口商、议付行或偿付行要求退款。即使信用证项下的汇票是以进口商为付款人，开证行也不能因之而减免其付款责任。但是开证行在凭索汇电向其索偿票款，或付款行仅凭汇票索汇证明书付款，或偿付行仅凭索汇证明信/电付款的情况下，当开证行接到单据时，发现不符，有权向议付行追索票款，并退还单据。

开证行在履行付款责任后，如进口商无力付款赎单，开证行有权处理单据和货物。出售价格不足以抵偿其垫款时，开证行仍有权再向进口商追索不足部分。如果进口商倒闭，开证行仍有履行对外付款的责任。

3. 受益人

受益人（Beneficiary）一般是出口商，有时则为中间商。出口商收到信用证后，应及时与合同核对。如发现信用证条款与合同不符，须尽早提出修改要求或拒绝接受。信用证一旦接受，出口商就有装货备单的义务和凭单议付的权利。出口商应在信用证规定的装船期限内装运货物，并在信用证的有效期内交单取款。出口商不但要对单据的正确性负责，并且要对货物的合格性负责。

出口商交单后，如开证行倒闭或无理拒付，出口商仍有权向进口商提出付款要求，进口商仍须负责付款。

4. 通知行、转证行

通知行（Advising Bank）是开证行的代理人。通知行收到开证行发来的信用证后，经认真核对印押后，必须根据开证行的要求缮制通知书，及时、正确地通知受益人，并证明信用证的表面真实性。若印押不符则不应将信用证通知受益人，待查明核对无误后再行通知。通知行对开证行和受益人都不承担必定议付或代为付款的责任。

转证行（Transmitting Bank）一般是指受益人在外地或者无代理关系，必须通过转证行转递信用证。转证行收到信用证核对印押相符后，原件照转给受益人。转证行的地位虽与通知行相同，但转证的手续费要比通知行手续费为低。

5. 保兑行

如果受益人对开证行的资信不明或者有疑议，认为受证后有收款风险，可以要求开证行另找一家受益人满意的银行为该信用证加具保兑，在信用证上加具保兑的银行称为保兑行（Confirming Bank）。保兑行通常是出口地的通知行或第三家信誉卓著的银行。有时开证行在委托通知信用证的同时，主动要求通知行加保兑，通知行或其他银行根据开证行的请求，可以在信用证上加具保兑，也可以不加具保兑。保兑行与开证行一样承担第一性付款责任。

保兑银行在信用证上保兑后，即对信用证负责，承担必须付款或议付的责任。汇票、单据一经保兑行议付或付款，即便开证行倒闭或无理拒付，保兑行亦无权向出口商或其前手追索票款。

6. 议付银行

出口方银行买进汇票及所附单据并将票款付给出口商这一过程，称作"议付"（Negotiation），进行议付的银行为议付银行（Negotiating Bank）。

议付行凭信用证议付票款后，即把单据寄出，并向开证行、保兑行、付款行或偿付行索回垫款。开证行收到议付行寄来的单据，如发现单据不符合信用证条款，可以拒绝付款，议付行可以据以向出口商追索票款，除非出口商按信用证的特殊规定，如开立对出票人"无追权"（Without Recourse to Drawer）的汇票，才可免除被追索。因此议付银行接受出口商交来的单据，必须认真仔细地将各种单据及内容与信用证所规定的条款进行核验。如果发现单据与信用证规定不符，应立即要求出口商更改。如无法更改，应由出口商联系进口商修改信用证条款；或者根据出口商要求，由议付行将不符点电告开证行征询意见，以免单据寄出后遭到拒付。如开证行电复同意，则按正常手续议付单据。

议付行在信用证规定的期限内接受受益人提交的单据和汇票，并对其进行审核，若确认单证相符，应予垫款；若单证不符，可拒付垫款。

如果受益人交来的单据有不符点，议付行可以用"信提"或"电提"不符点的方式，或者采用"信用证项下托收"处理该套单据。如果开证行收到单据，不能接受"信提"的不符点，有权拒付偿付，议付行则有向受益人或他的前手进行追索的权利。

7. 付款行和偿付行

付款行（Paying Bank）是信用证规定的汇票付款人。信用证以进口地货币开出时，付款行就是开证行。开证行审单无误后，付款给议付行，一经付款，付款行就无权向议付行追索票款；信用证以出口地货币开出时，付款行一般就是议付行。议付行审单无误后，付款给出口商，一经付款，就无权向出口商追索票款；信用证如以第三国货币开出时，付款行就是第三国银行，它的地位与偿付行相似，不凭单据付款，仅凭汇票和索汇证明书将票款付给议付行，一经付款，就不得追索。

偿付行（Reimbursing Bank）是指议付行付款后，可以向指定的第三者银行收回款项，但如果议付行就是付款行时，则偿付行也可凭议付行的索汇证明书，代开证行偿付货款。偿付后，它的责任即告终止，不存在追索问题。开证行收到单据后，如发现不符点，必须向议付行追回已付款项。不能向偿付行追索，因偿付行不负责审单，当然就没有义务对单证不符负责。按国际惯例，偿付行一般不要求"单证相符证明书"，但是如果信用证"另有规定"，则应按信用证条款办理。

付款行或偿付行如接到开证行通知"止付"后，仍进行付款，则应自行负责，与开证行无关。偿付行如无理迟付，应赔偿利息损失。还有，如果由于议付行疏忽，对付款行或偿付行索汇有误，议付行应对付款行或开证行退款并补偿其利息损失。

二、信用证业务的基本程序

信用证的基础是货物买卖合同。因此，在一项信用证业务开始以前，必须先由进、出口人就这笔交易的条件经过磋商达成协议，订立买卖合同并规定以信用证方式支付货款。按照国际惯例，买卖合同虽是信用证的基础，但信用证又是独立于买卖合同的文件，开证银行只对信用证负责。在处理信用证业务时，虽然各种不同类型的信用证在具体细节上有所不同，但其基本程序大体都要经过申请开证、开证、通知、审证、修改、议付及索汇和赎单等环节。

1. 申请开立信用证

开证人一般为进口人，在其与出口人订立买卖合同之后，即应根据买卖合同的规定向开证银行申请开立信用证。开证人申请开证时，应填写开证申请书，开证申请书是开证银行开立信用证的依据。

开证申请书的内容有两部分：第一，要求开立信用证的内容，就是开证人按照买卖合同条款要求开证银行在信用证上列明的条款，是开证银行凭以向受益人或议付银行付款的依据。此外，还应列明应用何种方式，如信函、电报还是电传通知。如有特殊要求的事项，如货物数量和支付金额允许增减与增减的幅度等也须逐一列明。第二是开证人对开证银行的声明或总结，用以明确双方的责任。其主要内容是开证人承认开证银行在其付清货款赎单之前对单据及单据所代表的货物有所有权，开证人保证单据到达后如期付款赎单，否则开证银行有权没收开证人所交付的押金和抵押品，作为开证人应付价款的一部分。

2. 开证银行开立信用证

开证银行根据开证人的申请向受益人开立信用证。所开信用证的条款必须与开证申请书所列一致。

信用证一般开立正本一份、副本若干份。其中正本和若干份副本邮寄通知银行，以供转知受益人；另副本一份给进口人，供其核对，以便在发现与开证申请书不符或有其他问题时，可及时进行更正或修改。如开证银行委托其他国家的银行代为付款，还需将信用证的副本寄一份给付款银行或另寄一份授权通知书给付款银行，以便付款银行于接到单据后核对或凭议讨银行偿还通知拨款。信用证除使用"信开"外，为争取时间还可使用"电开"。所谓"电开"，就是使用电报或电传将信用证的全部条款传达给通知银行。

3. 通知银行通知受益人

通知银行收到开证银行开来的信用证后，应立即核对信用证的密押（电开）和签字印鉴（信开）。在核对无误后应立即将信用证通知受益人。

信用证通知受益人之后，如果受益人对开证银行的资信不明或认为资信和经营作风不佳，接受信用证后会有风险，则可以要求开证银行另找一家受益人认可的银行对该信用证加具保兑。在信用证上加具保兑的银行即为保兑银行。保兑银行通常是通知银行或其他信誉较好的银行。有时开证银行在开立信用证时，就主动要求通知银行加具保兑，后者经审查认为开证银行的资信可靠或事先已有约定，即予加保。此时，通知银行就同时又兼为保兑银行。

4. 审查和修改信用证

受益人接到信用证通知或收到信用证原件后，应立即进行审查。审核信用证是银行（通知行）与出口企业的共同责任，只是各自的侧重点不同。银行重点审核开证行的资信能力、付款责任、索汇路线及信用证的真伪等。出口企业则着重审查信用证的内容与买卖合同是否一致。如发现某些信用证条款不能接受，应及时要求开证人通知开证银行修改。对可改可不改的内容，则可酌情处理。

在办理改证过程中，凡同一信用证上需要多处修改，应做到一次向国外客户提出，尽量避免多次改证。对通知行转来的同一修改通知书，如修改内容有两处以上，出口企业只能全部接受或全部拒绝，不能只接受其中的一部分。

5. 议付与索汇

受益人收到信用证经审查无误或收到修改通知书认可后，即可根据信用证规定的条款进行备货和办理装运手续，缮制并取得信用证所规定的全部单据，签发汇票，连同信用证正本、修改通知书以及与信用证有关的其他文件在信用证有效期内，送交通知银行或信用证指定限制议付单据的银行办理议付。

议付银行办理议付后，应在信用证背面批注代付日期、金额、装运数量、提单签发日、承载船名及余额等内容，以便下次议付时查考，防止重复议付。批注后的信用证退还受益人，然后议付银行根据信用证的要求将单据分次寄给开证银行，并将汇票和索偿证明书分别寄给开证银行或偿付银行。以航邮或电报、电传索汇。

开证银行收到议付银行寄来的汇票和单据后，应立即根据信用证条款进行核验。如认为单据与信用证规定相符，应在合理时间内（一般习惯为两天以内）将票款偿还议付银行。如为远期汇票，开证银行或指定的付款银行应立即对汇票进行承兑，并将经承兑的汇票航邮寄还议付银行，如与议付银行有代理或往来协议，也可根据协议将汇票留存，但应向议付银行寄发承兑通知书，将汇票付款到期日通知议付银行。在前一种情况下，议付银行在汇票到期日前将汇票与索汇证明书寄往开证银行或付款银行索偿；在后一种情况下，开证银行或付款银行应在到期日将款项划入议付银行账户并通知议付银行或将票款用其他方式拨交议付银行。

6. 开证人付款赎单与提货

开证银行将全部票款拨还议付银行后，应立即通知开证人付款赎单。开证人接到开证银行通知后也要立即到开证银行核验单据，确认无误后，将全部票款及有关费用一并向开证银行付清并赎取单据。如申请开证时曾交付押金，付款时可扣除押金，如申请开证时曾递交抵押品，则在付清票款和费用后，由开证银行发还抵押品。此时，开证人与开证银行之间由于开立信用证所构成的权利义务关系即告终结。

如果开证人验单时发现单证不符，可以拒绝付款赎单，这样，开证银行就可能遭受损失。而且开证银行不能以验单时未发现单证不符为理由向议付银行要求退款。

三、信用证风险的表现

尽管采用信用证结算已经是一种相对安全的结算方式，但依然会存在如下风险。

1. 开证行的信用风险

信用证虽然是银行信用，但是也不是绝对安全的。在一些国家银行的成立不像中国这样严格，并且需要有注册资本的限制，国外银行的所有权也大多是私有性质的，在这种情况下，银行的资信非常重要。在国外，进口商会同一小银行或者根本不存在的银行联合进行诈骗是完全可能的，因此我国出口商要特别注意这一点。

2. 当事人的信用风险

开证人使用伪造、变造的信用证或附随的单据、文件；使用过期的信用证、使用无效的信用证、使用涂改的信用证；骗取银行开具信用证或他人骗取他人已开出的信用证；出口人以保函换取倒签提单、预借提单及清洁提单，或凭保函要求，将本应签发的不清洁提单作为清洁提单签发等。

3. 信用证的条款风险

在信用证的规定格式中，有许多的硬性条款，这些构成了信用证的基本要素，如受益人、有效期、装运期、交单期、议付行等，任何一个条款的细微变化都可能给出口商带来麻烦。此外，进口商或开证行有可能利用信用证只关注单据这一特点设置一些"陷阱条款"。

4. 单据上的风险

信用证是一种单据买卖，实行的是凭单付款的原则。首先，银行审单只要"单单一致、单证一致"就会把货款付给出口方，而不管实际货物是否符合进口方的要求。其次，如果出现单据不符合信用证条款的规定、单据不符合 UCP600 的规定、单据之间相互矛盾这三种情况的单据不符，其后果可能就是开证行解除了单证相符条件下的付款责任，将银行信用证转为商业信用证，也就给进口商提供了拒付的理由。

四、信用证风险的防范

对信用证风险的最有效防范手段是事先预防，而非事后补救。

第一，应该慎重选择贸易伙伴，深入进行资信调查。国际商会每年都要向各成员国通报一些欺诈案例，提出警告，不妨借以参考。另外，还要对贸易伙伴进行资信调查，包括买方和卖方相互之间的资信了解，也包括银行和开证申请人、受益人之间的资信了解。在没有搞清对方的资信之前，不进行交易。

第二，要规范业务操作。有一套完整的业务操作规则，是杜绝信用证欺诈的有效手段。如在做大宗进口交易时，最好到装运港当场验货。对银行来说，规范业务操作也显得更为重要，因为假冒信用证的问题经常出在密押、签字不符合要求等方面，要求银行审查时特别谨慎，否则便会带来巨大损失。

第三，在具体交易中，如果认为卖方有可疑之处，买方应及早采取预防措施。比如，可以要求使用 FOB 价格术语，借机加以试探。因为绝大部分提单是在 CIF 或 CFR 加上即期付款的信用证情况下进行。在 CIF 或 CFR 下，由卖方负责装运，当然利用假提单进行欺诈就容易得多，而在 FOB 下，由买方自行租船装运，货物及其装运都在买方的掌握之中，卖方要想欺诈自然难上加难。

第四，尽量采用远期支付方式。即在信用证条款中规定开立远期付款或承兑汇票。这样，即使欺诈情形暴露，卖方仍未能获得支付。这不仅使买方有足够的时间取证以申请一项法院禁令，同时在很多情况下也会令欺诈者心虚而知难而退。

第五，及时调查货物航程与行踪。除国际海事局外，劳埃德船级社调查中心定期出版《船舶动态参考资料》，供查找分类船舶的航运动态和有关船舶的情况。通过此种调查可了解信用证所要求的单据是否伪造或有欺诈性陈述。

五、信用证欺诈的救济

买方如果已经受到欺诈，应尽快寻求法律救济，主要可以通过以下几种方式。

1. 向法院申请冻结信用证

各国法律（包括我国具有法律效力的司法文件）均规定在卖方（收益人）涉嫌信用证欺诈时，法院可以冻结或者禁止信用证款项的支付，以阻止不法企图的实现。这样，不仅买方可以暂时不履行向外支付货款的义务，同时也减轻了银行对外付款的压力。但是在实践中，申请法院禁令也存在着困难，这是因为受益人可能出具一份"证明"证明买方违约，那么对于买方来说为了禁止受益人向银行要求支付，证明这不是纯基础合同的违约，而是信用证欺诈是很困难的。在单方申请禁令的情况下，法院会由于情况紧急或者无法先去惊动被禁止方而先出具一个暂时性的禁令。此外，中国法院也要避免滥出禁令来干预信用证贸易，在实践中，如果因买卖合同发生纠纷而轻易冻结信用证项下的款项，会影响银行的信誉。外国银行也会由于受到损失而必然不愿意保兑中国银行的信用证。所以这一举措要经过深思熟虑、多方考虑后再决定使用与否。

2. 起诉承运人和卖方

如果买方有充分证据证明卖方与承运人勾结利用信用证进行欺诈，那么买方在向法院申请冻结信用证项下的贷款的同时，应及时申请法院扣押运输船舶，迫使承运人提供适当的担保，给承运人以压力；并向法院起诉卖方及承运人。按照国际惯例，在托运人出具保函后，承运人违背事实签发清洁提单、倒签提单或预借提单，承运人应当承担相应的责任。如果保函有欺诈意图，则保函无效，承运人必须赔偿第三者的损失，且无法再向托运人索赔。在此类欺诈案中，尽管买方要找到充分的证据实属不易，但是从航海日志中还是能查出是否属于倒签提单或者预借提单的。但是在实践中，起诉也需要掌握一些技巧和方法。如向船东索赔，一般要在合适的地点对物诉讼，并扣押船东的船舶，同时取得诉前保全。因为如果案件涉及金额较大，向一般的船公司索赔一般不易成功，因为如果船东没有经济实力赔偿如此大的金额，贸然采取行动只会迫使船东宣布破产，之后船舶被拍卖，船舶借贷银行插手进来，把拍卖所得款项优先拿走，最后也不会留下太多的东西赔偿提单持有人。而起诉卖方也可由于卖方可能是皮包公司而在事实上无法得到货款索赔。

3. 通知付款银行，希望银行拒付

当买方开立信用证后发现受益人（即卖方）具有信用证单证的欺诈行为时，往往请求银行停止向受益人付款。根据信用证独立抽象性原则，银行并不负责审查单据的形式、完整性、准确性、真实性、虚假性或者法律效力。但是，一味固守信用证独立抽象性原则显然有悖于公平合理、诚实信用的基本原则。在这种情况下，许多国家提出了"信用证欺诈例外原则"，以弥补信用证独立抽象性原则的不足。所谓信用证欺诈例外原则是指当受益人在提交单据方面犯有欺诈，开证行在付款之前得知这一情况时，有权拒绝支付。

在实践中，银行在采取信用证欺诈例外原则时是非常慎重的，常常附之以严格的条件限制。因为银行在拒付之前必须查清是否有信用证欺诈的事实，如轻率为之，不仅对其造成经济上的损失，而且也将影响银行的声誉。而就一般情况而言，因为大多数情况下只是怀疑或缺乏足够的证据时，银行不会听信买方一方之言予以拒付。只有在买方提出拒付请求并出具担保并保证赔偿由此造成的银行损失的情况下，银行才可能在卖方提示单据时拒付。

信用证在国际贸易结算中被广泛使用，并起着越来越重要的作用。由于信用证业务的抽象性原则，银行只负有对信用证进行审查的义务，因此，这一点很容易被不法分子利用，进行信用证欺诈，所以进出口当事人必须规范信用证操作，提高专业知识和业务水平，谨防不法商人进行信用证欺诈，一旦发生信用证欺诈，受害人应当依靠有效的法律救济方法来挽回、减少所遭受的损失。

第四节　银行保函

银行保函（Letter of Guarantee or Bank Guarantee，L/G）又称银行保证书、银行保证函，简称保函，是指银行（保证人）应开证申请人（委托人）的请求向第三方（受益人）开立的一种书面信用担保凭证，保证申请人按规定履行合同义务，否则，由保证人承担经济赔偿责任。与信用证一样，银行保函也是银行开出的信用凭证，属于银行信用。它既可以用于国际货物买卖价款的结算，又可以用于国际经济合作业务价款的收付。

银行保函的内容根据具体交易的不同而多种多样；在形式上并无一定的格式；对有关方面的权利和义务的规定、处理手续等都未成一定的惯例。

一、银行保函的当事人及相互关系

银行保函业务中涉及的主要当事人有三个：委托人、受益人和担保银行，此外，可能还有反担保人、通知行及保兑行等。这些当事人之间形成了一环扣一环的合同关系，它们之间的法律关系如下。

委托人与受益人之间是基于彼此签订的合同而产生的债权债务关系或其他权利义务关系。此合同是它们之间权利和义务的依据，相对于保函协议书和保函而言是主合同，这是其他两个合同产生和存在的前提。如果此合同的内容不全面，会给银行的担保义务带来风险。因而银行在接受担保申请时，应要求委托人提供他与受益人之间签订的合同。

委托人与银行之间的法律关系是基于双方签订的"保函委托书"而产生的委托担保关系。"保函委托书"中应对担保债务的内容、数额、担保种类、保证金的交存、手续费的收取、银行开立保函的条件、时间、担保期间、双方违约责任、合同的变更、解除等内容予以详细约定，以明确委托人与银行的权利义务。"保函委托书"是银行向委托人收取手续费及履行保证责任后向其追偿的凭证。因此，银行在接到委托人的担保申请后，要对委托人的资信、债务及担保的内容和经营风险进行认真的评估审查，以最大限度降低自身风险。

担保银行和受益人之间的法律关系是基于保函而产生的保证关系。保函是一种单务合同，受益人可以以此享有要求银行偿付债务的权利。在大多数情况下，保函一经开立，银行就要直接承担保证责任。

二、银行保函的特点

1. 银行保函的保证人一般承担的是第二性的付款责任

银行保函虽与信用证一样属于银行信用，但只有在委托人（或债务人）不偿付债款或货款时，银行保函的保证人才承担偿付责任。当然，保证人的这种偿付责任是依据银行保函做出，而不受合同约束的。就此而言，保证人的偿付责任是第二性的，这是它的一般性。但在实际业务中，有些保函声明免去受益人先向委托人索偿的责任，这时保证人实际上就承担了第一性的偿付责任。也有些保函规定债务人不偿付债务时保证人才负责偿付，但受益人在索偿时只需出具一张汇票即可取款，即使他未先向债务人索偿，也仍可在保函下取得款项，这时，保证人承担的偿付责任与信用证项下开证行的偿付责任就没有什么区别了。因此，银行保函的保证人的偿付责任究竟是第一性的还是第二性的，这要由保函中的索偿条件做出明确规定。

2. 银行保函是保证人提供的信用保证

保证人开立银行保函，其目的并不是为了赔偿损失，仅仅是为了提供信用担保。他提供的信用担保是出于对委托人履约能力和信誉的信任。因此，保证人一般并不要求委托人交付押金，只要求他做出质押或反担保。可见，保证人愿为委托人开立保函，表明保证人相信或能够促使委托人履约。

3. 银行保函的保证人的偿付责任限于违约情况下

在信用证项下，开证行不仅是第一性偿付人，而且其偿付是一定会发生的，而在银行保函项下，只有当委托人未能履行其付款义务偿付债务时，保证人才承担偿付责任。在实际业务中，委托人不履约或偿付的毕竟是少数，所以，保证人在保函项下的赔付是不一定会发生的，也就是说，委托人按约偿付时，保证人的赔付责任即被解除。

三、银行保函种类

根据保函在基础合同中所起的不同作用和担保人承担的不周的担保职责，保函可以具体分为以下几种：

（1）借款保函，指银行应借款人要求向贷款行所作出的一种旨在保证借款人按照借款合约的规定按期向贷款方归还所借款项本息的付款保证承诺。

（2）融资租赁保函，指承租人根据租赁协议的规定，请求银行向出租人所出具的一种旨在保证承租人按期向出租人支付租金的付款保证承诺。

（3）补偿贸易保函，指在补偿贸易合同项下，银行应设备或技术的引进方申请，向设备或技术的提供方所作出的一种旨在保证引进方在引进后的一定时期内，以其所生产的产成品或以产成品外销所得款项来抵偿所引进之设备和技术的价款及利息的保证承诺。

（4）投标保函，指银行应投标人申请向招标人作出的保证承诺，保证在投标人报价的有效期内投标人将遵守其诺言，不撤标、不改标，不更改原报价条件，并且在其一旦中标后，将按照招标文件的规定，在一定时间内与招标人签订合同。

（5）履约保函，指银行应供货方或劳务承包方的请求而向买方或业主方作出的一种履约保证承诺。

（6）预付款保函，又称还款保函或定金保函，指银行应供货方或劳务承包方申请，向买方或业主方保证，如申请人未能履约或未能全部按合同规定使用预付款时，则银行负责返还保函规定金额的预付款。

（7）付款保函，指银行应买方或业主申请，向卖方或承包方所出具的一种旨在保证贷款支付或承包工程进度款支付的付款保证承诺。

其他的保函品种还有来料或来件加工保函、质量保函、预留金保函、延期付款保函、票据或费用保付保函、提货担保、保释金保函及海关免税保函等。

第五节　外汇风险的防范

在固定汇率时期，出口企业往往只需要考虑收汇的安全性，对汇率的风险甚至可以忽略。但在 2005 年 7 月人民币实行"有管理的浮动汇率"之后，企业面临的汇率风险在不断升高。尤其是对于劳动密集型、附加值低的纺织品服装的出口企业，必须重视所面临的汇率风险，否则外汇市场的波动很可能会完全吞噬企业的利润。因此，企业在选择支付方式时必须注意外汇风险的防范。目前，企业规避外汇风险的主要方式有以下几点。

一、利用外汇市场进行套期保值交易

套期保值交易是国际市场上跨国贸易企业规避汇率风险（汇控）的主要手段。对于中国的进出口企业来说，学会外汇套期保值，将会有助于化解汇率风险。

在国外，贸易公司利用外汇套期保值之所以能够规避汇率风险，是因为它能有效弥补交货与付款的时间差所带来的汇率波动风险。外汇套期保值（Hedging，又称对冲交易）的基本做法是买进或卖出与现货市场交易数量相当，但交易方向相反的相同或相近月份同种外汇期货合约，以期在未来某一时间通过卖出或买进相同的期货合约。对冲平仓，结清期货交易带来的盈利或亏损，以补偿或抵消现货市场价格变动所带来的实际价格风险或利益，使交易者的经济收益锁定在某一水平。

对于出口企业，签订出口合同以后，该企业在未来某一时点将得到一笔外币，并需要换成本币。为了规避风险，该企业应在签订出口合同的同时，在外汇市场上卖出数量相等的外币或买进数量相等的本币的期货合约（卖出外币还是买进本币取决于付款人付款的币种，如支付的是非人民币货币则卖出外币，支付的是人民币时则买进本币）。这一过程就是套期保值交易，此后企业的利润将大致得到锁定，不受汇率波动的影响，如果外币贬值本币升值，则期货市场上盈利，以补偿现货市场的损失；如果外币升值本币贬值，则现货市场盈利，以抵消期货市场损失。

对于进口企业，通常面临先与国内客户签订销售合同，然后再从国外进口产品的局面，签订合同与进口产品之间存在的时间差会产生汇率风险，对此，进口企业同样可以通过外汇市场套期保值以规避汇率风险。与出口企业不同的是，进口企业预期在未来某一时间以本币换取一定数量外币用于购买国外产品，因此，进口企业的操作与出口企业相反，在签订国内销售合同的同时在外汇市场上买进数量相等的外币或卖出数量相等的本币的期货合约。此后如果外币升值本币贬值，则期货市场盈利，以抵消现货市场损失；如果外币贬值本币升值，则现货市场上盈利，以补偿期货市场的损失。

在进行外汇套期保值业务时必须要注意四大操作原则，即要求：货币种类相同、货币数量相等、月份相同或相近、交易方向相反。如果忽略、违背这四大原则，不仅可能不能降低风险，甚至可能导致更大的损失。

二、利用外汇金融产品规避汇率风险

为了应对日益增加的外汇风险，银行和一些金融机构也有一些外汇金融产品可供企业选择。

1. 出口押汇和贴现

出口押汇是指出口商在发出货物并向银行提交信用证或合同要求的单据后，银行应出口商要求向其提供以出口单据为抵押的在途资金融通。出口贴现是银行买入远期承兑信用证项下银行已承兑、未到期的远期要据，为出口商提供的短期资金融通业务。在我国，它可在实际收汇之前按办理押汇、贴现时的外汇牌价兑换成人民币，而还款则用实际收到的外汇。这两种方式很好地规避了出口业务中人民币汇率波动的风险。

2. 远期结售汇

远期结、售汇是一种银行为企业服务的外汇业务，又称"远期外汇锁定"。一般由银行与客户签订远期结、售汇合约，约定将来办理结汇或售汇的外币币种、金额、汇率和期限，在到期日外汇收入或支出发生时，按照远期结、售汇合约约定的币种、金额、汇率办理结汇或售汇。

3. "福费庭"业务

福费庭（Forfaiting）又称包买票据，指包买商（通常为商业银行或银行的附属机构）从出口商那里无追索权地购买已经承兑的，并通常由进口商所在地银行担保的远期汇票或本票。它的基本特点是一次买断，无追索权，该远期票据若到期无法兑现，银行也不能向出口商追索。出口商将收取货款的权利、风险和责任转嫁给包买商，即达到了提前结汇收取货款，从而防范了汇率风险的目的，这种做法还可以进行正常的核销退税，加快了企业的资金周转，并且该业务还不占用银行给企业的授信额度。

4. 进口押汇

进口押汇是信用证开证行给予进口商（开证申请人）的一项短期融资业务，即进口商委托银行开出信用证，在单证相符须对外付款时，经向银行申请并获批准后，由银行对企业保留追索权和货权质押的前提下代为垫付款项给国外银行或供货商，并在规定期限内由进口商偿还银行押汇贷款及利息的融资业务。进口押汇与出口押汇性质是相对的。出口押汇可以通过"提前收汇"减少未来实际结汇时汇率变化可能产生的汇兑损失，并提前获得资金；而进口押汇在目前单边预期人民币升值的情况下，同样可以通过"推迟付汇"获得汇兑收益，并可达到融资的目的。

5. 将人民币贷款转化为美元贷款

外贸企业将人民币贷款转化为美元贷款，至少有两点好处：其一，美元贷款利率要低于人民币贷款利率；其二，人民币升值的预期使美元贷款成了企业的最佳选择。

三、采取更有利的结算方式和币种

出口业务尽量采用即期结算方式，如即期 L/C 或 D/P，如果采用 T/T 方式结算的，应尽量提高预收款比例。而进口业务应尽量采用远期结算方式。

根据客户所处地区不同，分别选用不同的结算货币。出口收汇可以考虑多使用一些非美元货币，灵活选择其他非美元硬通货币种进行结算；而对于进口贸易，继续适宜选择美元为结算币种，并选择远期支付方式，以充分享受人民币升值带来的好处。

通过提高出口报价、压低采购价格向客户或供货商转嫁或共同分担汇兑损失风险。对于自营出口业务，外贸企业应根据新的汇率调整出口报价，尽快加强与外商的沟通，并做好与供货商的沟通，订立新的协议，在商业合同中，要考虑人民币升值的趋势。对于代理出口业务，改变按固定换汇成本结算的方式，应与委托方签订新的代理出口协议，明确按固定代理费率收取代理费，从而规避汇率风险。

此外，出口企业还可以通过加强内部管理、加大技术创新，提高产品在国际市场的竞争力，从而提高出口产品价格和附加值，增强企业抗风险能力。

参考文献

［1］陈澄宇. 国际纺织品贸易［M］. 北京：中国纺织出版社，1990.

［2］海闻. 国际贸易：理论、政策、实践［M］. 上海：上海人民出版社，1993.

［3］卓乃坚. 服装出口实务［M］. 上海：东华大学出版社，2006.

［4］陈学军，陈霞. 出口服装商检实务［M］. 北京：中国纺织出版社，2007.

［5］单毓馥，王晓云，王文艳. 服装外贸实务［M］. 北京：化学工业出版社，2009.

［6］黎孝先，石玉川. 国际贸易实务［M］. 北京：对外经济贸易大学出版社，2009.

［7］顾晓燕，陶应虎. 实用国际贸易地理［M］. 北京：清华大学出版社，2009.

［8］中国纺织网 www.texnet com. cn.

［9］全球纺织网 www.tnc. com. cn.

［10］慧聪网 www.hc360.com.